ART ESSENTIALS

ABSTRAKTE KUNST

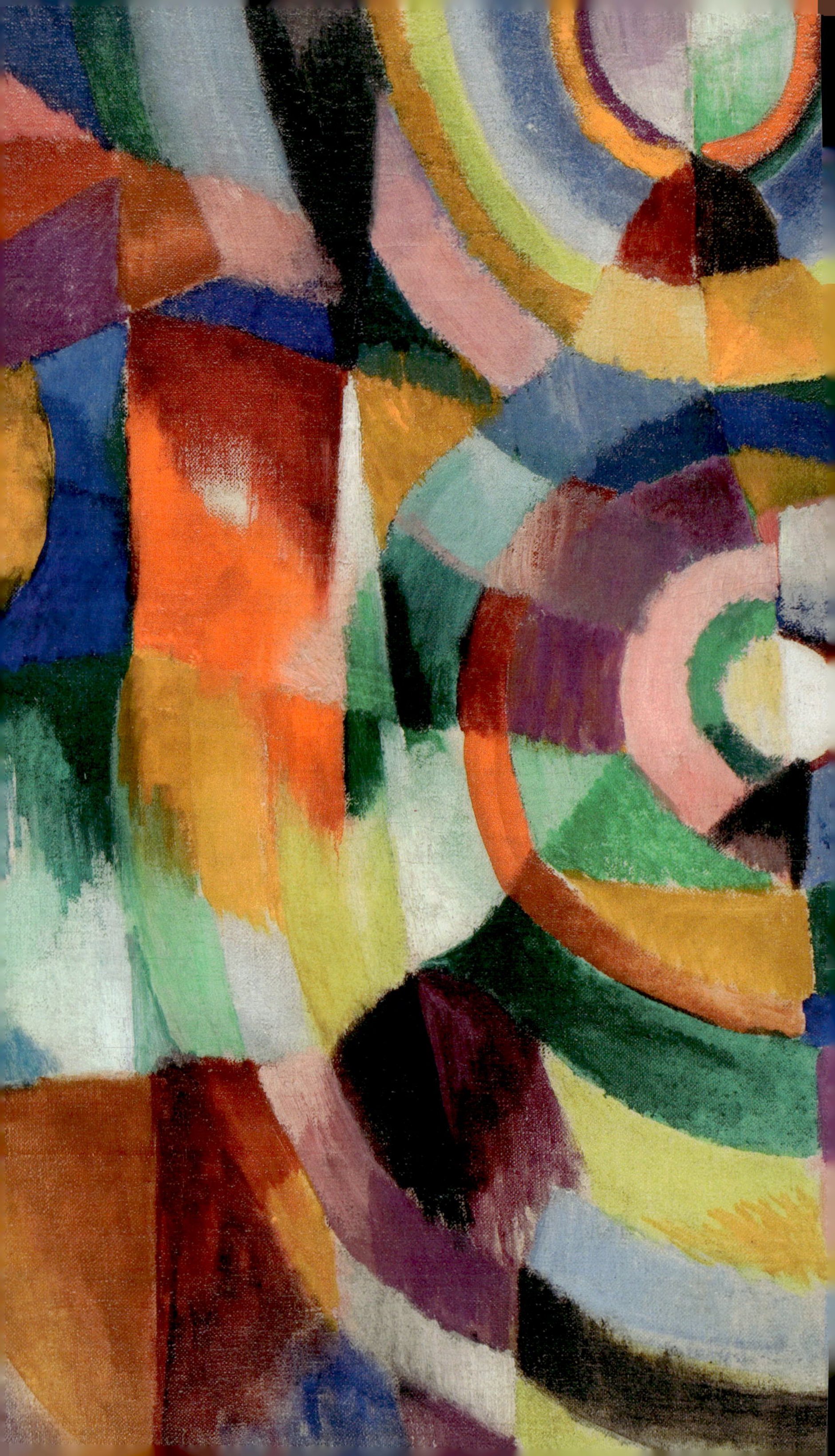

ART ESSENTIALS

ABSTRAKTE KUNST

STEPHANIE STRAINE

MIDAS

INHALT

EINFÜHRUNG

Dieses Buch bietet einen Einblick in das äußerst diverse Repertoire der abstrakten Kunst – mit einer Reise durchs gesamte 20. Jahrhundert bis in die heutige Zeit. Die Künstler in diesem Buch wählten verschiedenste Ansätze, um ihre Version der abstrakten Kunst umzusetzen – und außer den hier dargestellten gibt es zahllose Alternativen.

Was ist also abstrakte Kunst? Um diese Frage zu beantworten, müssen wir akzeptieren, dass es für ein solch vages Konzept keine eindeutige Erklärung gibt. Es gibt weder eine Bewegung noch einen Stil, der »abstrakt« definiert. Es bedeutet lediglich, dass diese Kunst die Realität nicht direkt darstellt, also keine erkennbaren Gegenstände, Personen, Orte oder Geschichten. Dieses Feld ist seit mehr als 100 Jahren einer ständigen Veränderung unterworfen, während seine weite Verbreitung Künstler aus der ganzen Welt weiterhin inspiriert und fordert. Als Sammelbegriff beschreibt »abstrakte Kunst« einen unglaublich weit gefächerten Bereich künstlerischen Schaffens mit verschiedensten Materialien, Theorien und Techniken. Man muss dabei anerkennen, dass es viele abstrakte Künstler ablehnen, sich selbst als »abstrakte« Künstler wahrzunehmen – sie halten diese Beschreibung für zu ungenau, um nützlich zu sein.

Die Abstraktion hat ihre Wurzeln in vielen Kunstbewegungen des 19. und 20. Jahrhunderts, darunter im Impressionismus, im Expressionismus und im Kubismus, allesamt darstellende Künste, die klare Farben, Linien und Formen nutzten. Dieses Buch legt seinen Fokus jedoch nicht auf die wichtigen Vorläufer der abstrakten Kunst oder auf die Tausende Jahre abstrakter Formen und Muster in vielen nicht-westlichen Kunsttraditionen.

Die abstrakte Kunst bildet keinen Gegensatz zur Realität; vielmehr intensiviert sie unser Verständnis von der Welt, indem sie es dem Künstler ermöglicht, mittels einer universellen visuellen Sprache zu kommunizieren. Aus der gleichzeitigen Entstehung der abstrakten Kunst an verschiedenen Schauplätzen vor dem Ersten Weltkrieg ergab sich ein neuer Wortschatz. Wo die abstrakte Kunst entstand, gab es politische Implikationen, die proportional zum utopischen Ausdruck von Freiheit und Idealismus waren. Einige der wichtigsten Bewegungen in der abstrakten Kunst des 20. Jahrhunderts, darunter das Bauhaus in Deutschland und der Suprematismus in Russland, stehen im engen Verhältnis zu linken politischen Auffassungen, sodass die Geschichte der Abstraktion untrennbar mit der Geschichte der sozialen Veränderungen im Verlaufe des Jahrhunderts verbunden ist.

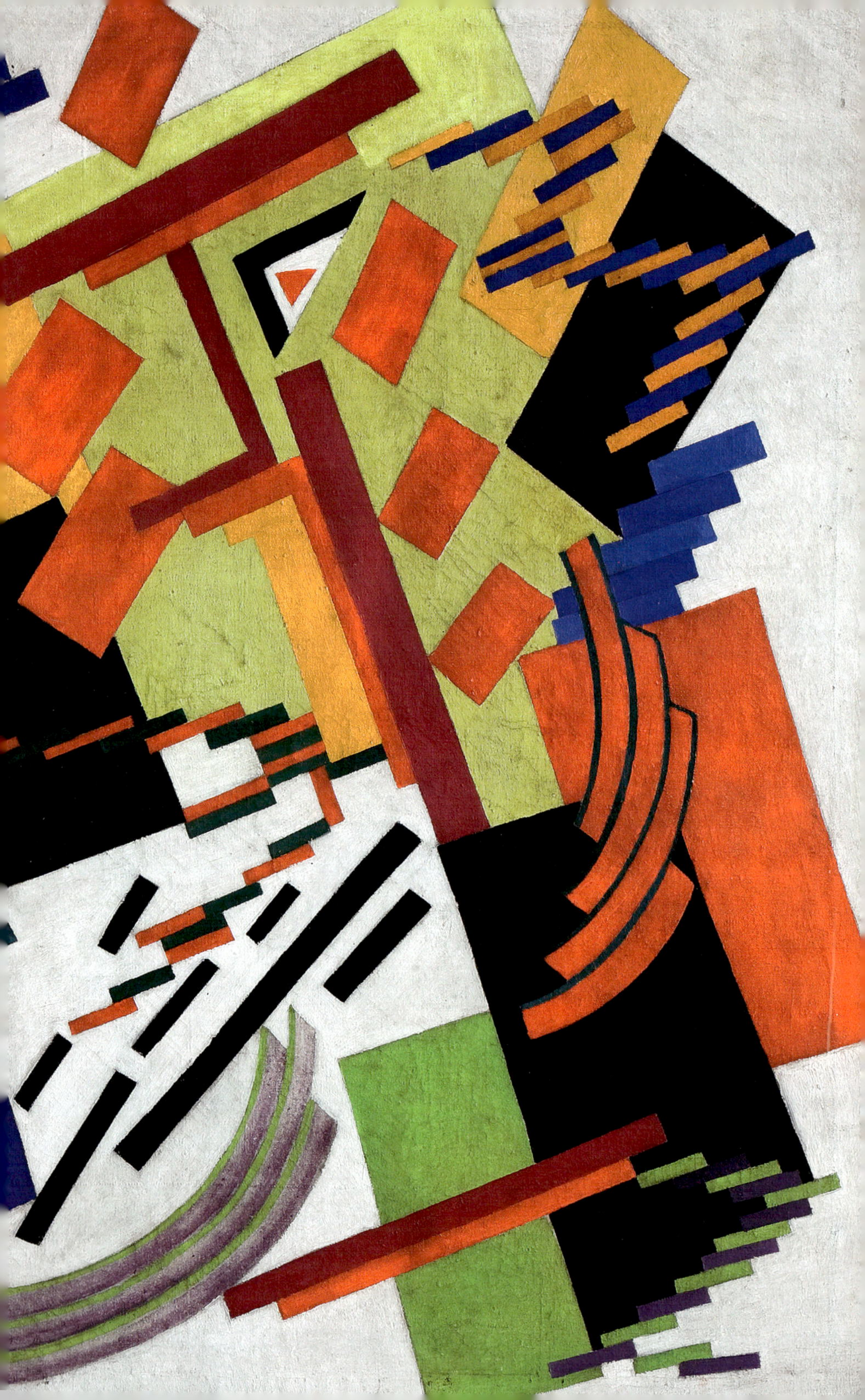

MEHRERE ANFÄNGE

-

**Dinge sind verschwunden wie Rauch …
die Kunst nähert sich der Schöpfung als ein
Zweck an sich und der Herrschaft über die
Formen der Natur.**

-

Kasimir Malewitsch

1915

HILMA AF KLINT
1862–1944

Hilma af Klint, geboren auf Schloss Karlberg in Stockholm, nahm schon als Jugendliche an Séancen teil. Auch wenn diese sie nicht erfüllten, blieb ihr Interesse an psychischen und spirituellen Fragen ihr Leben lang erhalten. 1880, als sie ihre künstlerische Ausbildung an der Stockholmer Kunsthochschule begann, starb ihre Schwester Hermina mit zehn Jahren. Durch dieses traumatische Erlebnis wandte sich die 18-jährige Hilma verstärkt der Religion zu.

Af Klint gehörte zu den ersten Frauen, die eine Ausbildung an der Königlichen Akademie der freien Künste in Stockholm erhielten, die sie nach fünf Jahren als Porträt- und Landschaftsmalerin verließ. Ihre Hinwendung zu einer wegweisenden Form der Abstraktion fast zwei Jahrzehnte später war das Ergebnis ihres andauernden Interesses an Spiritualismus und Theosophie – einer religiösen Philosophie, die danach strebt, mystische Einblicke in das göttliche Wesen des Allmächtigen zu erlangen. Af Klints abstrakte Gemälde waren eine Flucht vor den Grenzen der körperlichen Welt und ein Versuch, über das Sichtbare hinaus vorzustoßen. Ihre Werke nutzen einen komplexen Code unterschiedlicher Symbole als Ausdruck verborgener Dimensionen und Botschaften. Sie sah sich als mediale Empfängerin dieser neuen abstrakten visuellen Sprache: »Die Bilder wurden direkt durch mich gemalt, ohne vorherige Zeichnungen und mit großer Kraft. Ich hatte keine Ahnung, was sie darstellen sollten; dennoch arbeitete ich zügig und sicher, ohne einen Pinselstrich zu ändern.«

In ihrem Testament verfügte af Klint, dass ihre Arbeiten erst 20 Jahre nach ihrem Tod öffentlich gezeigt werden dürften – ihre Geistführer rieten ihr, ihre Schöpfungen gar nicht zu veröffentlichen. Schließlich wurden daraus mehr als 40 Jahre, bis sie in einer Gruppenausstellung in Los Angeles 1986 berücksichtigt wurde: »The Spiritual in Art: Abstract Painting 1890–1985«.

Hilma af Klint
Gruppe IV, Nr. 2, Die zehn Größten, Kindheit (Grupp IV, nr 2, De tio största, Barnaåldern),
1907
Tempera auf Papier, auf Leinwand befestigt,
315 cm x 234 cm
Die Hilma af Klint Foundation, Stockholm

***Die zehn Größten* fängt die Lebensphasen von der Kindheit bis zum Alter in erstaunlichen Farben und Formen ein. Dies ist eine der frühesten ungegenständlichen Bilderserien der westlichen Welt. In diesem zweiten abstrakten Bild der *Kindheit* leitet af Klint einige der Formen – wie etwa die Blütenblätter – aus der Natur ab und schafft dennoch eine Komposition, die kein Äquivalent in der Realität besitzt.**

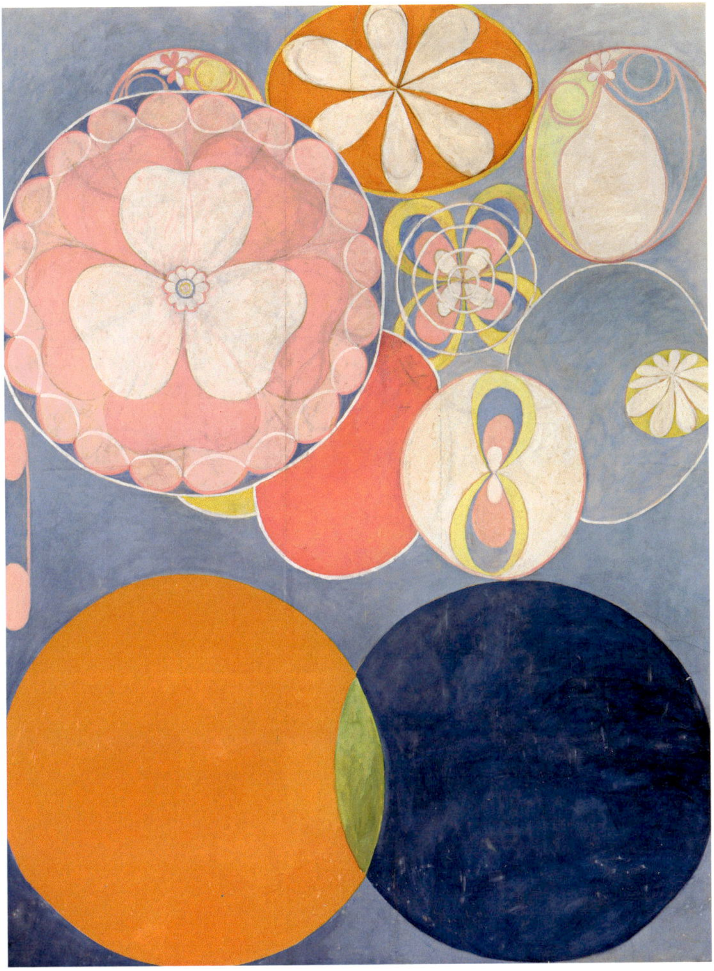

WICHTIGE EREIGNISSE

- 1896: Af Klint gründet mit vier anderen Frauen die Gruppe »Die Fünf«. Sie führen Séancen durch und nehmen Kontakt mit den »Hohen« auf, Geistern, deren Botschaften sie schließlich durch automatisches Zeichnen vermitteln.
- 1906–1915: Af Klint fertigt die meisten ihrer Arbeiten an, *Die Malereien für den Tempel*, eine Serie aus 193 Gemälden, die gemeinsam eine spirituelle Entwicklung darstellen.
- 2018–2019: Das Solomon R. Guggenheim Museum, New York, zeigt die Ausstellung »Hilma af Klint: Paintings for the Future«, die die meisten Besucher in der Geschichte des Museums anlockt.

WASSILY KANDINSKY
1866–1944

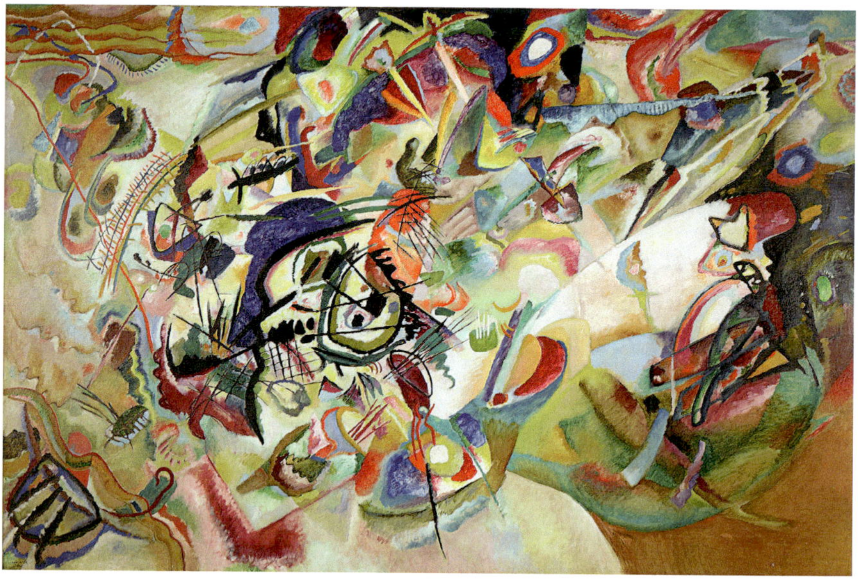

Der in Moskau geborene Wassily Kandinsky gab mit 30 eine erfolgreiche akademische Karriere in Volkswirtschaft für die Malerei auf und zog nach München, um dort an der Kunstakademie zu studieren. Gemeinsam mit seiner Partnerin Gabriele Münter entwickelte er eine intensiv farbige, dynamische Art der Landschaftsmalerei mit vereinfachten, fast schon abstrakten Formen. Beide gehörten zu den Mitbegründern der expressionistischen Künstlerbewegung Der Blaue Reiter, die zwischen 1911 und 1914 in München aktiv war. Diese Jahre waren wichtige Meilensteine auf Kandinskys Weg zur abstrakten Malerei, auch wenn er seine spirituellen Anspielungen oder Landschaftsbezüge nie ganz aufgab. Sein Werk aus dieser Zeit spiegelt ein Gefühl stürmischer Unsicherheit und drohender Gewalt in einer Welt, die sich dem Krieg näherte.

In einem seiner einflussreichsten Texte, »Über das Geistige in der Kunst«, hält Kandinsky Farbe für »ein Mittel, einen direkten Einfluss auf die Seele auszuüben.« Seine Schrift zieht lyrische Parallelen zwischen der Kunst und der Musik, was seine melodische Maltechnik reflektiert. Er teilte seine Gemälde in drei Kategorien ein, die ebenfalls an musikalische Begrifflichkeiten erinnern: Impressionen, Improvisationen und Kompositionen – reserviert für seine am gründlichsten ausgearbeiteten Werke. Nur zehn Kompositionen wurden je fertiggestellt. Nach der ersten Komposition wandte er sich zur Inspiration den innovativen Musiktheorien des Komponisten Arnold Schönberg zu, mit dem er in reger Korrespondenz stand.

Zurück in Moskau nach Ausbruch des Ersten Weltkriegs half Kandinsky im Auftrag der Regierung beim Aufbau des Museums der Kultur der Malerei, erkannte jedoch bald, dass sein spiritueller Ansatz im Gegensatz zur aufkommenden sowjetischen Doktrin des Staatsatheismus stand, und ging 1921 wieder nach Deutschland. Von 1922 bis zu dessen Schließung im Jahre 1933 war er Meister an der Bauhaus-Schule.

Wassily Kandinsky
Komposition VII, 1913
Öl auf Leinwand,
200 cm x 300 cm
Staatliche Tretjakow-Galerie, Moskau

Zu diesem Gemälde gehören mehr als 30 vorbereitende Skizzen, die in einer zweimonatigen Entwicklungszeit entstanden, auch wenn Kandinsky nur drei Tage für das Gemälde selbst brauchte. Seine abstrakten Formen könnten sich teilweise aus früheren Gemälden herleiten, darunter *Allerheiligen I* (1911), sowie aus christlichen apokalyptischen Themen wie dem Jüngsten Gericht und der Auferstehung, obwohl diese externen Einflüsse unklar sind.

WICHTIGE EREIGNISSE

- 1909–10: Entwirft sein Manifest »Über das Geistige in der Kunst«, in dem er seine Hinwendung zum Abstrakten erläutert. Der Text erscheint im Dezember 1911, im selben Monat stellt Kandinsky sein wichtiges Gemälde *Komposition V* in München aus. Schnell werden mehrere Übersetzungen veröffentlicht.
- 1926: Veröffentlicht seinen zweiten theoretischen Text, »Punkt und Linie zu Fläche« auf Grundlage seiner neuen, am Bauhaus entwickelten Lehrmethoden und Farbtheorien.

GIACOMO BALLA
1871–1958

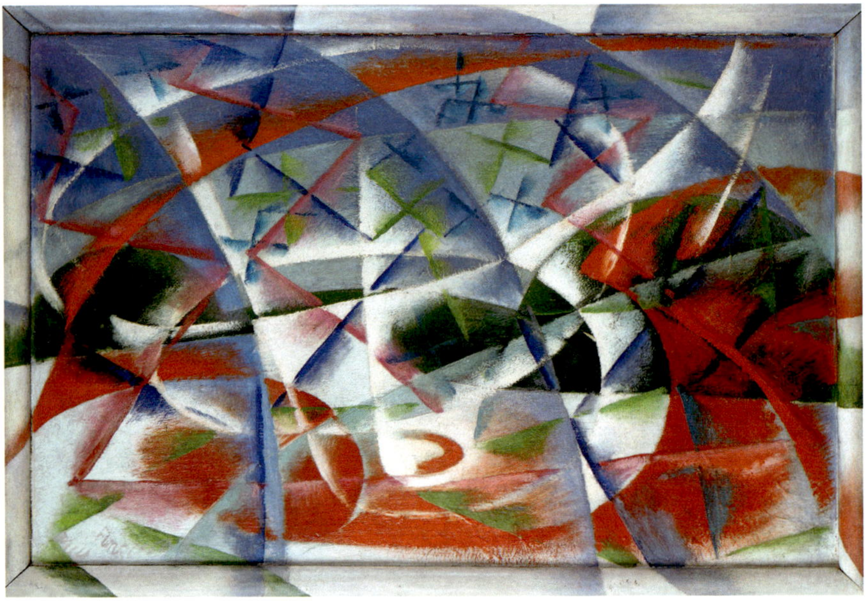

Die abstrakte Kunst des frühen 20. Jahrhunderts entwickelte sich nur selten isoliert von den Innovationen und Fortschritten der wahren Welt. Ein wichtiges Beispiel für den Einfluss der Technik auf die bildenden Künste ist die italienische Bewegung des Futurismus. Begründet wurde sie in Mailand durch den Dichter Filippo Tommaso Marinetti; das erste Manifest erschien 1909 in *Le Figaro*. Die Futuristen hatten das Ziel, die Last der Geschichte und vergangener künstlerischer Traditionen abzuwerfen und sich auf die wissenschaftlichen Fortschritte zu konzentrieren, wie die atemberaubenden Geschwindigkeiten moderner Flugzeuge und Autos. Sie bewunderten die neue Industriestadt und stellten eine Welt dar, die ständig in Bewegung blieb, wobei sie ihre Bilder oft aufbrachen, um prismenartige Effekte zu erzielen. Ihre patriotische Inbrunst führte die Gruppe, allen voran Marinetti, ab 1919 in die Nähe des italienischen Faschismus.

Der in Turin geborene Balla stellte erst ab 1913 mit den Futuristen aus, obwohl er schon 1910 das zweite futuristische Manifest der Gruppe unterzeichnet hatte. Nach einer Karriere als Porträtmaler und Karikaturist in Rom warf er 1913 wegen seiner Hinwendung zum Futurismus seine künstlerische Praxis über den Haufen, verkaufte seine früheren Werke und erklärte: »Balla ist tot!« Seine neue Signatur, »Futurballa«, betont seine Hingabe an die Moderne.

Seine 1913 begonnene Bilderserie *Abstract Speed* fokussierte sich auf die Stärke und Geschwindigkeit des Autos. Balla abstrahierte sein Motiv – ein Auto, das durch eine Landschaft fährt –, während er gleichzeitig das Gefühl für ruhige, gleichmäßige Geschwindigkeit verstärkte. In jedem der drei Gemälde malte Balla bis auf den Rahmen und implizierte so, dass seine neue abstrakte Sicht auf die Welt bis in den Raum des Betrachters reichte.

Giacomo Balla
Abstract Speed + Sound (Velocità astratta + rumore), 1913–1914
Ölfarbe auf Pappe mit bemaltem Rahmen, 54,5 cm x 76,5 cm
The Solomon R. Guggenheim Foundation Peggy Guggenheim Collection, Venedig

Dieses Werk, das den zentralen Teil eines Tryptichons bildet, enthält noch einige Andeutungen an eine Landschaft, speziell den blauen Himmel in der oberen Hälfte. Die kleinen Kreuzmotive auf der Oberfläche repräsentieren den Sound aus dem Titel des Gemäldes, während die geschwungenen Kurven das geschmeidige, industrielle Design des Autos andeuten, das mit der es umgebenden Landschaft verschmilzt.

WICHTIGE EREIGNISSE

- 1916: Balla wird vom Ballet Russes beauftragt, das Bühnenbild für ihre Produktion von Igor Strawinskis *Feu d'Artifice* zu schaffen. Sein Entwurf betont geometrische Formen, Lichtstrahlen und die Bewegung der Farben.
- 1915: Mit Fortunato Depero verfasst Balla das *Manifest der futuristischen Rekonstruktion des Universums*, das zu einer völligen Verwandlung des Alltagslebens durch die Kunst aufruft.
- 1918: Balla veröffentlicht in einem Ausstellungskatalog sein »Manifest der Farben«, das eine Form der dynamischen Malerei, basierend auf Farbexplosionen anregt.

FRANTIŠEK KUPKA
1871–1957

Geboren im böhmischen Opočno (heute: Tschechische Republik), studierte Kupka zuerst in Prag, bevor er 1892 nach Wien zog, um an der dortigen Akademie der Bildenden Künste zu lernen. In Wien entwickelte er Interesse an östlicher Philosophie und Theosophie, die ihn später bei seiner Beschäftigung mit der Abstraktion inspirierten. Schließlich zog er 1896 nach Paris, wo er eine Vielzahl von Auftragsarbeiten schuf, darunter Plakate, Buchillustrationen und satirische Zeichnungen für Zeitungen.

Starken Eindruck auf ihn hinterließ das erste Futuristische Manifest, das 1909 in Paris erschien. Schon bald zeigte sein Werk Anordnungen abstrakter Formen und Farben, die durch verschiedene Bewegungstheorien, Licht und Farben gotischer Glasfenster und die Beziehung zwischen Musik und Malerei beeinflusst waren. Der Musikbegriff »Fuge« für viele seiner Gemälde unterstreicht diese enge Beziehung zwischen akustischen und visuellen Manifestationen.

Kupkas Gemälde *Amorpha: Warme Chromatik* und *Amorpha: Fuge in Zwei Farben* wurden 1912 auf dem Herbstsalon in Paris gezeigt. Es waren die ersten rein abstrakten Werke, die öffentlich ausgestellt wurden, wo sie prompt einen Aufschrei des Publikums auslösten, das an das Fehlen eines gegenständlichen Inhalts nicht gewöhnt war. Die bahnbrechenden Werke waren das Ergebnis einer Folge aus mehr als 50 Zeichnungen, die Kupkas Entwicklung von der beobachtenden Studie zur »nicht-objektiven« Malerei verdeutlichen. Der Künstler beobachtete seine Stieftochter Andrée beim Spielen mit einem rot-blauen Ball im Garten und versuchte, dessen Bewegung und ihre Anwesenheit festzuhalten. Schrittweise entfernte er alle

František Kupka
Amorpha: Fuge in Zwei Farben, 1912
Öl auf Leinwand,
211 cm x 220 cm
Nationalgalerie
Prag

Die Beschränkung der Palette auf Schwarz, Blau, Rot und Weiß richtet das Augenmerk auf die Synthese, die Kupka mit den geschwungenen, ineinander verflochtenen Kurven erreicht. Sie deuten sowohl das Verstreichen der Zeit als auch die Bewegung im Raum an, wo die Flugbahnen einander kreuzen und mehrere Würfe des Balles in die Luft implizieren.

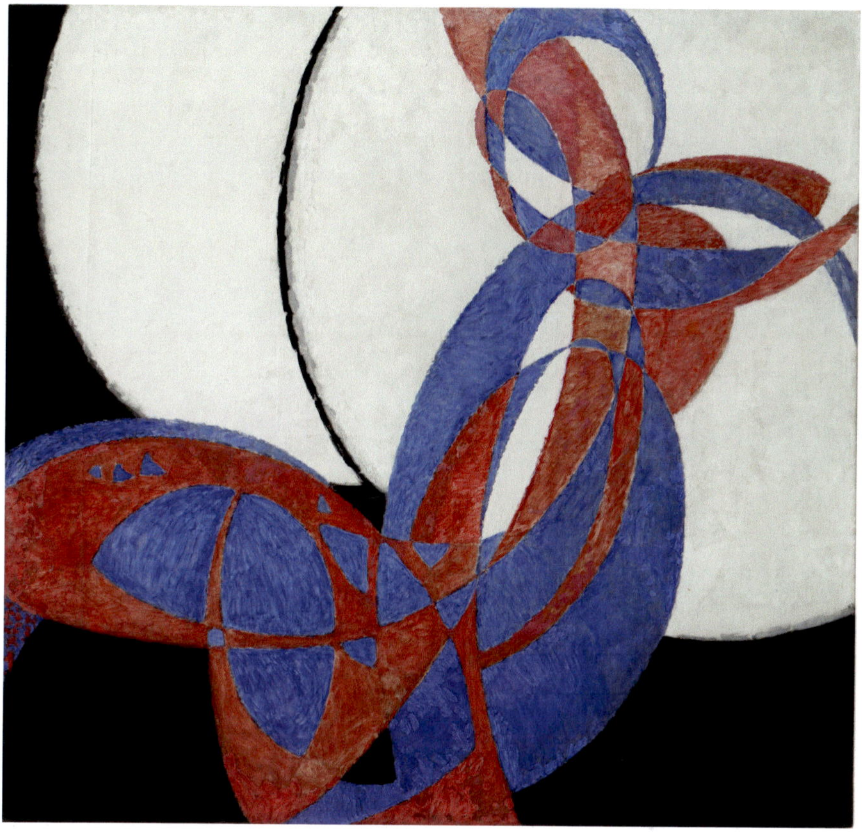

naturalistischen Formen und konzentrierte sich nur noch auf die Flugbahn des Balles: eine reine Abstraktion ohne Hinweise auf den menschlichen Körper oder dessen physische Umgebung.

WICHTIGE EREIGNISSE

- 1912: Stellt im Kubistischen Raum des Herbstsalons Paris aus, will aber nicht mit einer speziellen Künstlerschule oder -gruppe assoziiert werden.
- 1923: Kupkas Text *Die Schöpfung in der Bildenden Kunst* wird in Prag veröffentlicht, war aber schon 10 Jahre zuvor in Paris entstanden.
- 1931: Kupka ist Gründungsmitglied der Künstlergruppe Abstraction-Création, gemeinsam mit Hans Arp, Albert Gleizes, Jean Hélion, Auguste Herbin, Theo van Doesburg und Georges Vantongerloo.

PIET MONDRIAN
1872–1944

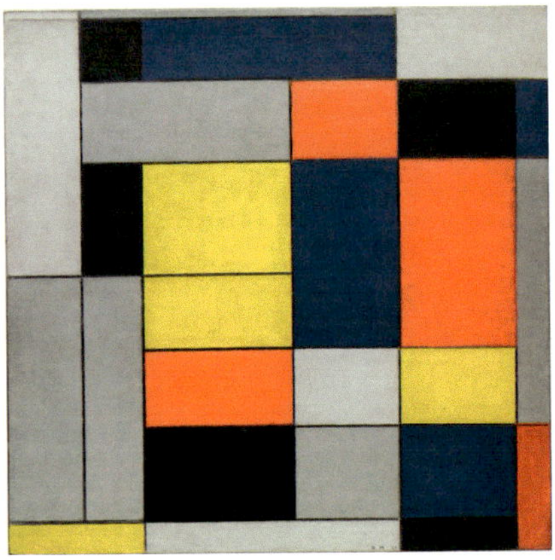

Piet Mondrian
Nr. VI / Komposition Nr. II, 1920
Öl auf Leinwand, 99,7 cm x 100,3 cm
Tate Collection, Großbritannien

In diesem Gemälde aus der De-Stijl-Ära kombiniert Mondrian Schwarz, Grautöne und die drei Primärfarben (Blau, Rot und Gelb), gemischt mit Grau, zu einem ineinandergreifenden, asymmetrischen Schema, das eine Vielzahl verschieden großer Rechtecke enthält.

Piet Mondrian, geboren als Pieter Cornelis Mondriaan, jr., im niederländischen Amersfoort, malte bis 1908 im naturalistischen Stil Landschaften und Stillleben, die vom Niederländischen Impressionismus und Symbolismus beeinflusst waren (auch diese Kunstbewegungen des 19. Jahrhunderts boten auf gewisse Weise Alternativen zur direkten Darstellung der Realität). 1911 siedelte er nach Paris über, nachdem er die radikalen Kompositionen der kubistischen Werke von Georges Braques und Pablo Picasso auf der ersten Ausstellung des »Moderne Kunstkring« in Amsterdam gesehen hatte. Dort entwickelte er seine eigene abstrakte Vision.

Während eines Besuchs in den Niederlanden 1914 brach der Erste Weltkrieg aus und Mondrian konnte erst 1919 nach Paris zurückkehren. In dieser Zeit beschränkte er im Dialog mit den anderen Mitgliedern der abstrakten Kunstgruppe De Stijl seine Farbpalette noch weiter, konzentrierte sich auf die Gitterform und verzichtete völlig auf Ovale und Diagonalen.

Mondrian veröffentlichte seinen »Dialog über die neue Plastik« 1919 in zwei Ausgaben der Zeitschrift *De Stijl*. In diesem Gespräch zwischen einem Maler und einem Sänger äußert der Sänger seine Zweifel hinsichtlich der Hinwendung des Malers zu einer rein abstrakten Kunst. Er erklärt: »Ich sehe nichts in diesen Rechtecken, und das ist vielleicht ganz vernünftig!« Der Maler (vermutlich Mondrian selbst) argumentiert: »In der Malerei muss man zuerst versuchen,

Piet Mondrian
Komposition mit Blau: Schilderij No. 1: Raute mit 2 Linien und Blau, 1926
Öl auf Leinwand,
61,1 cm x 61,1 cm
Philadelphia Museum of Art

Mondrian dreht seine Leinwand um 45 Grad, um deren perfektes Quadrat in eine Raute zu verwandeln. Der rechte Winkel, der durch die Überschneidung der beiden einzigen schwarzen Linien entsteht, erzeugt ein kleines blaues Dreieck am Rand der Leinwand. Der größte Teil der Oberfläche des Gemäldes bleibt in einem strengen, reinen Weiß.

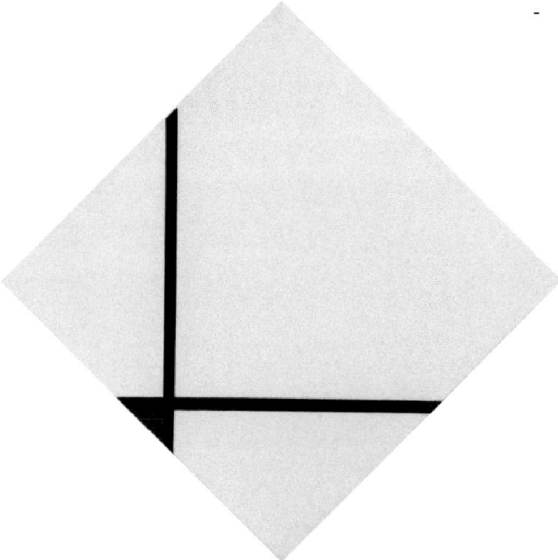

Komposition, Farbe und Linie und nicht die Darstellung als *Darstellung* zu sehen. Dann erkennt man schließlich den Gegenstand als ein Hindernis.«

Der Künstler betrachtete seinen Essay »Le Néo-Plasticisme« (im Januar 1921 auf Französisch veröffentlicht) als definitive Aussage zu seiner Erfindung der »neoplastischen« Kunst und trifft folgende dramatische Behauptung: »Wir dürfen nicht vergessen, dass wir an einem Wendepunkt der Kultur sind, *am Ende alles Alten: Die Trennung zwischen den beiden ist absolut und endgültig* ... Da das Hindernis der Form zerstört ist, sieht sich die neue Kunst als *rein plastisch*.«

Nach vielen Jahren in Paris suchte Mondrian 1938, kurz vor Ausbruch des Zweiten Weltkriegs, Zuflucht in London. Von dort floh er 1940 nach New York, wo er die letzten vier Jahre seines Lebens verbrachte, weiter Texte zur Abstraktion veröffentlichte und in seinem Stil auf die Architektur der Stadt und die Jazzmusik reagierte, wie der Titel eines seiner letzten Werke suggeriert: *Broadway Boogie Woogie* (1942–1943).

WICHTIGE EREIGNISSE

- 1917: Mondrian gründet gemeinsam mit Theo van Doesburg, Bart van der Leck und Georges Vantongerloo die niederländische Kunstgruppe De Stijl. Die Gruppe geht bei ihrer geometrischen Annäherung an die Abstraktion über Malerei und Bildhauerei hinaus und schließt auch Architektur und Grafikdesign ein.
- 1936: Neun von Mondrians Gemälden sind Teil der monumentalen Gruppenausstellung »Kubismus und Moderne Kunst« am Museum of Modern Art, New York.

KASIMIR MALEWITSCH
1878–1935

Der im ukrainischen Kiew in eine polnische Familie hineingeborene und später in Moskau lebende Künstler und Theoretiker Malewitsch nahm schnell viele europäische avantgardistische Bewegungen des frühen 20. Jahrhunderts auf, als er 1912 nach Paris reiste, um den Kubismus zu erleben. Außerdem nahm er an vielen Ausstellungen von Künstlerkollektiven teil, wie der Ausstellung der von der russischen Volkskunst beeinflussten Gruppe *Eselsschwanz* (1912).

Malewitsch startete mit der »Letzten futuristischen Ausstellung der Malerei 0,10 (null, zehn)« im Dezember 1915 in Petrograd (St. Petersburg) den Suprematismus. Dieser präsentierte eine originelle visuelle Sprache, die nur einfache Formen und Farben ohne narrative Ablenkungen nutzte. Zu dieser Ausstellung veröffentlichte er das Pamphlet *Vom Kubismus zum Suprematismus: Der Neue Realismus in der Malerei*, in dem er zum ersten Mal den Begriff »ungegenständlich« verwendete, um seine abstrakte Kunst zu beschreiben. Im Prinzip ist dies Malewitschs Manifest für seine neue Kunstbewegung, die in vielerlei Hinsicht inhärent politisch war, nicht zuletzt wegen ihres erklärten Anti-Elitismus. Er schreibt: »Ich aber verwandelte mich *in die Nullform* und zog mich selbst aus dem *müllgefüllten Becken der Akademischen Kunst.*« Später argumentiert er in diesem Text: »Der Künstler kann nur dann ein Schöpfer sein, wenn die Formen in seinem Bild nichts gemein haben mit der Natur ... Farbe und Struktur in der Malerei sind Zwecke für sich.«

An diese Doktrin der Vereinfachung und Reinheit der Form hielt Malewitsch sich für die nächste Dekade. Nach der Oktoberrevolution (1917) lehrte er an Kunstschulen in Witebsk, Leningrad und Kiew, wo er seine Theorien des Suprematismus verfeinerte und an die nächste Künstlergeneration weitergab. 1927 reiste er für seine erste Soloausstellung außerhalb Russlands nach Warschau, wo ihn frühere Schüler willkommen hießen, darunter die konstruktivistische Bildhauerin Katarzyna Kobro.

Kasimir Malewitsch
Schwarzes Quadrat, 1915
Öl auf Leinwand,
79,5 cm x 79,5 cm
Staatliche Tretjakow-Galerie, Moskau

Dies ist eine der vier Versionen von Malewitschs Bild *Das Schwarze Quadrat*, vermutlich die früheste, obwohl der Künstler die Arbeit später – vermutlich fälschlicherweise – auf 1913 neu datierte. Bei der »Letzten futuristischen Ausstellung der Malerei 0,10« hängte Malewitsch sein *Schwarzes Quadrat* hoch in eine Zimmerecke: In russischen Häusern ist dieser Platz traditionell für die orthodoxe Ikone eines Heiligen reserviert. Es wurde zum Symbol für ein neues Zeitalter der Revolution.

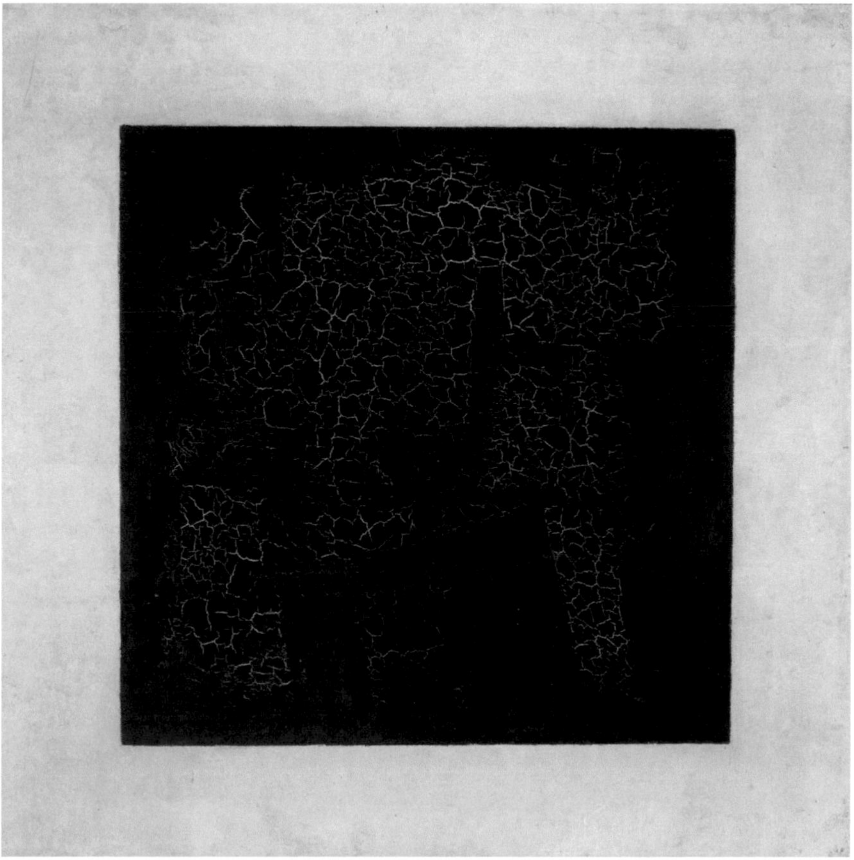

WICHTIGE EREIGNISSE

- 1913: Das Schwarze Quadrat tritt als Theatervorhang in Malewitschs Bühnenentwurf für die futuristische Oper *Sieg über die Sonne* in St. Petersburg ins Leben.
- 1919: Malewitsch nimmt an der »Zehnten Staatsausstellung« in Moskau teil, wo er sein Gemälde *Suprematistische Komposition: Weiß auf Weiß* (1918) vorstellt.
- 1927: Veröffentlichung seines Buches *Die gegenstandslose Welt*.
- 1930: Malewitsch ist gezwungen, nach zweimonatiger Haft unter dem Regime von Josef Stalin, der abstrakte Kunst für »dekadent« hält, die Abstraktion aufzugeben. Malewitsch malt in seinen letzten fünf Lebensjahren im offiziell anerkannten gegenständlichen Stil des Sozialistischen Realismus.

PAUL KLEE
1879–1940

Klee wurde in Münchenbuchsee bei Bern als Sohn eines Musiklehrers und einer Sängerin geboren. In seiner Schulzeit in der Schweiz unschlüssig, ob er Künstler oder Musiker werden solle, zog er kurz nach seinem Abschluss im Jahre 1898 zum Grafikstudium nach München. 1906 heiratete er die Pianistin Lily Stumpf, reiste durch Europa und schuf weiterhin in relativer Isolation Kunstwerke, die kaum geschäftlichen Erfolg oder Anerkennung bei den Kritikern hatten. Ein Treffen mit Wassily Kandinsky im Jahre 1911 brachte Klee in Kontakt mit einem größeren Netzwerk aus Künstlerkollegen. 1912 luden Kandinsky und Franz Marc Klee zur Teilnahme an der zweiten Ausstellung der Gruppe Der blaue Reiter in München ein. Auch wenn er nie ein ausschließlich abstrakter Künstler war, trug Klees Arbeit erheblich dazu bei, zu verstehen, wie Farbe unabhängig vom Motiv agieren könnte. Seine Zeit am Bauhaus, die 1921 mit seiner Berufung zum Werkstattmeister für Buchbinderei und als Lehrer für praktische Komposition begann, festigte seinen Ruf als einflussreicher Farbtheoretiker. Später lehrte er Malerei und Gestaltungslehre der Weberei, als das Bauhaus von 1925 bis zur Schließung der Schule im Jahre 1932 in Dessau residierte.

Klees Arbeit »Über die moderne Kunst«, zunächst ein Vortrag vor dem Jenaer Kunstverein im Jahre 1924, wurde 1945, nach seinem Tod, veröffentlicht. Darin erklärte er: »Was für Möglichkeiten der inhaltlichen Variierung bieten erst die farbigen Zusammenstellungen.« Diese Betonung, dass die Farbe allein schon wichtig sein kann, ohne dass sie durch das Geschichtenerzählen oder die natürlichen Formen unterstützt werden muss, gipfelt in seiner Aussage, dass gut zu malen lediglich bedeutet, die richtigen Farben an die richtige Stelle zu setzen. Er schuf mehr als 10.000 Werke, vor allem kleine Zeichnungen und Aquarelle.

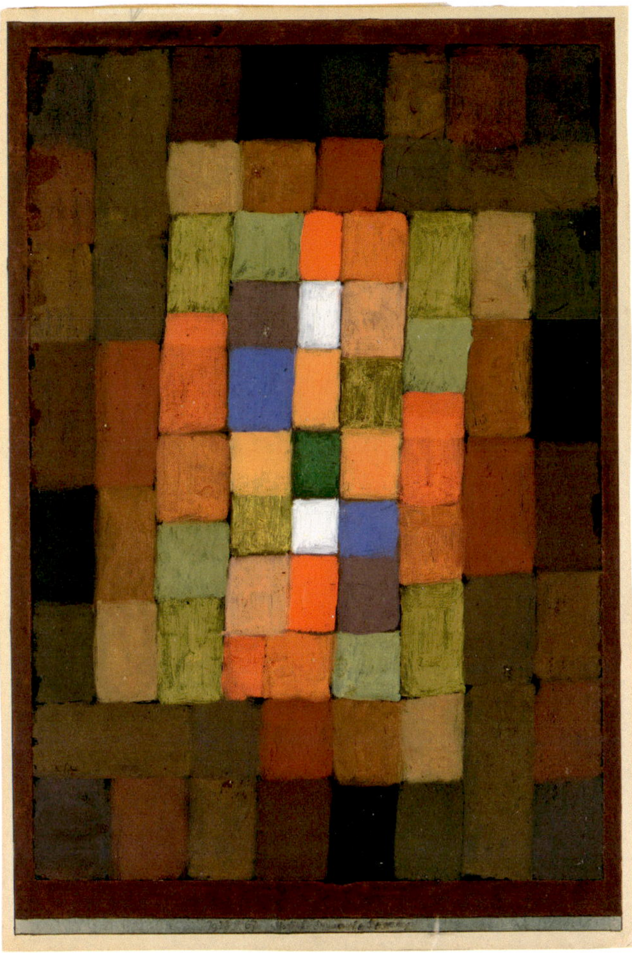

Paul Klee
Statisch-Dynamische Steigerung, 1923
Öl und Gouache auf Papier, umrandet mit Gouache, Wasserfarbe und Tinte, auf Karton, 43,5 cm x 29,2 cm
The Metropolitan Museum of Art, New York

Dieses Aquarell ist eine von vielen Arbeiten, die Klee zur Unterstützung seines Unterrichts am Bauhaus schuf. Darin untersucht er die Beziehung zwischen den Farbvariationen und der Strenge des Rasters als deren leitende Struktur.

WICHTIGE EREIGNISSE

- 1914: Reise nach Tunesien mit den Künstlern August Macke und Louis Moilliet, dies erweist sich als inspirierend für seinen Umgang mit Farbe und Licht.
- 1924: Die erste amerikanische Ausstellung von Klees Werk wird durch Katherine S. Dreier von der Société Anonyme, New York, organisiert.
- 1925: Klees *Pädagogisches Skizzenbuch*, das auf seinen Vorlesungen an der Schule beruht, wird als eines der Bauhausbücher veröffentlicht.

OLGA ROSANOWA
1886–1918

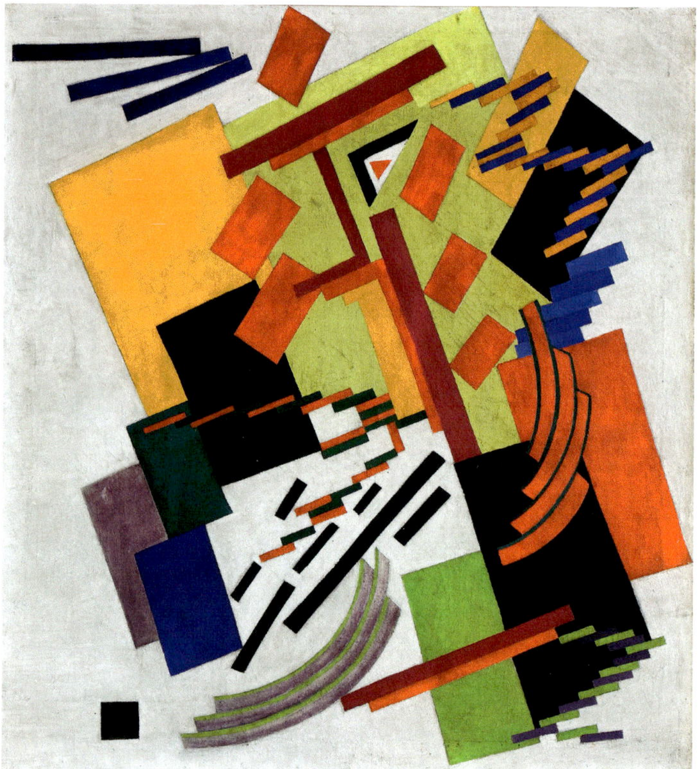

Olga Rosanowa
Gegenstandslose Komposition, 1916
Öl auf Leinwand,
102 cm x 93,5 cm
Kunstmuseum
Jekaterinburg

Rosanowas abstrakter visueller Ausdruck beruht nicht auf exakten geometrischen Formen. Jedes gemalte Rechteck in dieser Komposition aus Diagonalen ist unvollkommen, verzogen oder geneigt, was eine dynamische Wirkung von Bewegung und Rhythmus erzeugt.

Olga Rosanowa besuchte verschiedene Kunstschulen in Moskau und St. Petersburg, bevor sie sich der Union der Jugend anschloss, einer avantgardistischen Künstlervereinigung, die von 1909 bis 1917 in St. Petersburg tätig war. Rosanowa war eng mit der Entwicklung des Futurismus in Russland verbunden und schloss sich später der Bewegung der Suprematisten von Kasimir Malewitsch an.

1913 veröffentlichte Rosanowa ihren Essay »Die Grundlagen der neuen Schöpfung und die Gründe, weshalb sie missverstanden wird« in der Zeitschrift der Union der Jugend. Darin beschreibt sie in weitgefassten Begriffen ihre Hinwendung zur Abstraktion: »Wie enthüllt sich uns die Welt? Wie spiegelt unsere Seele die Welt wider? Um widerzuspiegeln, ist es notwendig, wahrzunehmen. Um wahrzunehmen, ist es notwendig, zu berühren, zu sehen ... Die Ära der endgültigen, absoluten Befreiung der Großen Kunst der Malerei von den fremdartigen Zügen der Literatur, Gesellschaft und des alltäglichen Lebens. Unserem Zeitalter gebührt die Anerkennung für die Kultivierung dieser wertvollen Weltsicht.« Dies suggeriert, dass die abstrakte Kunst tatsächlich eine wertvolle neue Perspektive auf die Welt liefern könnte, statt sich davon abzuwenden.

Nach der Teilnahme an der »Letzten futuristischen Ausstellung der Malerei 0,10« in Petrograd trat Rosanowa der Gruppe Supremus bei, die Malewitsch als offizielle Gruppe (und Zeitschrift) für seine neue künstlerische Bewegung gegründet hatte. Rosanowas künstlerischer Stil entwickelte sich passend zu dieser Verbindung weiter und so schuf sie in den wenigen verbleibenden Jahren ihres Lebens Gemälde und Zeichnungen in einem ganz und gar abstrakten Stil mit eleganten Farbharmonien und -rhythmen. Malewitsch hielt Rosanowa für seine beste und talentierteste Anhängerin und zweifellos wurde auch sein Werk von ihr beeinflusst. Im Alter von 32 Jahren starb Rosanowa in Moskau an Diphtherie.

WICHTIGE EREIGNISSE

- 1915: Nimmt neben Künstlern wie Kasimir Malewitsch und Ljubow Popowa an der fünften Gruppenausstellung »Karo-Bube« teil.
- 1915: Liefert Mode- und Stoffentwürfe für die Ausstellung »Künstlerinnen für die Opfer des Krieges« in Moskau.
- 1918/1919: Große posthume Ausstellung von 250 Werken Rosanowas in Moskau.

SONIA DELAUNAY-TERK
1885–1979

Die Ausbildung der Ukrainerin Sonia Terk begann 1904 an der Kunstakademie Karlsruhe und setzte sich in Paris fort. Es war eine wichtige Zeit für die Entwicklung der modernen Kunst nach der ersten öffentlichen Ausstellung der Fauves (Wilde Bestien) – expressionistischer Maler mit einem kühnen Umgang mit Farbe. Terks frühe Arbeiten zeigen den fauvistischen Einfluss ebenso wie Verweise auf Kubismus, Futurismus und andere avantgardistische Bewegungen, die allesamt zur Abstraktion strebten.

1907 traf Sonia Terk den Maler Robert Delaunay, den sie Ende 1910 heiratete. Etwa 1911 arbeiteten sie gemeinsam an einem Stil rein abstrakter Kunst, basierend auf leuchtenden Farbkontrasten und rhythmisch-geometrischen Formen, die sie als »Simultanismus« beschrieben. Dies bezog sich auf die rasante Energie des modernen Lebens und dessen Fortschritte in Kommunikation und Technik. Die entscheidende Inspiration für diese neue visuelle Sprache stammte aus Delaunay-Terks Stoffdesign: einer Babydecke für ihren neugeborenen Sohn Charles, die sowohl an die Flickenstoffe der russischen Bauern als auch an die räumlichen Anordnungen der Kubisten erinnern. Diese Synthese (aus Malerei und Textilkunst, aus Volkskunst und moderner Abstraktion) begleitete Delaunay-Terk während ihrer ganzen Laufbahn, in der sich angewandte und bildende Kunst abwechselten. Sie entwarf Bücher, Plakate und Dekostoffe ebenso wie Autos, Handtaschen und Ballettkostüme. Ihr Werk war einer der deutlichsten Ausdrücke der Moderne und sie wurde zu einem Symbol für deren Freiheiten.

Die Delaunays waren in Paris berühmt für ihre Donnerstag-Salons, auf denen eine berauschende Mischung aus Künstlern, Musikern und Dichtern (darunter Hans und Sophie Taeuber-Arp) die neuesten künstlerischen Reaktionen auf das moderne Leben diskutierte. Später beschrieb Delaunay-Terk die Beziehung zwischen den visuellen Künsten und dem kreativen Schreiben folgendermaßen: »Malerei ist eine Form der Poesie, Farben sind Worte, ihre Beziehungen Rhythmen, das fertige Bild ein fertiges Gedicht.«

Sonia Delaunay-Terk
Elektrische Prismen, 1913
Öl auf Leinwand,
56 cm x 47 cm
Davis Museum am
Wellesley College,
Wellesley, Massachusetts

Diese frühe Serie aus Gemälden untersucht die Wirkungen elektrischer Straßenlaternen auf die Stadt Paris und kommt aus einem visuellen Erleben, das in der alltäglichen Realität wurzelt, zu einer völlig abstrakten geometrischen Komposition.

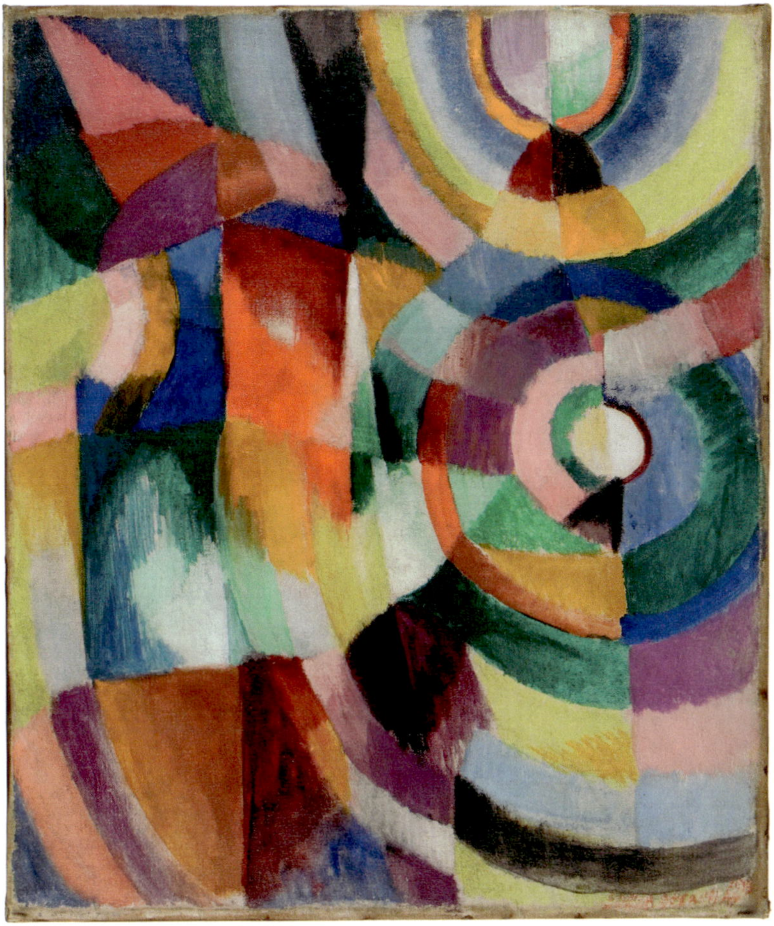

WICHTIGE EREIGNISSE

- 1913: Illustriert gemeinsam mit dem Dichter Blaise Cendrars sein Gedicht *Die Prosa von der Transsibirischen Eisenbahn und der kleinen Jehanne von Frankreich*, ein multimediales Kunstwerk, das sie als das »erste Simultanbuch« bezeichneten, das sich ziehharmonikaartig auf fast 2 Meter Länge auseinanderfalten lässt.
- 1927: Hält den Vortrag »Der Einfluss der Malerei auf die Bekleidungskunst« an der Sorbonne in Paris, der ihren interdisziplinären Ansatz für bildende Kunst, Design und Mode unterstreicht.
- 1964: Delaunay-Terk wird die erste lebende Künstlerin, die eine Retrospektive am Louvre in Paris erhält.

SOPHIE TAEUBER-ARP
1889–1943

Die Schweizer Künstlerin Sophie Taeuber war eine der ersten, die sowohl in der angewandten Kunst (speziell mit Textilien) sowie in Grafik, Collage, Malerei und Bildhauerei arbeitete. Zunächst studierte sie an der Schule für Gestaltung in St. Gallen, bevor sie im Herbst 1910 an das reformorientierte Atelier von Wilhelm von Debschitz ging, das zur Münchner Kunstschule gehörte, einem der Vorbilder für das Bauhaus.

Nach ihrer Rückkehr in die Schweiz lernte Taeuber 1915 in Zürich ihren künftigen Ehemann, den Dada-Künstler Hans Arp kennen. Im selben Jahr wurde sie Mitglied im Schweizerischen Werkbund. Bald begannen Taeuber-Arp und Hans Arp, gemeinsam Kunstwerke zu schaffen, sie stellten Papiercollagen und hölzerne Skulpturen her, bei denen sie auf geometrische Formen, vor allem aber auf Taeuber-Arps aufwendige Stoffentwürfe zurückgriffen. Taeuber-Arp leistete darüber hinaus einen wichtigen Beitrag zur genreübergreifenden und subversiven Kunstszene des Dada. Anfang der 1920er entfernte sie sich von den für sie typischen strengen Vertikalen und Horizontalen und entwickelte Formen, die ein verstärktes Gefühl für Bewegung vermittelten. Das Ehepaar pendelte viele Jahre zwischen Paris und Zürich, sie behielt jedoch ihr Schweizer Lehramt.

Später gehörte Taeuber-Arp zu den Gründern des dreisprachigen Kunstmagazins *Plastique* (1937–1938) und wurde Mitglied der Künstlergruppen Cercle et Carré und Abstraction-Création. Ihr Beitrag zur Kunstbewegung des Dada sowie zur abstrakten Kunst in den 1910er- und 1920er-Jahren wurde jahrzehntelang sowohl von ihren Mitkünstlern als auch den späteren Kunsthistorikern ungenügend gewürdigt, was möglicherweise an Vorurteilen gegenüber der Anwendung abstrakter Kunstpraktiken auf die Gestaltung von Gebrauchsgegenständen lag.

Sophie Taeuber-Arp
Vertikal, horizontal, quadratisch, rechteckig, 1917
Gouache auf Papier,
23 cm x 15,5 cm
Privatsammlung

Bei ihrer Arbeit als Textilgestalterin in Zürich fertigte Taeuber-Arp viele vorbereitende Entwürfe an, die der Produktion der Textilien zugrunde liegen sollten. Diese Zeichnungen sind aber unabhängig davon auch wichtige Werke der geometrischen Abstraktion.

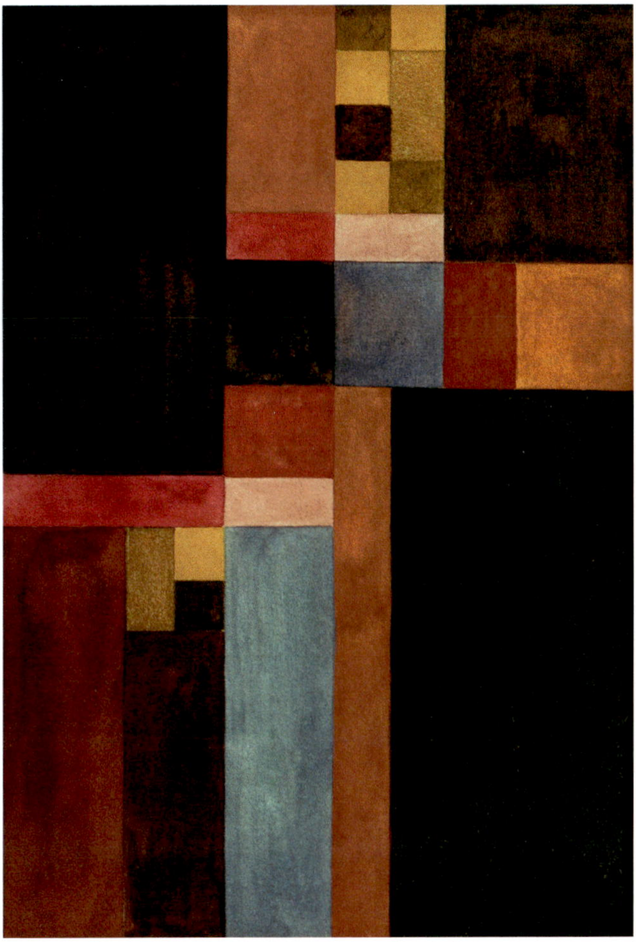

WICHTIGE EREIGNISSE

- 1916: Taeuber-Arp tritt gemeinsam mit der Tanzlegende Mary Wigman als Ausdruckstänzerin im Geburtsort des Dada, der Züricher Künstlerkneipe Cabaret Voltaire, auf.
- 1922: Reise mit Hans Arp nach Florenz und Siena; sie heiraten im Oktober im Tessin.
- 1925: Taeuber-Arps Tapisserien werden auf der »International Exhibition of Modern Tapestries« am Toledo Museum of Arts im US-amerikanischen Toledo (Ohio) ausgestellt.
- 1938: Ihre Arbeiten sind auf der Internationalen Ausstellung des Surrealismus in Paris zu sehen.

LJUBOW POPOWA
1889–1924

Auf Studienreisen durch ihr Heimatland und Europa lernte die nahe Moskau geborene Ljubow Popowa die zeitgenössischen Kunstbewegungen wie den italienischen Futurismus kennen. In Paris arbeitete sie 1912 mit den kubistischen Künstlern Henri Le Fauconnier und Jean Metzinger zusammen. In den folgenden drei Jahren waren ihre Gemälde stark durch den Kubismus beeinflusst und zeigten die fragmentierten Perspektiven und zerlegten Objekte.

1915 nahm sie an den zwei großen Ausstellungen teil, die das Auftreten der rein abstrakten Kunst in Russland einläuteten: »Tramway V: Die erste futuristische Ausstellung der Malerei« und »Die letzte futuristische Ausstellung der Malerei, 0,10«. Im folgenden Jahr trat sie den Suprematisten bei. Im Katalog zur »Zehnten Staatsausstellung: Ungegenständliche Kreativität und Suprematismus« in Moskau im April 1919 führte sie bestimmte Werte auf »nicht die Malerei, aber die Darstellung der Realität« zurück, darunter »Illusionismus, Literarität, Emotionen und Anerkennung«. Unter »Malerei« listete sie Eigenschaften auf wie »malerischer Raum, Linie, Farbe (Suprematismus), Energetik (Futurismus), Textur«. In dieser klaren Artikulation der Malerei als definitiv abstrakt vom Wesen her unterscheidet Popowa wie viele Künstler dieser Zeit zwischen den alten expressiven Werten, die sich um Repräsentation und Geschichtenerzählen drehen, und der neuen, revolutionären Kunst, in der alle überflüssigen Elemente – einschließlich der Emotion – weggelassen werden sollen.

Nach der russischen Revolution gab Popowa die Ölmalerei auf und entwarf nun Stoffe, die die neue konstruktivistische Doktrin widerspiegelten, wonach Kunst nützlich sein müsse. Ihre Entwürfe nutzten Primärfarben, Wiederholungen und einfache geometrische Formen, deren Muster oft versetzt waren, um Energie und

Ljubow Popowa
Raum Kraft Konstruktion, 1920–1921
Öl mit Holzstaub auf Sperrholz,
112,3 cm x 112,5 cm
Staatliches Museum für zeitgenössische Kunst, Thessaloniki, Sammlung George Costakis

Dieses Werk stammt aus der Zeit, als Popowa sich nützlicheren Formen der abstrakten Produktion zugewandt hatte und eine eingeschränkte Farbpalette und eine strenge Ökonomie der Mittel nutzte. Sie sah diese Gemälde nur als »vorbereitende Experimente zu konkreten Materialkonstruktionen« an.

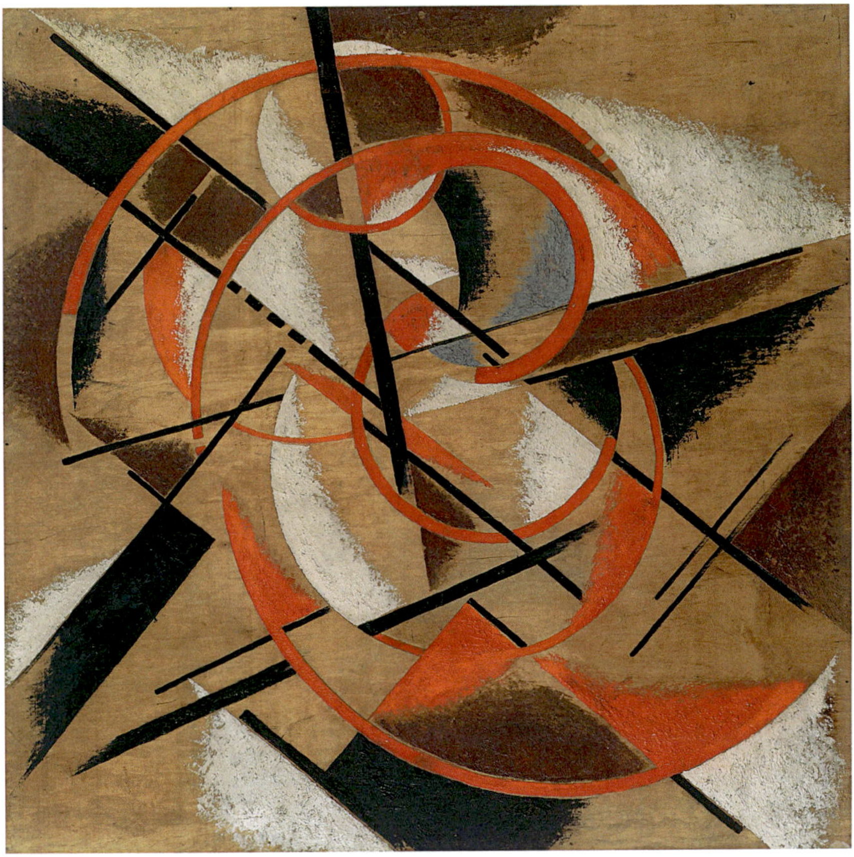

Bewegung auf den Stoffen anzudeuten. Popowa entwarf außerdem Theaterkostüme und -kulissen, Bücher, Keramik und Kleidung. 1921 erklärte sie: »Unser neues Ziel ist die Organisation der materiellen Umgebung, d. h. der modernen Industrieproduktion, und die ganze aktive künstlerische Kreativität muss darauf ausgerichtet werden.«

WICHTIGE EREIGNISSE

- 1923: Popowa reagiert auf einen Aufruf der Zeitung *Prawda*: Künstler sollen Entwürfe an die Erste Staatliche Textilfabrik Moskau liefern. Sie arbeitet gemeinsam mit der konstruktivistischen Künstlerin Warwara Stepanowa in der Fabrik.
- 1924: Künstlerkollegen organisieren eine posthume Ausstellung, in der ihre Gemälde und ihre Textildesigns Seite an Seite zu sehen sind.

EL LISSITZKY
1890–1941

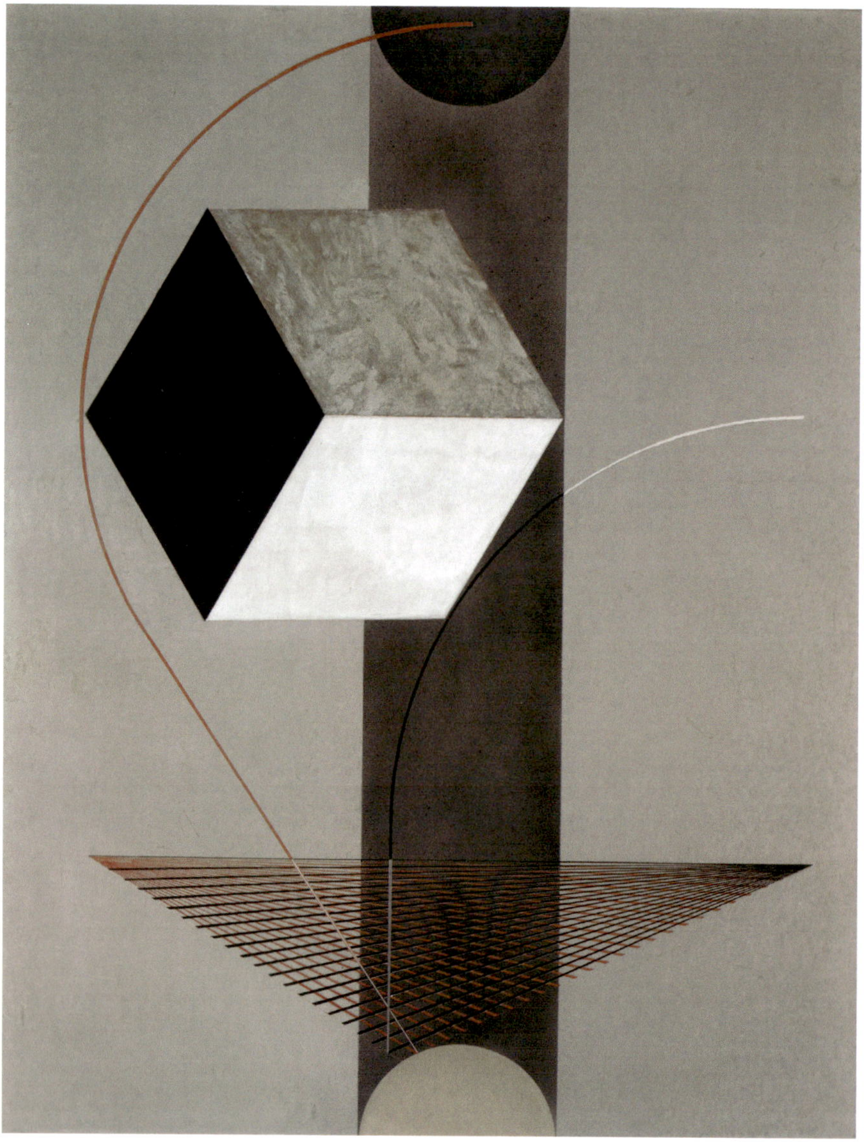

Lasar Markowitsch Lissitzki, bekannt als El Lissitzky, war ein vielseitiger russischer Künstler und Gestalter, der auf vielen Gebieten tätig war, darunter Typografie, Fotomontage und Grafikdesign. Sein Schaffen wurde durch den Glauben geeint, dass die abstrakte Kunst der Auslöser für gesellschaftlichen und politischen Fortschritt sein könne. Nach dem Architekturstudium in Deutschland kehrte Lissitzky bei Ausbruch des Ersten Weltkriegs nach Russland zurück. Er wurde ein Anhänger von Kasimir Malewitsch, unterrichtete gemeinsam mit ihm an der Kunstschule Witebsk und wurde Mitglied seiner UNOWIS-Gruppe (Bestätiger der Neuen Kunst), die 1920 gegründet wurde. Sie arbeiteten daran, suprematistische Ideen in alle Aspekte der Gesellschaft zu integrieren, von Architektur und Straßendekorationen zu Büchern und Textilien.

El Lissitzky traf Ende 1921 als russischer Kulturbotschafter im Berlin der Weimarer Republik ein. 1922 nahm er in Düsseldorf am »Kongress der Union Internationaler Fortschrittlicher Künstler« teil, einer Initiative, die Verbindungen zwischen dem sowjetischen Konstruktivismus und verwandten Avantgardegruppen im westlichen Europa knüpfen sollte. Auf der Konferenz sagte Lissitzky: »In Russland haben wir einen schweren, aber fruchtbaren Kampf ausgetragen, um die neue Kunst auf einer breiten gesellschaftlichen und politischen Front umzusetzen.« Außerdem argumentierte er:

> Die neue Kunst kann ... wie die Wissenschaft mit Präzision beschrieben werden und ist von Natur aus konstruktiv. Sie vereint nicht nur die reine Kunst, sondern alle, die an der Grenze zur neuen Kultur stehen. Der Künstler ist der Begleiter des Wissenschaftlers, des Ingenieurs und des Arbeiters.

El Lissitzky, der immer nach vorn schaute, trieb in dieser Zeit der bedeutenden Änderungen die Idee voran, dass abstrakte Kunst eine Sprache der Logik und eine einende Kraft war.

El Lissitzky
Proun 99, ca. 1923–1925
Wasserlösliche und metallische Farbe auf Holz
129 cm x 99,1 cm
Yale University Art Gallery, New Haven

Proun **ist ein russisches Akronym für »Projekt für die Bestätigung des Neuen«. El Lissitzky schuf viele Werke unter diesem Titel, darunter einen** ***Proun-Raum*****, der die abstrakten Geometrien seiner Gemälde in den dreidimensionalen Raum erweiterte. Im Gefolge der russischen Revolution war das Projekt ein Versuch, zu visualisieren, wie diese neue Gesellschaft aussehen könnte.**

WICHTIGE EREIGNISSE

- 1919: Erschafft das legendäre sowjetische Propagandaplakat *Schlagt die Weißen mit dem roten Keil*, das abstrakte Mittel für politische Zwecke einsetzt.
- 1941: Am Ende seines Lebens schafft El Lissitzky sein letztes Kunstwerk – ein weiteres sowjetisches Propagandaplakat, das für den Bau von Panzern im Kampf gegen Nazideutschland wirbt.

NAUM GABO
1890–1977

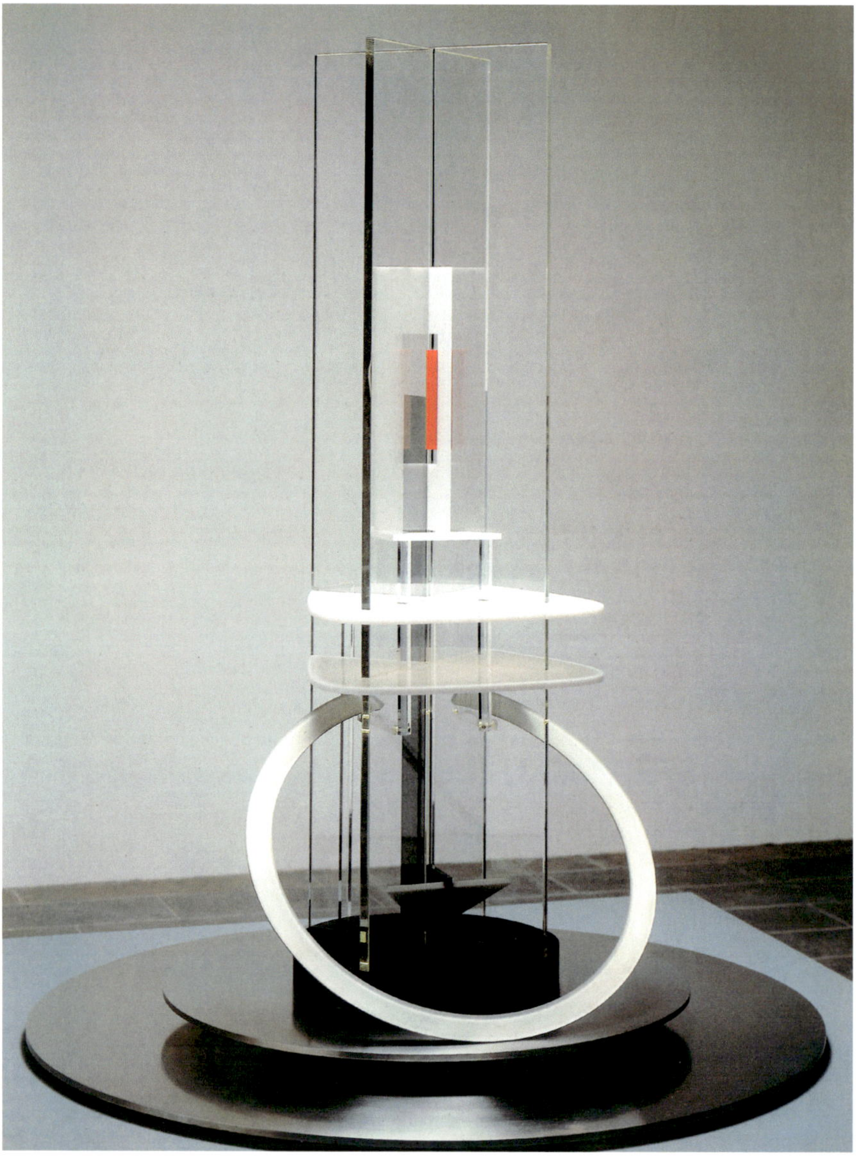

Naum Gabo
Säule, ca. 1923
(rekonstruiert 1937)
Acrylglas, Holz,
Metall und Glas,
104,5 cm x 75 cm
The Solomon R. Guggenheim Museum, New York

Für den Künstler repräsentiert diese wichtige Arbeit (von der es mehrere Variationen gibt) »seine Suche nach einem Bild, das das bildhauerische Element mit dem architektonischen Element zu einer Einheit verschmilzt«. *Säule* war ursprünglich als ein öffentliches Denkmal für die sowjetische Verfassung von 1920 konzipiert, wurde aber in dieser Form nie realisiert.

Nachdem er zuerst Medizin, Naturwissenschaft und Technik studiert hatte, begann der in Russland geborene Naum Gabo 1915 in Oslo, kleine geometrische Skulpturen zu konstruieren. Nach seiner Rückkehr nach Russland nach der Revolution 1917 wurde er schnell zu einem führenden konstruktivistischen Künstler. Gabo glaubte an den Wert der Kunst für die Gesellschaft und die enge Anlehnung der Kunst an die Wissenschaften. Frei von der Verpflichtung, die Natur zu imitieren, war für die konstruktivistische Kunst vor allem die materielle und räumliche Präsenz eines Objekts von Belang. Gabos Interpretation der Bewegung betonte außerdem die spirituelle und gesellschaftliche Dimension der künstlerischen Praxis. Wie er in einem frühen Manifest betonte: »Kunst sollte uns überall begleiten, wo das Leben fließt und handelt ... auf der Bank am Tisch, bei der Arbeit, bei der Ruhe, beim Spielen.«

Die Jahre 1917–1922 verbrachte Gabo in Moskau in engem Dialog mit anderen führenden abstrakten Künstlern, wie Kandinsky, Malewitsch und Wladimir Tatlin. 1922 reiste er nach Berlin, vorgeblich um die von der sowjetischen Regierung gestützte »Erste russische Kunstausstellung« zu organisieren, kehrte aber nie mehr in die Sowjetunion zurück, sondern lebte 10 Jahre lang in Berlin, bevor er nach Paris zog. Dass er schon früh transparentes Plastik benutzte, beweist seine andauernde Faszination für neue Materialien. Gabos bahnbrechender Einsatz von Celluloseacetat in der Zwischenkriegszeit erforderte, dass aufgrund unerwarteter Verschleißerscheinungen später viele seiner Skulpturen und Modelle in haltbarerem Acrylglas nachgebildet werden mussten.

Von 1936 bis 1945 lebte Gabo in England, wo er sich mit den britischen Bildhauern Barbara Hepworth und Henry Moore anfreundete. Sein letzter Umzug erfolgte schließlich 1946 in die USA. Mitte der 1950er war er für einige Jahre Professor an der Graduate School of Architecture der Harvard University, bevor er in seinen letzten Lebensjahren einige große Skulpturen schuf.

WICHTIGE EREIGNISSE

- 1920: Veröffentlicht gemeinsam mit seinem älteren Bruder, dem Künstler Antoine Pevsner, das »Realistische Manifest«, das wichtige Definitionen für den Konstruktivismus gibt und für eine neue abstrakte Skulptur plädiert, die vom Wesen her industriell ist.
- 1932–1935: Tritt in Paris der Gruppe Abstraction-Création bei.
- 1936: Nimmt an der wichtigen Gruppenausstellung »Abstract and Concrete« in London teil.

KATARZYNA KOBRO
1898–1951

Kobro, geboren in Moskau als Kind einer deutsch-russischen Familie, wurde in der Sowjetunion ausgebildet, verbrachte aber einen Großteil ihres Lebens in Polen. 1918 trat sie der Gewerkschaft der bildenden Künstler bei, zu der auch Malewitsch, Rosanowa und Tatlin gehörten. Später in diesem Jahr zog sie nach Smolensk, wo sie ihre erste Skulptur schuf und 1920 den konstruktivistischen Künstler Władysław Strzemiński heiratete. Gemeinsam arbeiteten sie für das Volkskommissariat für Bildungswesen und leiteten außerdem eine Künstlerwerkstatt (ISO-Studio). Gleichzeitig betrieben sie eine Sektion der suprematistischen Gruppe UNOWIS (Bestätiger der Neuen Kunst) und setzten so aus der Ferne ihren künstlerischen Dialog mit Malewitsch und El Lissitzky fort.

Nach ihrer Flucht nach Polen begann Kobro etwa 1924 mit kubistisch inspirierten Darstellungen des menschlichen Körpers, wie ihre frühe Serie aus Gips-Akten zeigt. Viele ihrer folgenden abstrakten geometrischen Anordnungen (oft elliptisch und quaderförmig) vermitteln ein dynamisches Gefühl steter Bewegung. 1929 erklärte sie zu ihrem Werk: »Es sollte endgültig, unwiderruflich und ein für allemal anerkannt werden, dass Bildhauerei weder Literatur noch Symbolismus oder psychologische Emotion ist. Bildhauerei ist einfach das Bilden einer Form im Raum.«

Viele ihrer frühen Arbeiten waren hängende Konstruktionen mit beweglichen Teilen. Oft sollten die visuellen Ideen, die Kobro in ihren Prototypen und Skulpturen testete, in Architektur- oder Industrieentwürfe umgesetzt werden, um funktionale Lösungen zu schaffen. Wegen ihrer deutsch-russischen Herkunft musste sie Polen während des Zweiten Weltkriegs verlassen, weshalb viele ihrer Skulpturen aus dieser Zeit verloren gingen oder zerstört wurden. Ei-

Katarzyna Kobro
Abstrakte Skulptur (1)
(Rzeźba abstrakcyjna [1])
1924
Bemaltes Holz, Metall und Glas,
72 cm x 17,5 cm x 15,5 cm
Muzeum Sztuki, Łódź

Dies ist die früheste noch existierende Skulptur Kobros. Sie demonstriert ihre Ablehnung »jedes Versuchs von Dekoration, Ästhetisierung oder Kontemplation in der Kunst«.

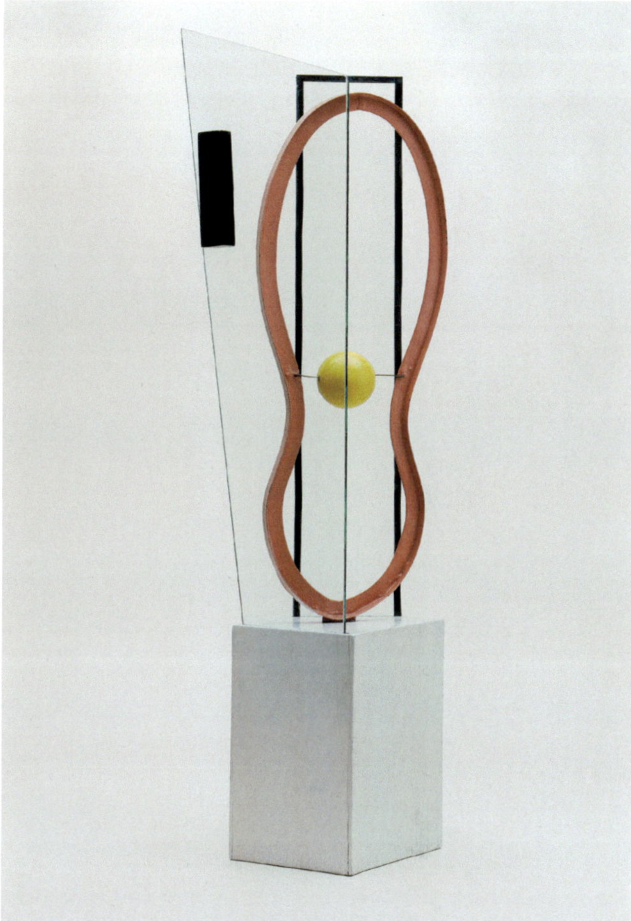

nige ihrer frühesten Werke aus den 1920ern wurden in den 1960ern durch den Kunsthistoriker Janusz Zagrodzki, Autor der ersten Veröffentlichung über Kobros Arbeit, anhand von Fotos rekonstruiert.

WICHTIGE EREIGNISSE

- 1924: Kobro wird Mitglied der Avantgarde-Gruppe Blok in Warschau.
- 1931: Kobro ist am Aufbau der Internationalen Sammlung moderner Kunst in Łódź beteiligt, aus der das Muzeum Sztuki (Kunstmuseum) Łódź hervorgeht.
- 1998: Am Muzeum Sztuki gibt es eine große Retrospektive von Kobros Werk.

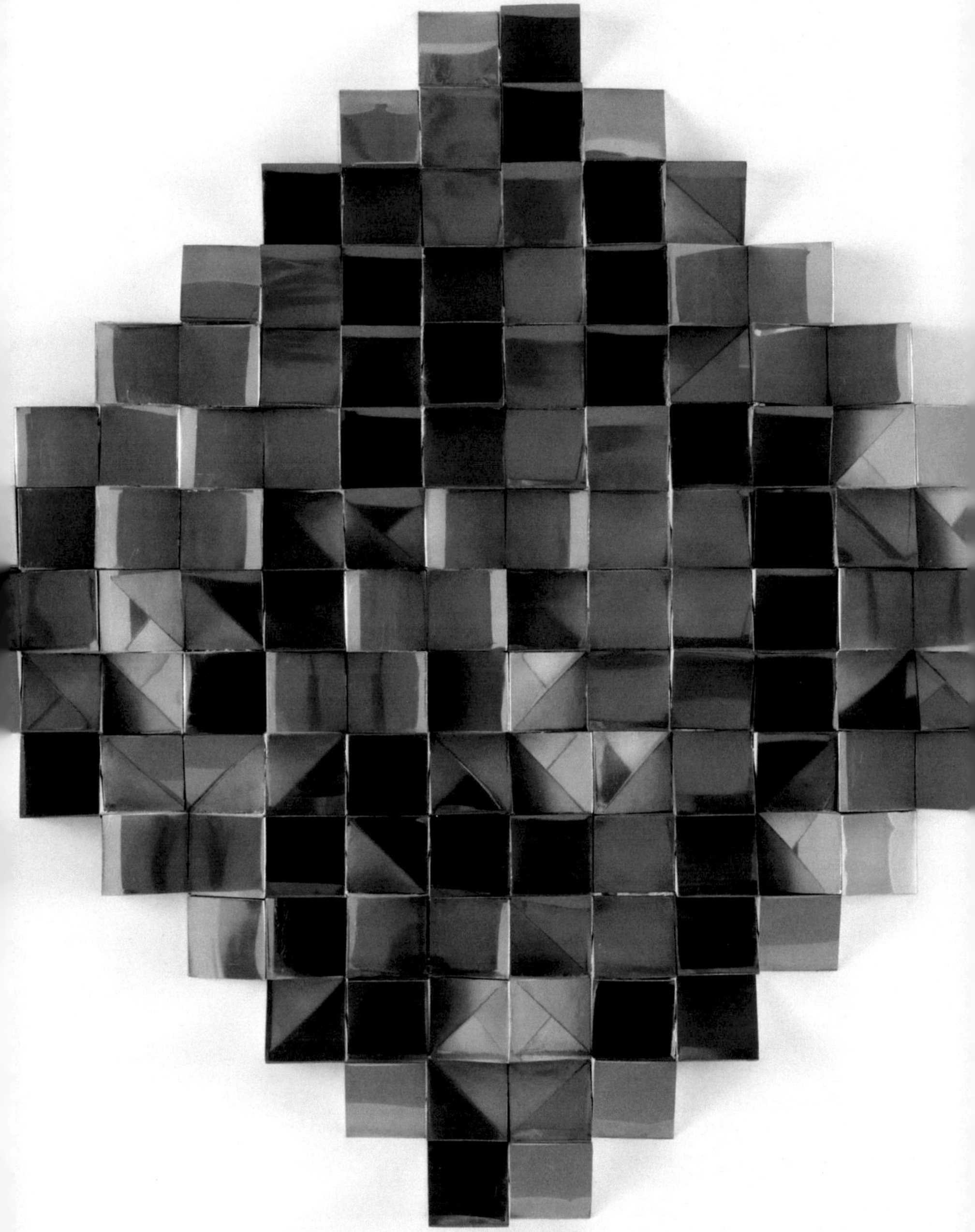

KONSTRUKTION EINES ABSTRAKTEN VOKABULARS

-

Über »abstrakte« Kunst: …
Schließlich ist jede Bewegung des menschlichen
Lebens durch Form und Farbe beeinflusst,
alles, was wir sehen, berühren, denken und fühlen,
ist damit verbunden.

-

Ben Nicholson

1941

MARLOW MOSS
1889–1958

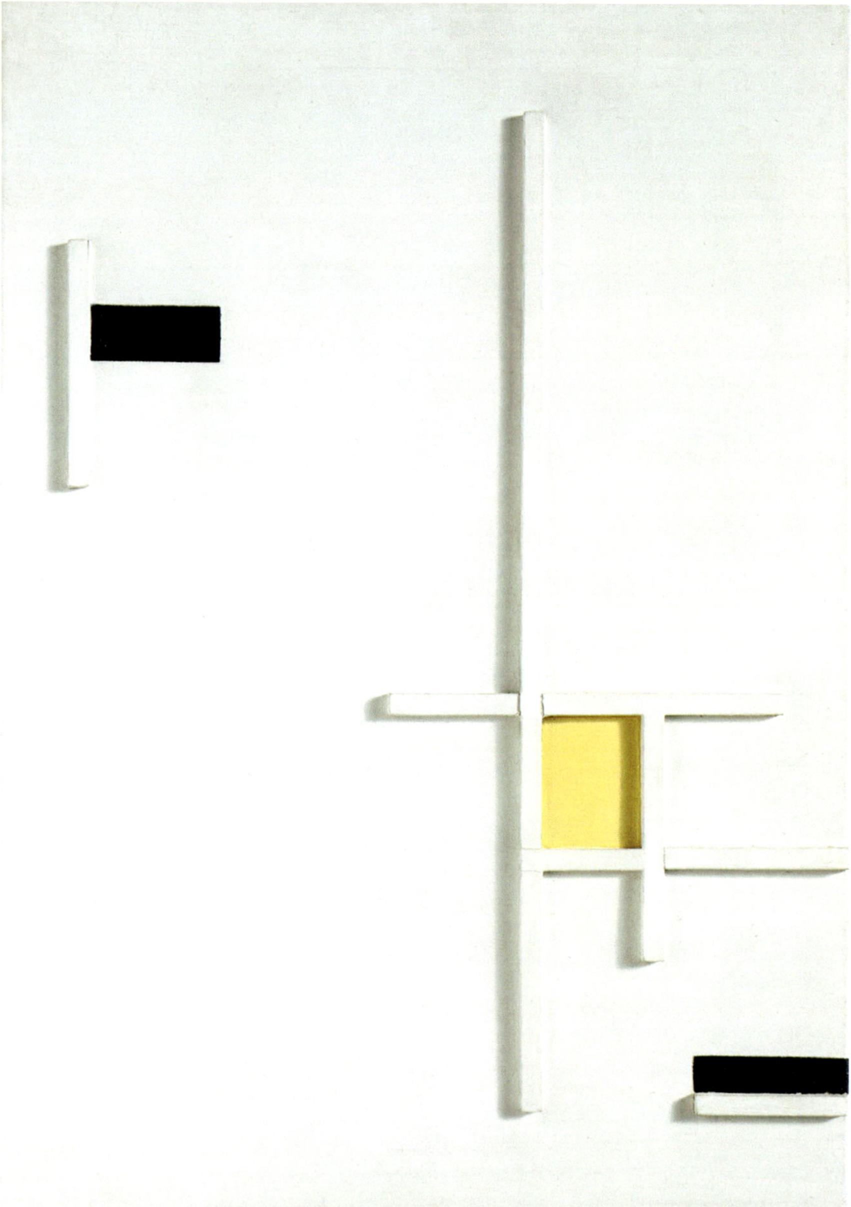

Marlow Moss
Komposition in Gelb, Schwarz und Weiß, 1949
Öl und Holz auf Leinwand,
50,8 cm x 35,6 cm x 0,6 cm
Tate Collection, Großbritannien

Dieses Gemälde besitzt mit seinem System aus geraden Holzelementen, deren definierte Schatten ein Gegengewicht zu der weißen Oberfläche der Leinwand und dem leuchtend gelben Fokuspunkt bilden, einen dreidimensionalen Aspekt.

Die britische konstruktivistische Künstlerin Marlow Moss wurde als Marjorie Jewel Moss in London geboren. Später nahm sie den Vornamen Marlow an, möglicherweise in Bezug auf ihr Geschlecht Verwirrung zu stiften. 1927 zog sie nach Paris, um bei dem bekannten kubistischen Maler Fernand Léger an der Académie Moderne zu studieren. Ein Treffen mit Piet Mondrian im Jahre 1929 hatte starken Einfluss auf ihre künstlerische Entwicklung, da sie in der Folge allen Farben bis auf die drei Primärfarben abschwor. 1931 wurde Moss neben 40 weiteren abstrakten Künstlern zur Gründung der Gruppe Abstraction-Création eingeladen. Sie entwickelte gute Kenntnisse in Mathematik und Geometrie, die sie dann auf ihre Gemälde, Flachreliefs und Skulpturen anwandte, mit denen sie »Raum, Bewegung und Licht« ausdrücken wollte.

Nach der Besetzung Frankreichs durch Deutschland im Jahre 1941 zog Moss, die als jüdische, lesbische Frau besonders gefährdet war, in ein abgelegenes Dorf im englischen Cornwall. Sie blieb in Kontakt mit ihren europäischen Künstlerkollegen, statt sich an die Künstler der nahegelegenen Künstlerkolonie von St. Ives, darunter Ben Nicholson und Barbara Hepworth, anzuschließen. Ihre Isolation in Cornwall war weniger Absicht als vielmehr den Umständen geschuldet, was dazu führte, dass Moss' frühe Bedeutung im Bereich der geometrischen Abstraktion häufig unterschätzt wird. Dazu kommt, dass ein Großteil ihres Werks aus der Zeit vor dem Zweiten Weltkrieg während des Krieges verloren gegangen ist. Ihre Innovation aus dem Jahr 1931 der Doppellinie (zwei eng beieinander liegende parallele Linien) in rechteckigen Kompositionen wird oft Mondrian zugeschrieben, der diese später in seinen eigenen Gemälden übernahm. Dieser Beitrag ist neben vielen anderen der Beweis für die lebhafte und zentrale Rolle, die sie während der Zeit zwischen den Kriegen bei den abstrakten Künstlern der Pariser Szene gespielt hat.

WICHTIGE EREIGNISSE

- 1937: Moss' Werk wird bei der großen Gruppenausstellung »Die Konstruktivisten« in der Kunsthalle Basel gezeigt.
- 1962: Vom Stedelijk Museum, Amsterdam, wird eine posthume Einzelausstellung organisiert.

EMMA KUNZ
1892–1963

Emma Kunz' Kunstwerke wurden zu ihren Lebzeiten nie ausgestellt. Geboren in Brittnau in der deutschsprachigen Schweiz als Kind einer Weberfamilie, begann sie mit 18 ihre prophetischen und telepathischen Fähigkeiten zu erkunden. Sie hatte keine künstlerische Ausbildung, sondern verstand ihre Zeichnungen als Hilfe bei ihrer Arbeit als Naturheilerin und Forscherin. Sie entwickelte Heilmittel aus Mineralien und Pflanzen ihrer ländlichen Heimat, um die Heilung ihrer Patienten zu fördern.

1938 begann Kunz, auf Millimeterpapier große, abstrakte Zeichnungen anzufertigen. Sie beschrieb diese mit folgenden Worten: »Gestaltung und Form als Maß, Rhythmus, Symbol und Wandlung von Zahl und Prinzip.« Diese Werke, von denen es etwa 400 gibt, sind eine visuelle Manifestation ihrer Forschungen. Für die Schaffung dieser geometrischen Arbeiten nutzte sie ein Pendel und bezeichnete die Technik als Radiästhesie. Diese Zeichnungen halfen ihr bei der Diagnose ihrer Patienten. Sie sollen »Energiefelder« darstellen, in denen jede geometrische Form, Linie und Farbe mit einer bestimmten Bedeutung korrespondiert, die ihr schrittweise half, zu einem ganzheitlichen Verständnis der Welt in ihren spirituellen und philosophischen Dimensionen zu kommen.

Anfang der 1940er entdeckte Kunz im Zuge ihrer Forschungen ein heilendes Gestein in einem alten römischen Steinbruch. Dessen entzündungshemmende Eigenschaften beruhen auf seiner mineralischen Zusammensetzung und seinen biodynamischen Energien. Kunz nannte das Gestein AION A. Sie schuf ihre Zeichnungen oft während intensiver Sitzungen, die bis zu 48 Stunden dauern konnten und die sie auch zum Essen und Schlafen nicht unterbrach. Da sie ahnte, dass ihre Werke erst nach ihrem Tod volle Wertschätzung erfahren würden, erklärte sie: »Meine Zeichnungen sind für das 21. Jahrhundert gemacht.«

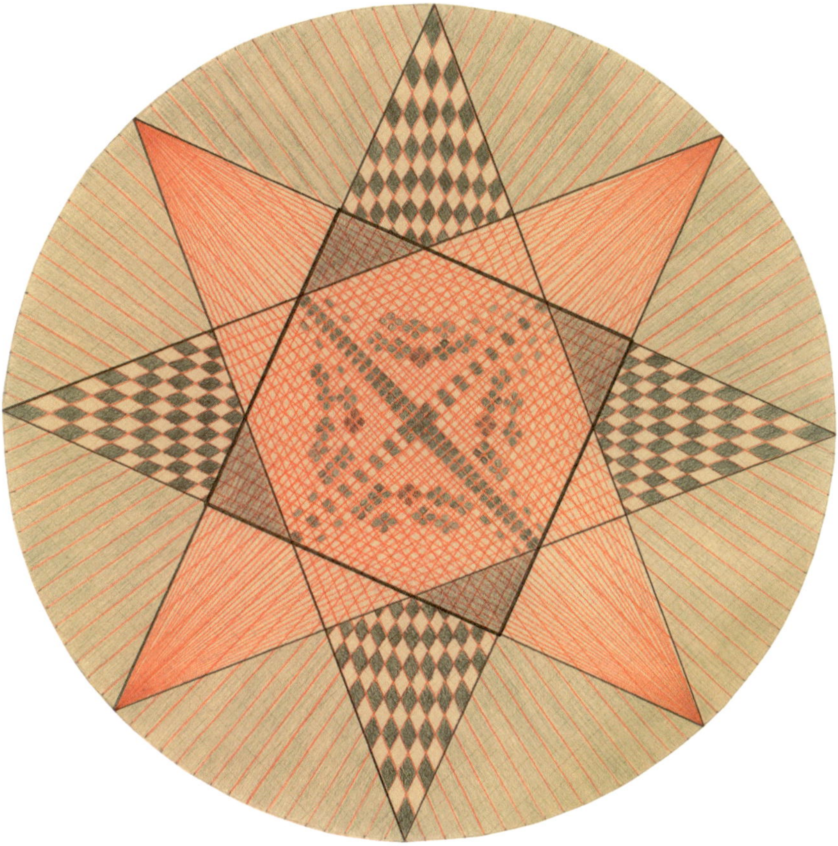

Emma Kunz
Werk-Nr. 483, undatiert
Bleistift, Buntstift
und Ölstift auf
Millimeterpapier
Durchmesser
60 cm
Emma Kunz Zentrum,
Würenlos

Kunz' Kompositionen sind arithmetisch und erinnern gleichzeitig an gewebte Gitter, was auf die sich wiederholenden Bewegungen ihres Pendels hindeutet.

WICHTIGE EREIGNISSE

- 1973: Kunz' Werke werden posthum zum ersten Mal im Aargauer Kunsthaus ausgestellt.
- 1986: In einer Steingrotte in Würenlos, Schweiz, öffnet das Emma Kunz Zentrum. Es soll das Erbe der Künstlerin bewahren und den Abbau von AION A fortsetzen. 1991 wird ein Ausstellungsraum eröffnet, in dem 70 ihrer Zeichnungen dauerhaft zu sehen sind.
- 2005–2006: »3 x Abstraction: New Methods of Drawing – Emma Kunz, Hilma af Klint, and Agnes Martin« ist eine große Ausstellungstour ihrer Kunstwerke, organisiert vom The Drawing Center, New York. Ihre Zeichnungen stehen neben denen weiterer großer Namen der Abstraktion des 20. Jahrhunderts.

PAULE VÉZELAY
1892–1984

Vézelay war eine britische Pionierin der Abstraktion. Geboren wurde sie in Bristol als Marjorie Watson-Williams. Sie studierte an der Slade und der London School of Art, wo sie zunächst einen Ruf als figürliche Malerin erwarb. Wie viele Künstler ihrer Generation zog sie in den 1920ern nach Paris, wo sie den europäischer und auch androgyner anmutenden Namen Paule Vézelay annahm.

Etwa 1928 gab sie die gegenständliche Kunst zugunsten der Abstraktion auf. Eine Weile wurde sie mit dem Surrealismus in Verbindung gebracht, vor allem im Zusammenhang mit den von ihr geschaffenen biomorphen Formen (auch eine Art der surrealistischen Abstraktion), experimentierte aber auch mit geometrischen und linearen Reliefstilen und benutzte später Draht und Bindfäden für ihre Serie Linien im Raum. 1929 traf sie den Maler André Masson, bekannt für seine traumartige Annäherung an die surrealistischen Zufallseffekte und das automatische Zeichnen. Sie verbrachten vier Jahre miteinander. In dieser Zeit nahm Vézelay in den Pariser Avantgarde-Kreisen eine zentrale Stellung ein und entwickelte unter anderem eine enge Freundschaft zu Sophie Taeuber-Arp und Hans Arp. 1934 wurde sie in die Vereinigung Abstraction-Création aufgenommen und nahm an vielen wichtigen Ausstellungen der abstrakten Kunst in ganz Europa teil.

Der Ausbruch des Zweiten Weltkriegs führte sie zurück nach Großbritannien. Nach dem Krieg stellte sie fest, dass ihre abstrakte Kunst in London nicht mehr gefragt war, und ergänzte daher ihre malerische Praxis durch eine Karriere in der angewandten Kunst als Textildesignerin und Illustratorin.

Paule Vézelay
Formen, 1936
Kohle auf Leinwand,
73 cm x 54 cm
Tate Collection,
Großbritannien

In einem Kommentar zu ihrem visuellen Vokabular aus dieser Zeit sagte Vézelay: »Ich bin mir sicher, dass die Formen in meinen ungegenständlichen Werken erfundene Formen sind und ihren Ursprung nicht in natürlichen Formen haben.«

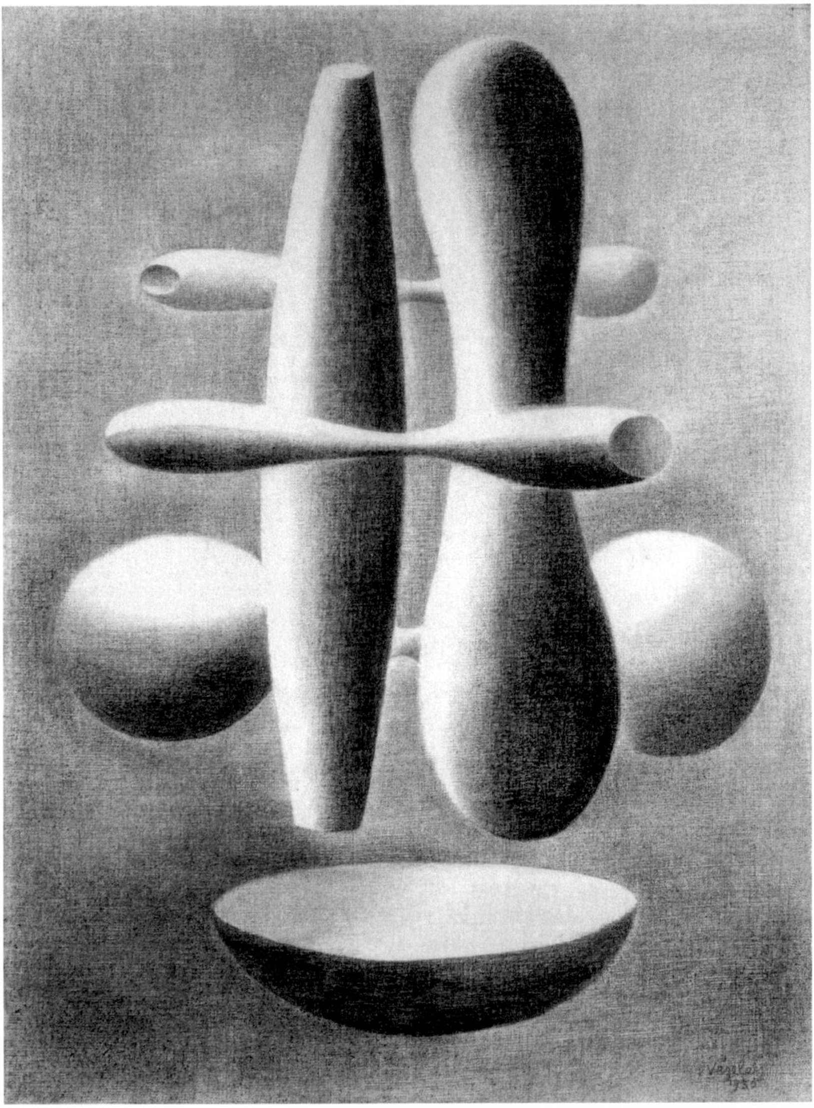

WICHTIGE EREIGNISSE

- 1952: Wird von André Bloc eingeladen, den Londoner Zweig von Le Groupe Espace zu bilden, einer Pariser Gruppe aus Architekten und Künstlern, die sich der geometrischen Abstraktion verschrieben haben.
- 1983: Im Jahr vor ihrem Tod mit 91 Jahren gibt es an der Tate Gallery, London, eine Retrospektive von Vézelays Werk.

BEN NICHOLSON
1894–1982

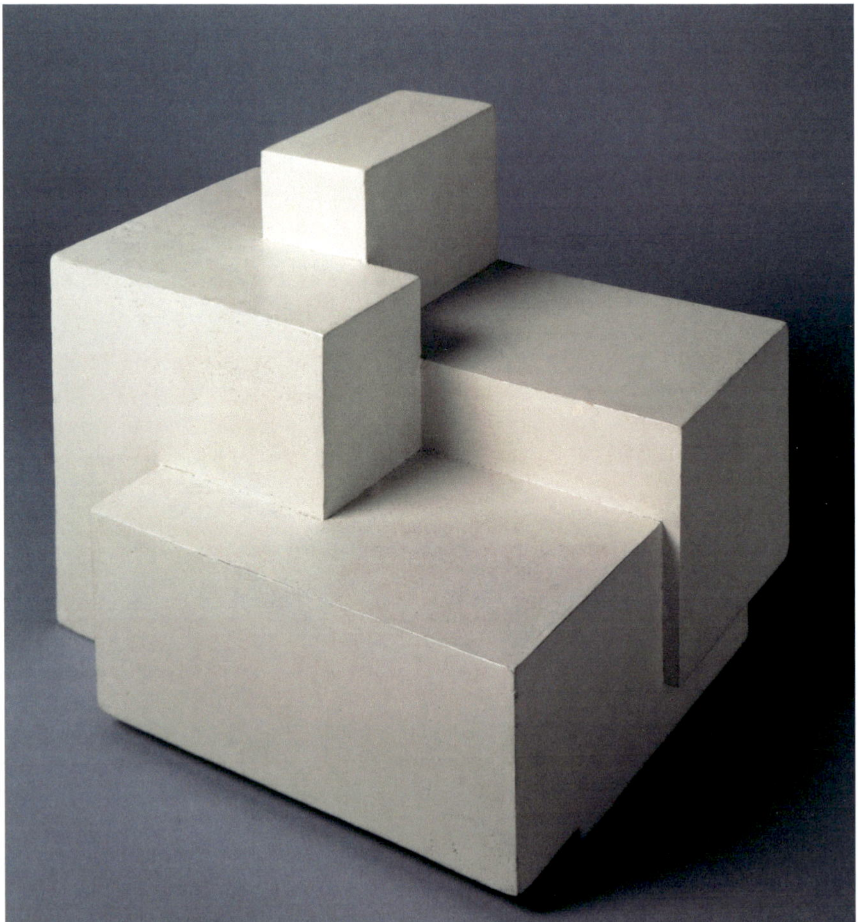

Ben Nicholson
ca. 1936 (Skulptur),
Bemaltes Holz,
22,8 cm x 30,5 cm x 24,1 cm
Tate Collection, Großbritannien

Einfachheit war für Nicholson eine Tugend. Er bewunderte die Leichtigkeit, mit der er diesen Hartholzblock sägen, glätten und schmirgeln konnte. Seine angemalte weiße Skulptur erinnert an die modernistische Architektur der 1930er und die einflussreiche De-Stijl-Bewegung.

Ben Nicholson, der älteste Sohn der für ihre Porträts und Stillleben bekannten Künstler Sir William Nicholson und Mabel Pryde, wuchs in einer unkonventionellen, kreativen Umgebung in Bloomsbury, London, unter Künstlern und Schriftstellern auf.

Nachdem er kurz an der Slade School of Art in London studiert hatte, wo er den britischen Surrealisten und abstrakten Künstler Paul Nash kennengelernt hatte, ging Nicholson auf eine Reise durch Italien, Frankreich und die USA. 1921 sah er zum ersten Mal kubistische Gemälde, die einen unglaublichen Einfluss auf seine eigene Annäherung an Stillleben hatten. Um 1932 unternahm er mehrere Reisen nach Paris, um die Studios anderer Künstler, darunter Arp, Brancusi, Braque, Mondrian und Picasso zu besuchen, bevor er sich von 1932 bis 1939 in London niederließ. Seine ersten abstrakten geometrischen Reliefs schuf er 1933, im selben Jahr trat er neben dessen Gründer Paul Nash und seiner künftigen Frau, der britischen Bildhauerin Barbara Hepworth Unit One bei. Unit One war eine kurzlebige Künstlergruppe, die sich dem ganzen Spektrum der modernen Kunst, von Abstraktion bis Surrealismus und von Architektur und Design bis Malerei und Bildhauerei, verschrieben hatte. Die Gruppe organisierte 1934/35 eine wichtige Wanderausstellung ihrer Werke, bevor sie sich nach zwei Jahren plötzlich auflöste.

1937 gab Nicholson gemeinsam mit Naum Gabo und dem Architekten Leslie Martin die Zeitschrift *Circle: International Survey of Constructivist Art* heraus, die darauf abzielte, die britische Kunstszene mit einer globalen Sichtweise auf die moderne Kunst zu verbinden. In einem Artikel beschrieb Nicholson 1941 seine grundsätzliche Überzeugung beim Betrachten eines Werkes der abstrakten Kunst: »Es ist nicht nötig, sich zu konzentrieren; es wird ein Teil des Lebens. Ich denke, dass abstrakte Kunst nicht etwa eine beschränkte Ausdrucksweise ist, nur von wenigen verstanden, sondern stattdessen eine machtvolle, unbegrenzte und universelle Sprache darstellt.«

WICHTIGE EREIGNISSE

- 1939–1958: Zieht nach Cornwall, England, wo die Küstenlandschaft einen riesigen Einfluss auf seine künstlerische Praxis hat.
- 1956: Nicholson wird der erste Guggenheim-International-Preis für Malerei verliehen.
- 1957: Gewinnt den internationalen Preis für Malerei auf der Biennale von São Paulo.

HENRYK STAŻEWSKI
1894–1988

Der polnische Künstler Henryk Stażewski hatte eine mehr als 60 Jahre andauernde, herausragende Karriere. Er verschrieb sich der Förderung der globalen Sprache der abstrakten Kunst, deren Gemeinschaft sich über viele Länder erstreckte.

Von 1913 bis 1919 studierte Stażewski in Warschau unter dem renommierten Maler Stanislaw Lentz. Er trat den polnischen Expressionisten bei, der ersten polnischen Avantgarde-Gruppe, gegründet 1917. Sie nannten sich später Formisten, um ihre Vorliebe für die von den Suprematisten inspirierte geometrische Abstraktion anzudeuten. 1923 nahm er an zwei großen Ausstellungen teil – der »Internationalen Ausstellung der Neuen Kunst« in Łódź und der »Neuen Kunstausstellung« in Vilnius.

In seinem Werk der 20er und 30er zeigte sich der Einfluss von Kubismus und De Stijl, vor allem beim Einsatz von Rastern und einer engen Palette aus Primärfarben sowie Schwarz, Grau und Weiß. 1923 begann er mit dem Entwurf von Inneneinrichtungen und Bühnenbildern und widmete sich fortan sowohl Gemälden und Reliefs als auch der angewandten Kunst mit Keramiken und Plakaten. Er war Mitgründer von Blok, einer Gruppe aus Kubisten, Konstruktivisten und Suprematisten, die in Polen zwischen 1924 und 1926 aktiv war, reiste aber auch oft nach Paris, wo er sich mit Mondrian anfreundete. Später trat er Cercle et Carré (ab 1929) und Abstraction-Création (ab 1931) bei, zwei Künstlergruppen in Paris.

1931 gehörte Stażewski neben Katarzyna Kobro und Władysław Strzemiński zu den Künstlern, die den Grundstock der Sammlung für das spätere Kunstmuseum Łódź zusammenstellten. Während des Zweiten Weltkriegs ging der größte Teil seiner Vorkriegsarbeiten verloren oder wurde zerstört.

1966 gründete er mit anderen die Foksal-Galerie, eine nichtkommerzielle, künstlergeführte Galerie in Warschau, die zum Treffpunkt der polnischen Avantgarde in den 1960ern und 70ern wurde und auch Platz für Künstler aus dem Ausland bot. Stażewski knüpfte gegen alle politischen Differenzen Verbindungen zwischen Künstlern

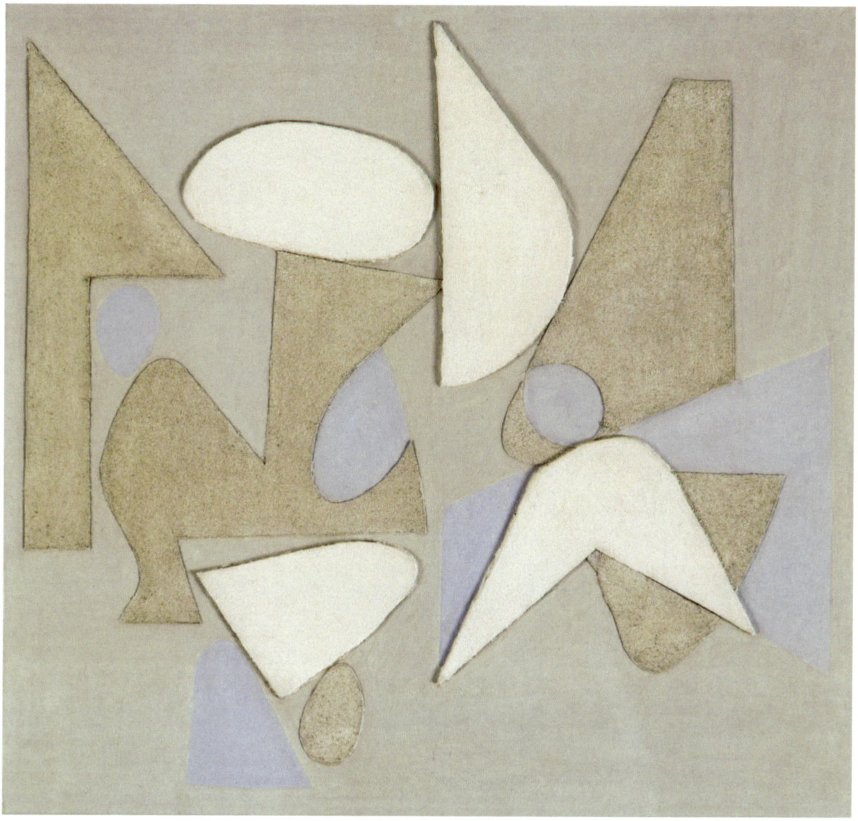

Henryk Stażewski
Abstrakte Komposition (Kompozycja Abstrakcyjna) – Relief, 1958
Verschiedene Medien auf Faserplatte, 34,5 cm x 37 cm
Zachęta – Nationale Kunstgalerie, Warschau

Die zweite Hälfte der 1950er wurde durch Stażewskis Erkundung des Flachreliefformats bestimmt, das die Ölmalerei als seine bevorzugte Ausdrucksform ersetzte.

aus unterschiedlichen Ländern, indem er auf dem Höhepunkt des Kalten Krieges einen Austausch zwischen dem kommunistischen Polen und den kapitalistischen USA begründete. Immer blieb Geometrie für ihn die Konstante, die Kunst und Wissenschaft durch die Geschichte hindurch verknüpfte.

WICHTIGE EREIGNISSE

- 1970: Der junge Künstler Edward Krasiński zieht in Stażewskis Apartment und Studio in Warschau, wo sie gemeinsam einen experimentellen und sozialen Kunstraum schaffen, der durch Stażewskis leuchtende konstruktivistische Gemälde und Krasińskis Installationen aus blauem Klebeband charakterisiert ist.
- 1982: Stażewskis polnisch-US-amerikanischer Austausch gipfelt in einer großen Gruppenaustellung am Musée d'Art Moderne de la Ville de Paris.

LÁSZLÓ MOHOLY-NAGY
1895–1946

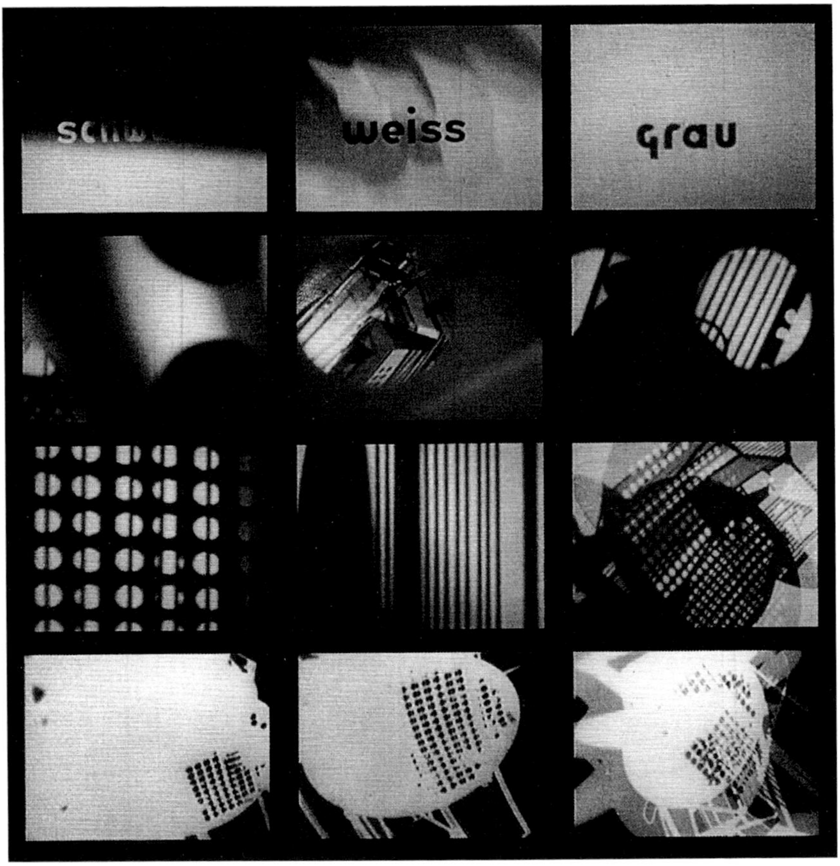

László Moholy-Nagy war einer der ersten Künstler, der sich mit Experimenten befasste, die eine gewisse Distanz zwischen der Hand des Künstlers und den Mitteln der Herstellung brachten. Am Anfang seiner Laufbahn schuf er eine Serie strenger abstrakter Werke, die er Telefongemälde nannte. Moholy blickte später auf diesen wichtigen Augenblick zurück:

> 1922 bestellte ich bei einer Schilderfabrik fünf Gemälde in Email. Ich hatte die Farbkarte der Fabrik vor mir und skizzierte mein Gemälde auf Millimeterpapier. Am anderen Ende der Leitung hatte der Vorarbeiter auch solches Papier, das in Quadrate aufgeteilt war. Er nahm die Formen in der korrekten Position auf. (Es war ein bisschen wie Fernschach.)

László Moholy-Nagy
Ein Lichtspiel schwarz weiss grau, 1930
16-mm-Schwarz-Weißfilm, 6 Minuten
Moholy-Nagy Foundation, Ann Arbor

Moholy bezeichnete diesen bahnbrechenden abstrakten Film als »bewegliches Gemälde«. Die Effekte wurden mithilfe des *Lichtrequisits für eine elektrische Bühne* (1930) des Künstlers geschaffen, der ersten motorisierten, kinetischen Skulptur, deren bewegliche Metall- und Glasteile in den Nahaufnahmen des Films festgehalten werden.

Die industrielle Fertigung dieser geometrischen Formen nahm viele Aspekte der Minimal- und Konzeptkunst der 1960er vorweg.

Moholy war quasi Autodidakt, der in vielen Materialien und Medien zu Hause war. Er unterschied nicht zwischen bildender und kommerzieller Kunst und arbeitete viele Jahre als freischaffender Gestalter von Werbe- und Typografieprojekten. Wie viele Künstler seiner Generation glaubte er an die Verbindung zwischen künstlerischem und wissenschaftlichem Fortschritt. Entsprechend sollte seine Kunst die Zeiten widerspiegeln, in denen er lebte. Sein zukunftsweisendes Vorgehen beim Testen der Grenzen neuer Technologien wie Film und Fotografie machte ihn zu einem guten und einflussreichen Lehrer und so wurde er 1923 von Walter Gropius als Lehrer an das Bauhaus in Weimar bzw. Dessau berufen. Nach Gropius' Rücktritt fünf Jahre später ging Moholy nach Berlin, wo er sein eigenes Atelier eröffnete. Als 1933 Hitler an die Macht kam, ging Moholy zuerst nach Amsterdam und dann nach London, bevor er 1937 endgültig in die USA umzog, wo er durch seine Lehrtätigkeit wieder einen bedeutenden Einfluss gewann.

WICHTIGE EREIGNISSE

- 1925: Veröffentlicht *Malerei, Fotografie und Film* in der Reihe der Bauhausbücher. Dort sind viele der kameralosen Fotogramme des Künstlers sowie seine Gedanken zu Kommunikationstechniken enthalten.
- 1937: Zieht auf Empfehlung von Gropius nach Chicago, um das New Bauhaus: American School of Design aufzubauen. Es muss zwar nach kaum einem Jahr schließen, bildet aber das Vorbild für das Institute of Design dieser Stadt.

LUCIO FONTANA
1899–1968

Lucio Fontana wurde in der argentinischen Hafenstadt Rosario de Santa Fé als Kind italienischer Eltern geboren. Mit 8 Jahren nach Mailand geschickt, um eine italienische Schulbildung zu erhalten, kehrte er 1922 als junger Mann nach Argentinien zurück. Drei Jahre später richtete er eine eigene Werkstatt ein, in der er neue Formen der Bildhauerei erkunden wollte. 1927 ging Fontana erneut nach Italien, wo er an der Accademia di Brera in Mailand klassische Bildhauertechniken studierte. Seine erste Soloausstellung hatte er 1930 an der dortigen Galleria del Milione. Etwa zu dieser Zeit begann er, den menschlichen Körper in seinen Skulpturen in blockige geometrische Profile zu abstrahieren. 1934 schuf er seine ersten rein abstrakten Skulpturen, was ausgesprochen kontrovers aufgenommen wurde.

Die Jahre 1940 bis 1947 verbrachte Fontana in Argentinien, wodurch er den Massakern des Zweiten Weltkriegs entging. Hier gründete er 1946 die Kunstschule Altamira, die einen fruchtbaren Boden für seinen weiteren Weg in die Abstraktion bot. Gemeinsam mit seinen Studenten schrieb er das *Weiße Manifest* (1946). Darin erklärten sie: »Wir verlangen eine Kunst, die frei ist von allen ästhetischen Tricks ... Alle künstlerischen Konzepte sind dem Wirken des Unbewussten geschuldet.« Fontanas späteres Konzept des Spazialismo entwickelte sich auf der Grundlage dieses Manifests. Durch Ablehnung der rationalen Basis eines Großteils der abstrakten Kunst kam Fontana zu einer organischeren Form des räumlichen Ausdrucks, die gleichermaßen in Natur und Technik verwurzelt war.

Techniken aus seiner bildhauerischen Praxis dienten ihm in der Malerei. Ende der 1940er hatte er sein abstraktes Vokabular erwei-

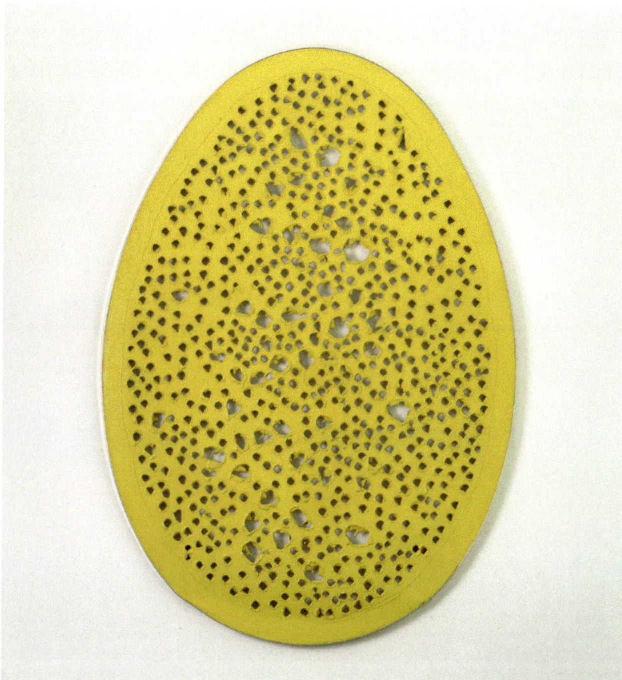

Lucio Fontana
Raumkonzept, Das Ende von Gott (Concetto Spaziale, La Fine di Dio), 1964
Ölfarbe auf Leinwand, Schnitte, Löcher, 178 cm x 123 cm
Rachofsky Collection, Dallas

Die Serie *Das Ende von Gott* entstand in seinem letzten Lebensjahrzehnt. Die ovalen Leinwände sind jeweils in einer leuchtenden Farbe bemalt (monochrom) und zufällig durchlöchert. Einige wurden durch Glitter ergänzt. Der Titel verweist auf Fontanas Vorstellung, dass eine visuelle Kunst die menschlichen Glaubenssysteme überschreitet.

tert: Zuerst entstanden *Löcher (Buchi)*, denen in den 1950ern *Steine (Pietre)*, *Kreiden (Gessi)*, *Naturskulpturen* und *Schnitte (Tagli)* folgten. Er sagte zu diesen Werken: »Ich schaffte es mit dieser Formel, dem Betrachter einen Eindruck von räumlicher Ruhe, von kosmischer Präzision, von Klarheit in Ewigkeit zu vermitteln.«

WICHTIGE EREIGNISSE

- 1947: Das erste *Manifest des Spazialismo* wird veröffentlicht, unterzeichnet von Fontana, der Schriftstellerin Milena Malani, dem Philosophen Beniamino Joppolo und dem Kritiker Giorgio Kaisserlian.
- 1949: Fontana erschafft *Schwarzes Ambiente* für die Galleria Naviglio in Mailand: ein Experiment mit phosphoreszierenden Lichtelementen, die von der Decke hängen, um eine umfassende räumliche Abstraktion zu erzeugen.
- 1966: Fontana gewinnt einen Preis bei der Biennale in Venedig für seine Serie weißer Gemälde mit jeweils einem einzigen Strich in einer ovalen, labyrinthartigen Umgebung, entworfen zusammen mit dem Architekten Carlo Scarpa.

MARY MARTIN
1907–1969

Mary Martin (geborene Balmford) wurde im englischen Folkestone geboren und studierte am Goldsmiths College sowie dem Royal College of Art in London. Am RCA lernte sie den Künstler Kenneth Martin kennen, den sie 1930 heiratete. Anfangs konzentrierte sich ihre Arbeit auf Stillleben und Landschaften. Vor dem Zweiten Weltkrieg stellte sie regelmäßig unter ihrem Mädchennamen aus, meist im Rahmen der Artists International Association (AIA), einer Londoner Ausstellungsgesellschaft ohne einheitlichen Stil, die verschiedene linksgerichtete politische Sachen unterstützte.

Während des Krieges lehrte Martin in verschiedenen Kursen an der Chelmsford School of Art, darunter Zeichnen, Design und Weben. Erst Ende der 1940er begannen Kenneth und Mary Martin, sich einem abstrakten Stil zuzuwenden, wobei sie häufig Bezug auf den Konstruktivismus nahmen, die geometrische abstrakte Bewegung, die früher im 20. Jahrhundert in Europa vorherrschte. Martin schuf ihr erstes rein abstraktes Gemälde im Jahre 1950, dem 1951 ihr erstes Flachrelief folgte – eine Technik, mit der sie eng in Verbindung gebracht werden sollte. Nachdem sie zuerst mit Gips gearbeitet hatte, wandte sie sich transparenten und spiegelnden Materialien wie Plexiglas und Metall zu, die es ihr erlaubten, mithilfe von Würfeln und Quadraten in mathematischen Variationen optische Effekte in die Oberflächen ihrer Werke einzuarbeiten.

Ab Mitte der 1950er stellte Martin großformatige Skulpturen her, die in ihre vorgesehenen Standorte integriert wurden. Sie glaubte, dass Künstler »ein Verständnis für Architektur haben und in sie eintauchen können müssten, ohne sie zu zerstören oder zu

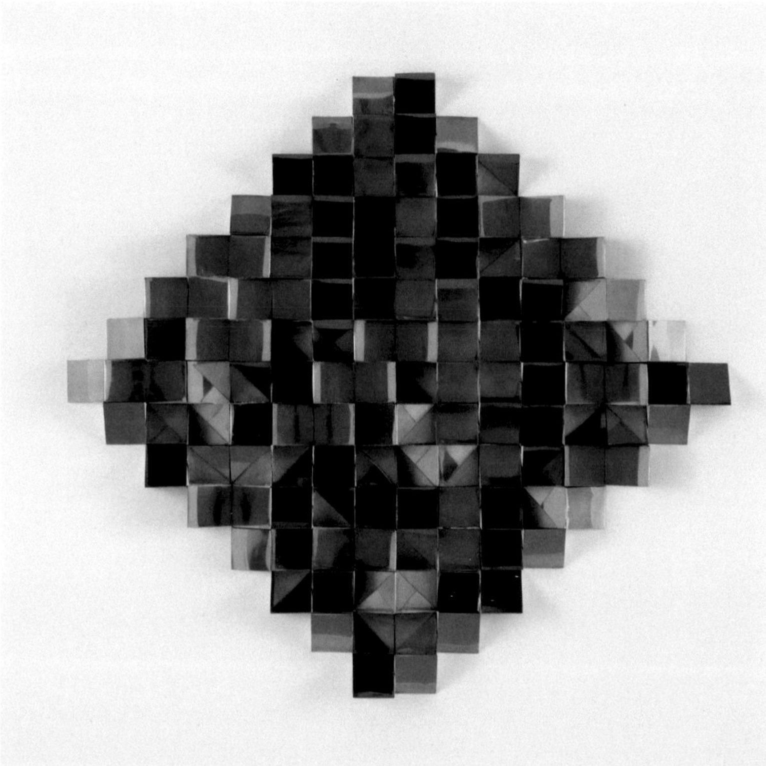

Mary Martin
Compound Rhythms with Blue, 1966
Stahl, Aluminium, Farbe, Holz und Resopal, 107,4 cm x 108 cm x 7,6 cm
Arts Council Collection, Großbritannien

Die Symmetrie, Proportionen und zahllosen Permutationen, die das Layout dieses Reliefs bestimmen, wirken zusammen mit seiner spiegelnden Oberfläche, sodass der Betrachter in den sich stetig ändernden Raum des Werks einbezogen wird.

dominieren oder von ihr abzulenken.« Dieses relationale Verständnis brachte ihr viele Aufträge ein, darunter Reliefs für den Ozeanriesen *SS Oriana* (1960) sowie eine große *Wall Construction* für die University of Stirling in ihrem Todesjahr 1969.

WICHTIGE EREIGNISSE

- 1956: Mary und Kenneth Martin arbeiten mit dem Designer John Weeks am Abschnitt »Environment« der experimentellen Gruppenausstellung »This is Tomorrow« der Whitechapel Gallery, London, gemeinsam mit der Independent Group.
- 1969: Gewinnerin des 1. Preises (mit Richard Hamilton) des John Moores Painting Prize der Walker Art Gallery, Liverpool, für ihr Relief *Cross*, 1969, das anschließend von dem Museum erworben wurde. Martin ist die erste Frau, die diesen prestigeträchtigen Preis gewinnt, stirbt aber leider vor der Eröffnung der Ausstellung.

SALOUA RAOUDA CHOUCAIR
1916–2017

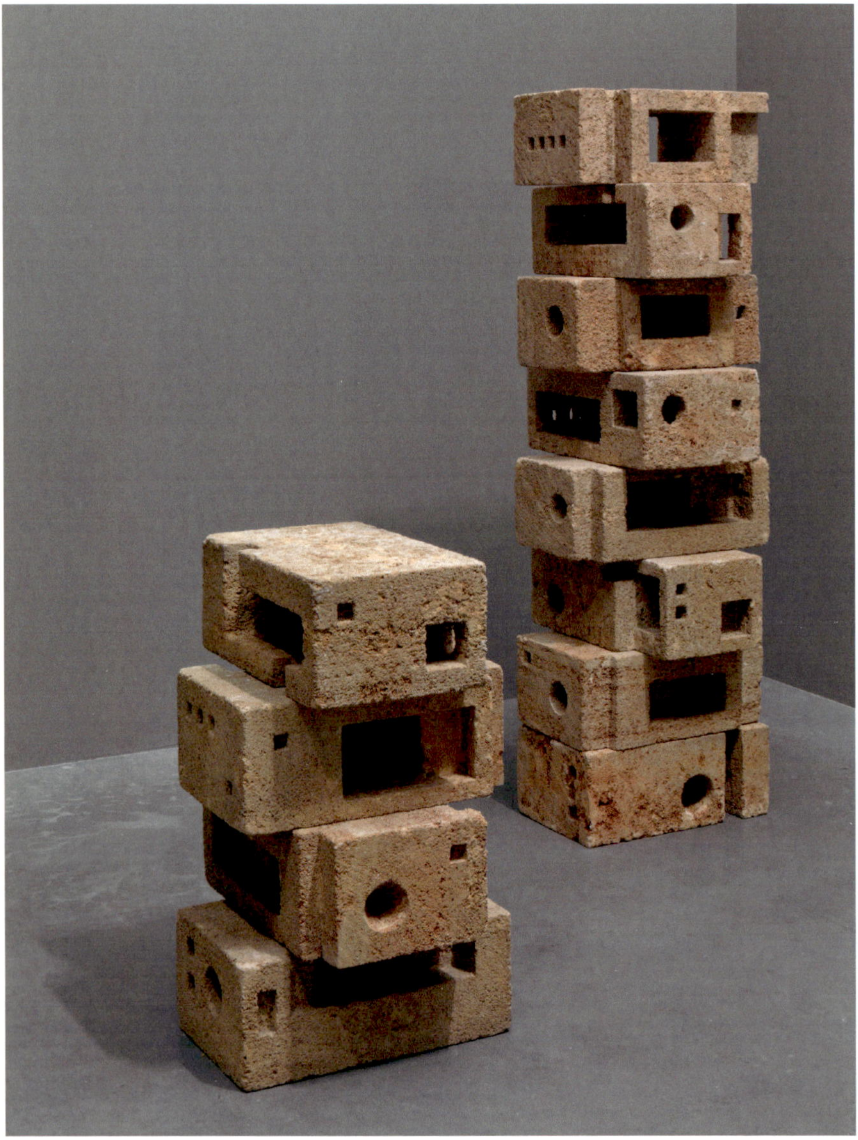

Saloua Raouda Choucair
Infinite Structure,
1963–1965
Tuffstein,
240 cm x 48 cm x 30 cm
Tate Collection,
Großbritannien

Dieser Stapel aus zwölf einzelnen Steinblöcken erinnert an Constantin Brancusis Skulpturenprojekt *Endless Column*. Aus jedem Stein sind rechteckige und runde Formen ausgeschnitten. Diese verschachtelte Struktur ist durch islamische und Sufi-Poesie beeinflusst, in der einzelne Strophen auch außerhalb des Kontexts des Gedichts Bestand und Bedeutung haben können.

Choucair stürmte in den 1940ern die Kunstszene ihrer Heimatstadt Beirut, nachdem sie bei den renommierten libanesischen Landschaftskünstlern Omar Onsi und Moustafa Farroukh studiert hatte, die im impressionistischen und realistischen Stil arbeiteten. Eine Reise nach Ägypten im Jahre 1943 lieferte ihr ein Fundament in der Geschichte der islamischen Kunst und Architektur, auch wenn ihre Lehrer die europäische Kunst bevorzugten. An der Amerikanischen Universität von Beirut erwarb sie einen Abschluss in Philosophie und ging anschließend für drei Jahre nach Paris, was sich stark auf ihre künstlerische Herangehensweise auswirkte. Sie studierte Druck-, Bildhauer- und Fresko-Techniken an der Ecole Nationale Supérieure des Beaux-Arts und besuchte das Atelier des kubistischen Malers Fernand Léger.

Diese breite künstlerische Ausbildung half ihr Anfang der 1950er zu ihrer bevorzugten Ausdrucksform: einer Abstraktion, die auf modularen Einheiten und geschmeidig gebogenen Formen basierte, die sie sowohl in zwei als auch in drei Dimensionen realisierte. Durch ihre Leidenschaft für Geometrie und Mathematik konnte Choucair eine einzigartige abstrakte Sprache entwickeln, deren visuelle Referenzen gleichermaßen aus dem Osten wie aus dem Westen kamen. 1951 veröffentlichte sie den Text: »Wie die Araber die visuelle Kunst verstehen«, in dem sie schrieb: »Araber sind besonders dazu befähigt, Kunst zu verstehen, und deshalb haben sie das Thema in seiner abstrakten Essenz angepackt.«

Ab den 1960ern widmete Choucair ihre Energie zunehmend der Skulptur und schuf die wichtigen Serien »Interforms« und »Poems« aus gestapelten Einheiten aus Holz und Stein sowie »Duals« aus zwei ineinandergreifenden Formen, die oft aus Aluminium oder Fiberglas bestehen. Anstatt die Bedeutung ihrer Studien in Europa überzubetonen, sagte sie: »Was ich erlebe, erlebt jeder in der Welt, und alle Regeln, die ich auf meine Skulpturen anwende, sind eigentlich aus dem geometrischen Design des Islam abgeleitet.«

WICHTIGE EREIGNISSE

- 1950: Stellt während ihrer Zeit in Paris eine Reihe kleiner geometrischer Gemälde im Salon des Réalités Nouvelles aus, der sich der reinen Abstraktion widmet und von Sonia Delaunay-Terk und der Tänzerin und Musikerin Nelly van Doesburg gegründet wurde.
- 2013: An der Tate Modern Gallery in London gibt es die Soloausstellung »Saloua Raouda Choucair«, die das Werk der Künstlerin einem internationalen Publikum näherbringt.

YVES KLEIN
1928–1962

Yves Klein
Ungetiteltes Blaues Monochrom (IKB 181), 1956
Trockenes Pigment und synthetisches Bindemittel auf Stoff,
73,7 cm x 55,9 cm
Museo Nacional Centro de Arte Reina Sofía, Madrid

Der Künstler schuf fast 200 Gemälde mit seinem kräftigen Ultramarin-Pigment, International Klein Blue. Der vollkommen abstrakte Fokus auf der Farbe Blau erinnert an die Leere oder den Kosmos in seiner reichen, tiefen, leeren Unendlichkeit.

Der in Nizza geborene Yves Klein verschrieb sich erst 1954 endgültig der Arbeit als Künstler, acht Jahre vor seinem frühen Tod mit 34. Nach mehreren erfolglosen Ausstellungen in Paris, auf denen er monochrome Gemälde in verschiedenen Größen und Farben präsentierte, darunter Rosa, Orange, Grün, Gelb und Violett, entschied er, dass eine drastischere Aussage nötig sei – und widmete sich der immateriellen, grenzenlosen Realisierung der Farbe Blau. Er suchte nach einer Methode, mit der er das lebhafteste und intensivste Pigment erzeugen könnte, das möglich war. Eine neue chemische Komponente, die von einem Farbenhändler in Paris verkauft wurde, erlaubte Klein die Entwicklung einer neuen Farbe, die er als »International Klein Blue« (IKB) patentieren ließ.

In einer Vorlesung an der Sorbonne im Jahre 1959, »Die Evolution der Kunst zum Immateriellen«, erklärte Klein, wieso er diese Farbe allen anderen vorzog: »Blau hat keine Dimensionen, es ist jenseits der Dimensionen, während andere Farben dies nicht sind … Alle Farben wecken bestimmte assoziative Ideen, psychologisch, materiell oder greifbar, während Blau höchstens an das Meer und den Himmel erinnert, und diese eigentlich in tatsächlicher, sichtbarer Natur das sind, was am abstraktesten ist.« Klein weitete seine Experimente mit IKB auf die »Schwammreliefs und -skulpturen« aus, bei denen er die natürlichen Texturen der Schwämme mit Pigment tränkte; bei den »Anthropometrien« nutzte er weibliche Models als »lebende Pinsel«, die – begleitet von Live-Musik – mit ihrem nackten Körper die Leinwand mit blauer Farbe bemalten. 1961 schuf er eine Serie abstrakter »Feuergemälde«, für die er in einer aufwendigen Performance einen Flammenwerfer nutzte und das Ganze mit der Kamera festhielt. Dies sollte sein Interesse an Naturphänomenen und elementaren Kräften unterstreichen.

WICHTIGE EREIGNISSE

- 1954: Klein kündigt seine Praxis in seinem Buch *Yves Peintures* (*Yves Gemälde*) an, in dem er eine Reihe monochromer Gemälde vor ihrer Ausstellung und manchmal sogar vor ihrer Herstellung dokumentiert.
- April–Mai 1958: Kleins Soloausstellung in der Galerie Iris Clert, Paris, »Le Vide« (Die Leere) präsentiert nur die völlig leere Galerie, die weiß gestrichen wurde.
- 27. Oktober 1960: In Kleins Atelier wird das Manifest des Nouveau Réalisme (Neuer Realismus) unterzeichnet, einer französischen Kunstbewegung, die vom Kritiker Pierre Restany gegründet wurde. Sein Interesse an Live-Performances verbindet ihn mit dieser Gruppe von Künstlern, die oft Alltagsobjekte in ihren Werken verwenden.

PIERO MANZONI
1933–1963

Die frühesten Kunstwerke des in Mailand aufgewachsenen Manzoni basierten auf Körperumrissen oder Abdrücken von Alltagsobjekten. 1957 stellte der Künstler seine ersten *Achrome* aus – völlig weiße Gemälde, die entstanden, indem er Leinwand in Leim und Kaolin tauchte, ein in der Porzellanherstellung verwendetes Mineral. Später experimentierte er mit dreidimensionalen Objekten und Strukturen, die er mit Kaolin überzog, darunter Polystyrol, Baumwolle, Stroh, Plastik, Hasenfell und sogar Brötchen. Er erfand »achrom«, um seine Arbeiten vom »monochrom« abzugrenzen – speziell von Yves Kleins Verwendung dieses Begriffs. Manzoni ging einen Schritt weiter als Klein, der reines, unverfälschtes Blau benutzte, indem er andeutete, dass die komplette Entfernung von Farbe sein endgültiges Ziel sei: »Unendlichkeit ist streng monochromatisch oder noch besser: farblos ... Hier hat der Künstler völlige Freiheit erreicht: Reine Materie wird in reine Energie verwandelt.«

Im folgenden Jahr stellte Manzoni gemeinsam mit Lucio Fontana und Enrico Baj aus, dem einflussreichen Gründer der Gruppo Nucleare. Die Avantgarde-Kreise, in denen er sich bewegte, versuchten oft, die Kunst in der Nachkriegszeit als Reaktion auf die neue Konsumkultur des Überflusses zu definieren. 1959 hatte er parallel zu seinen *Achromen* eine neue Serie begonnen. Dies waren die *Linien* (*Linee*), die er bei der Eröffnung seiner Galerie Azimuth ausstellte, die er gemeinsam mit Enrico Castellani gegründet hatte. Die *Linien* wurden als Rollen aus Zeichnungen mit einzelnen Linien in Behältern ausgestellt, auf denen gedruckte Schildchen die Längen der jeweiligen Linien angaben. Manzoni bekundete damit sein Interesse, undefinierbare Grenzen auszuloten. Er war erst 29, als er in seinem

Piero Manzoni
Achrom, 1959
Kaolin auf gefalteter Leinwand,
140 cm x 120,5 cm
Centre Pompidou, Paris

In seinem Artikel von 1960, »Freie Dimension«, bekannte sich Manzoni dazu, dass er versuchte, »ein Weiß zu erreichen, das keine polare Landschaft ist, kein sinnträchtiges oder schönes Material, ein Gefühl oder Symbol oder sonst etwas: sondern eine weiße Oberfläche, die eine weiße Oberfläche ist und nichts weiter.«

Atelier an einem Herzinfarkt starb. Sein Freund, der Künstler Ben Vautier, unterschrieb seinen Totenschein und erklärte diesen zu seinem letzten Kunstwerk.

WICHTIGE EREIGNISSE

- 4. Juli 1960: Erschafft im dänischen Herning in schwarzer Farbe auf einer 7.200 Meter langen Rolle aus Zeitungspapier die längste *Linie*, eine mechanische Rolle dient als Hilfsmittel.
- Mai 1961: Stellt sein berüchtigtes Werk *Künstlerscheiße* her, 90 durchnummerierte kleine Dosen, die angeblich je 30g von Manzonis Fäkalien enthalten. Später schrieb er an Ben Vautier: »Falls Sammler etwas wirklich Intimes, Persönliches vom Künstler haben wollen, dann haben sie die Scheiße des Künstlers, die ist wirklich sein.« Manzoni verkaufte die Dosen für den Preis ihres Gewichts in Gold.

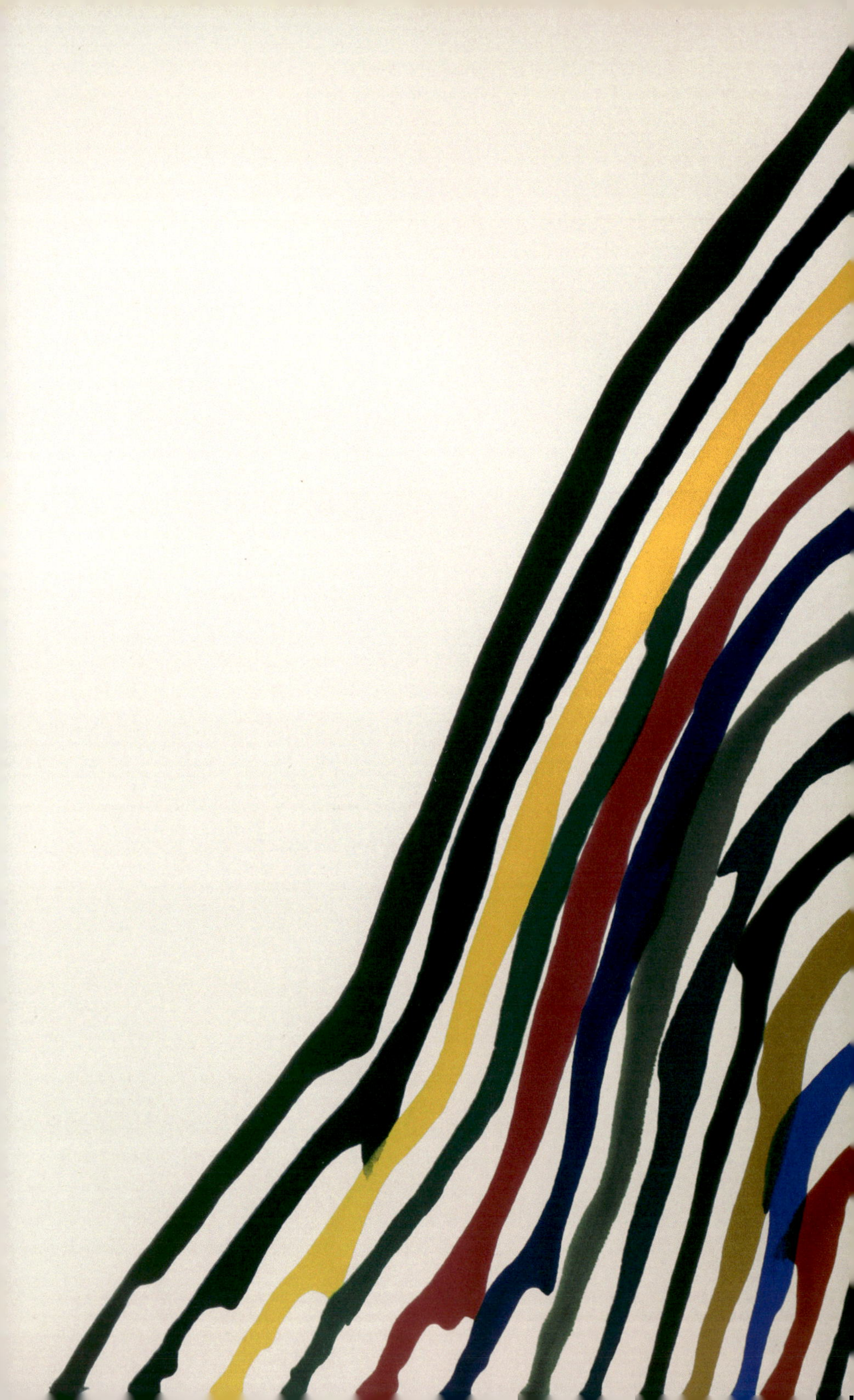

ABSTRAKTER EXPRESSIONISMUS UND SEINE ERBEN

-

Wir befreien uns von den Hindernissen der Erinnerung, Assoziation, Nostalgie, Legende, des Mythos oder was auch immer, die die Hilfsmittel der westeuropäischen Malerei gewesen sind. Statt Kathedralen aus Christus, dem Menschen oder dem »Leben« zu schaffen, erschaffen wir sie aus uns selbst, aus unseren eigenen Gefühlen.

-

Barnett Newman

1943–1945

MARK ROTHKO
1903–1970

Markus Rothkowitz wurde 1903 in Dvinsk (heute Daugavpils in Lettland) geboren. Als er zehn war, zog seine Familie nach Portland, Oregon. Ein Stipendium erlaubte ihm 1921 ein Studium an der Yale University, allerdings ging er nach zwei Jahren ohne Abschluss nach New York, weil ihm die erdrückend konservative Atmosphäre nicht zusagte. Er nahm Unterricht an der Art Students League und der New School of Design unter dem renommierten armenischstämmigen Maler Arshile Gorky, der seine Malpraxis formte, speziell seinen Sinn für den europäischen Surrealismus. Rothkos Gemälde der frühen 1940er zeichnen sich durch Verweise auf die klassische Mythologie und fließende biomorphe Formen aus, die den Einfluss von Gorky zeigen.

1947 schließlich übernahm Rothko eine vollkommen abstrakte Herangehensweise ohne figürliche Andeutungen. Er entwickelte »Multiformen« mit unregelmäßigen, farbigen Bereichen. Eine weitere Verfeinerung dieser Technik ab 1949 zeigten seine letzten, später »Sectionals« genannten Werke – leuchtende Farbfelder mit weichen Kanten, in komplexen Anordnungen geschachtelt und gemischt.

Rothko sagte einmal: »Ich male groß, um intim zu sein.« Die Sectionals üben eine emotionale und sogar quasispirituelle Macht aus. Die oft sehr großen Gemälde sollten immer aus nächster Nähe betrachtet werden. Häufig hingen sie dicht über dem Boden, also auf einer Ebene mit den Menschen im Raum. Rothko wandte sich direkt an seine Betrachter: »Falls Sie nur von den Farbbeziehungen bewegt werden, dann verstehen Sie es nicht. Ich möchte gern große Gefühle ausdrücken – Tragik, Ekstase, Verderben.« Der Künstler nahm sich 1970 das Leben.

Mark Rothko
Ohne Titel, 1949
Öl- und Acrylfarbe mit gemahlenen Pigmenten auf Leinwand,
142,2 cm x 83,8 cm
The Metropolitan Museum of Art, New York

Dieses Werk aus dem entscheidenden Übergangsjahr 1949 demonstriert die energiegeladene Pinselführung und die intensivierten Farbtöne aus Rothkos vollendetster Phase. Die geschachtelten rechteckigen Formen, die diese Komposition strukturieren, werden durch das sorgfältig positionierte dunkle Rechteck im unteren Drittel des Gemäldes verstärkt. In späteren Jahren entwickelte Rothko eine noch düsterere Farbpalette.

WICHTIGE EREIGNISSE

- 1964: Rothko wird von den Kunstförderern und -sammlern John und Dominique de Menil aus Houston beauftragt, an dem heute als Rothko Chapel bekannten Gebäude zu arbeiten, das 14 seiner Gemälde in einem strengen, besinnlichen Raum enthält.
- 1971: Die Rothko Chapel wird nach dem Tod des Künstlers als überkonfessioneller Raum der Besinnung für das Publikum geöffnet.

BARNETT NEWMAN
1905–1970

Der New Yorker Barnett Newman kam erst relativ spät zur Kunst – bis etwa 30 hatte er als Kunstlehrer und in der Bekleidungsfirma seines Vaters gearbeitet. Seine intellektuelle Strenge und hohen Standards brachten ihn dazu, die meisten seiner Werke aus der Zeit vor 1944 zu zerstören. Sein Horror angesichts des von den Nazis in Europa verursachten menschlichen Leides, des Holocausts und der Atombombe führten ihn zur Abstraktion, die er für die einzige visuelle Lösung in diesen barbarischen Zeiten hielt.

Newman sagte einmal, er wolle »von Grund auf neu beginnen und malen, als hätte die Malerei vorher nie existiert.« 1948 schuf er ein Gemälde (später *Onement I* genannt), das die erste Fassung seiner für ihn typischen »Zip«-(Reißverschluss)-Komposition werden sollte: Ein schmaler Streifen aus Abdeckband verläuft von oben nach unten über das Gemälde und teilt die Fläche, vereinigt sie aber gleichzeitig. Später sagte Newman über diesen entscheidenden Augenblick: »Ich entferne mich selbst aus der Natur, entferne mich aber nicht aus dem Leben.«

Seine erste Soloausstellung fand 1950 in der bekannten New Yorker Betty Parsons Gallery statt. Die damalige Kunstwelt nahm sie mit Unverständnis, Sarkasmus und regelrechter Aggression auf. Begleitend zur Ausstellung erklärte Newman, seine Gemälde seien »spezielle und separate Verkörperungen von Gefühl, die für jedes Gemälde allein erlebt werden sollten.« Nach der überwältigend negativen Reaktion zog er sich für vier Jahre zurück, in denen er weiter arbeitete, aber nichts ausstellte oder verkaufte. Trotzdem hatte Newmans strenge Raffinesse einen überaus starken Einfluss auf viele andere Maler, vor allem auf die intensiven Abstraktionen von Ad Reinhardt und Clyfford Still.

Barnett Newman
Onement III, 1949
Öl auf Leinwand,
182,5 cm x 84,9 cm
The Museum of Modern Art, New York

***Onement* als Begriff ist eine altertümliche Ableitung von »atonement« (»at-one-ment«), also Sühne, aber auch Versöhnung oder Einssein, und bezieht sich daher auf die judäo-christlichen Prozesse der spirituellen Aussöhnung sowie in einem weiteren Sinne der Erneuerung, Regeneration und Ganzheit. Der satte Rostorange-Ton wird durch die blutige Kante des »Reißverschlusses« (»Zip«) zerteilt, der die Fläche aber wieder als ein vereinigtes Ganzes zusammenfasst.**

WICHTIGE EREIGNISSE

- 1948: Newman gründet mit den Malern William Baziotes, Robert Motherwell und Mark Rothko eine Kunstschule in New York namens Subject of the Artist, die Vorlesungen und Seminare anbietet und das intellektuelle Klima rund um den Abstrakten Expressionismus beeinflusst.
- 1966: Newman stellt seinen Zyklus aus 14 Gemälden unter dem Titel *The Stations of the Cross* (1958–1966) im New Yorker Solomon R. Guggenheim Museum aus. Er erklärte zur spirituellen Intensität des Werks: »Ich versuchte, etwas zu projizieren, das sich für mich in Bezug auf die Passion sehr real anfühlte, und ich glaube, dass diese Art von Leiden fast universell geworden ist.«

LEN LYE
1901–1980

Die kreative Vision und Suche nach einer »Kunst der Bewegung« setzte den 1901 im neuseeländischen Christchurch geborenen Len Lye auf seinen experimentellen Weg durch das ganze 20. Jahrhundert. Seine schwierige Kindheit verlebte er in Neuseeland. Als junger Mann reiste er nach Australien und Samoa, um die visuellen Kulturen der Aborigines und Samoaner kennenzulernen. 1926 schließlich zog er nach London. Bald folgten Innovationen in Animation, Film und Fotografie. Sein erster experimenteller Film *Tusalava* hatte 1929 an der London Film Society Premiere. In der Folge verfeinerte er seine Entwicklung der direkten Filmtechnik, die ohne Kamera auskam: Die Bilder wurden direkt auf den Zelluloidfilm aufgebracht, oft indem er auf die Beschichtung malte oder kratzte.

A Colour Box (1935) war Lyes erster Vorstoß in die vollkommen abstrakte Kunst der animierten Farben und Formen. Es wurde vom britischen General Post Office beauftragt und war der erste »kamerafreie« Film, der in Großbritannien im Kino gezeigt wurde. Lyes drei Minuten langer Film schließt mit einem Werbetext für den Paketversand. Diese faszinierende Kombination aus Avantgarde-Abstraktion und kommerziellem Marketing wurde kennzeichnend für einen Großteil seiner Laufbahn. 1944 zog Lye von London nach New York, angelockt durch die Möglichkeiten des Filmemachens und die Chance, im Zentrum des experimentellen Films zu leben. Tagsüber drehte er Wochenschauen für Time, Inc. und abends traf er sich mit den Abstrakten Expressionisten im Eighth Street Club, wo er oft seine Kurzfilme vorführte. Anfang der 1960er verschrieb sich Lye einer weiteren Kunst der Bewegung: großen kinetischen Skulpturen, die wie Körper im Raum tanzten.

Len Lye
Color Cry, 1952–1953
16mm-Film, Farbe,
3 Minuten
Ngā Taonga Sound & Vision, Stills collection, Wellington

***Color Cry*, sein erster nennenswerter, in den Vereinigten Staaten entstandener Experimentalfilm steht ganz klar in Verbindung mit dem Abstrakten Expressionismus, speziell der üppigen Farbfeldmalerei. Auf Filmstreifen werden verschiedene Stempel und Stoffe arrangiert, um die abstrakten »Schlagschatten«-Effekte zu erzeugen; die gleiche Technik wird in direkt belichteten Fotogrammen verwendet.**

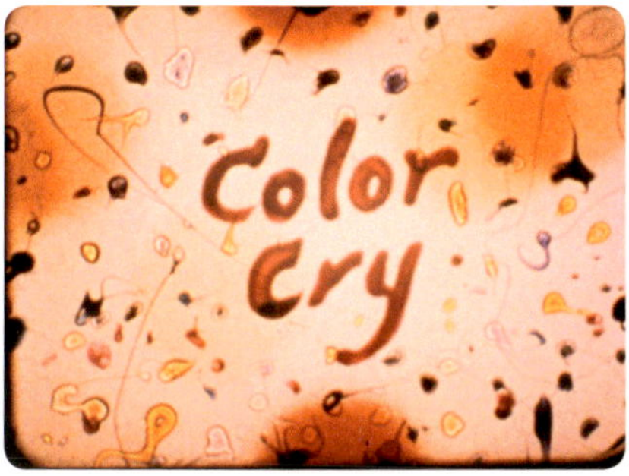

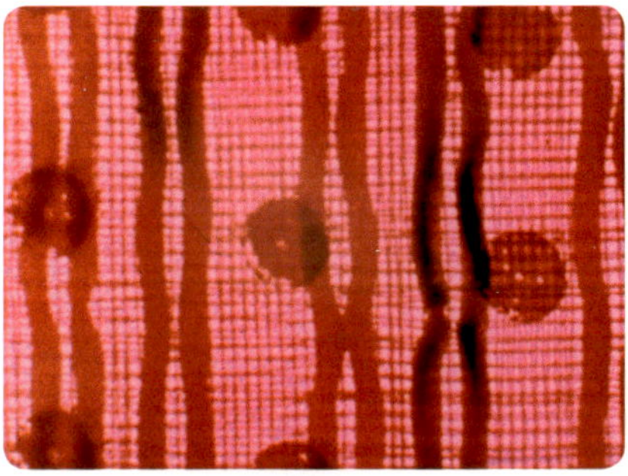

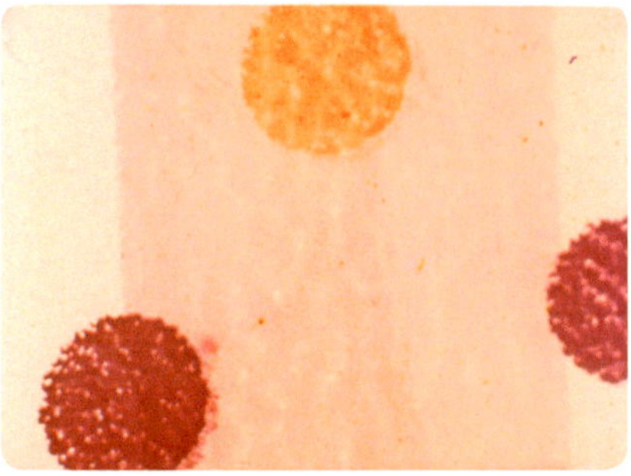

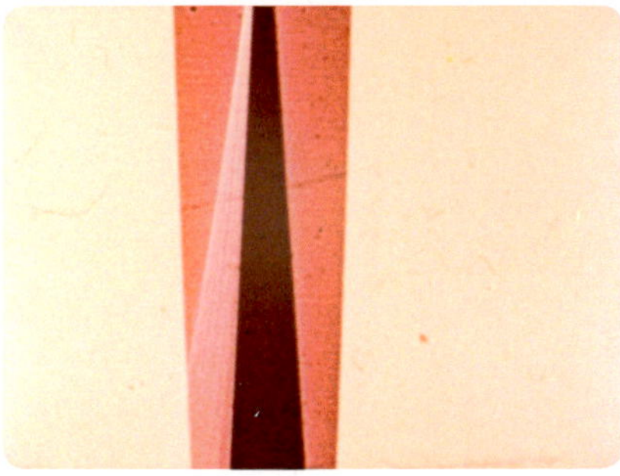

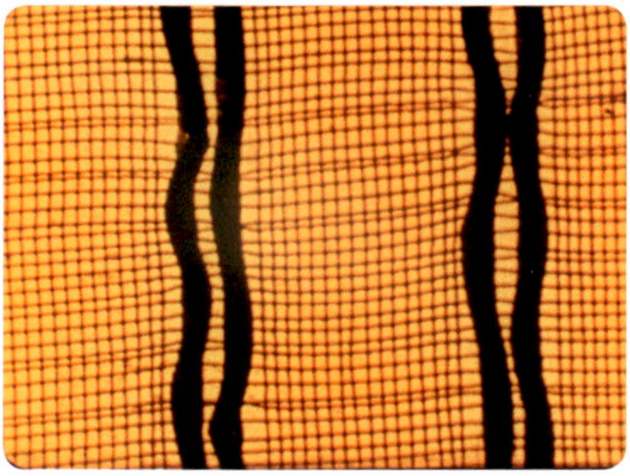

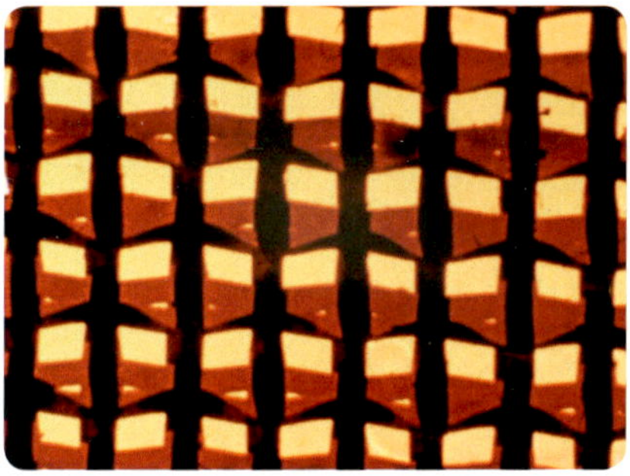

WICHTIGE EREIGNISSE

- 1928: Lye tritt The Seven and Five Society bei, einer britischen Künstlergruppe, die 1919 gegründet worden war und nun von einer wegweisenden Gruppe modernistischer Künstler geführt wurde, darunter Ben Nicholson, Barbara Hepworth und Henry Moore. 1935 veranstaltet sie die erste »rein abstrakte« Ausstellung in London.
- 1936: Lye ist in der historischen »Internationalen Surrealistischen Ausstellung« der New Burlington Galleries, London, vertreten.
- 5. April 1961: Lye führt *An Evening of Tangible Motion Sculpture* am Museum of Modern Art, New York, auf.

LEE KRASNER
1908–1984

Krasner war eine der ersten amerikanischen Künstlerinnen, die sich der Abstraktion verschrieb, und gehörte zur ersten Generation des Abstrakten Expressionismus. Sie wurde in New York als Tochter ukrainisch-jüdischer Einwanderer geboren. Ab ihrem 17. Lebensjahr durchlief sie eine umfassende künstlerische Ausbildung an verschiedenen Schulen, darunter der Cooper Union und der National Academy of Design. Während ihrer Zeit an dieser Einrichtung legte sie ihren Vornamen Lena ab und gab sich den geschlechtlich mehrdeutigen Namen »Lee«.

Ein Stipendium erlaubte Krasner von 1937 bis 1940 den Besuch der Hans Hofmann School of Fine Arts. Hofmann war ein führender deutscher abstrakter Maler und galt als wichtiger Einfluss – vor allem wegen seiner strikten Lehrmethoden auf Basis des analytischen Kubismus – auf die Entwicklung des Abstrakten Expressionismus in den USA, wo er von 1933 bis zu seinem Tod lebte. Kohlestudien Krasners aus Hofmanns Aktzeichenkursen entfernen sich von der beobachtenden Studie und setzen auf ein abstraktes Vokabular aus gebrochenen Flächen und mehrfachen Perspektiven auf die Bewegungen des Körpers im Raum. Hofmann kommentierte eine ihrer Arbeiten folgendermaßen: »Das ist so gut, dass man nicht merkt, dass es von einer Frau gemalt wurde.« Die Künstlerin musste in ihrer ganzen langen Karriere gegen solch offenen Sexismus und auch gegen Antisemitismus ankämpfen. Während des Kalten Krieges stand sie beim FBI sogar unter Spionageverdacht, vermutlich einfach deshalb, weil sie Jüdin war.

1974, fast 40 Jahre später, stieß Krasner in ihrem Atelier auf einige ihrer alten Zeichnungen aus Hofmanns Kursen. Sie zerschnitt sie und nutzte sie als Grundlage für eine Reihe von Collage-Gemälden mit dem Titel »Eleven Ways to Use the Words to See«. Krasner sagte über das Ausgangsmaterial: »Ich spürte nicht nur das Bedürfnis, diese Zeichnungen zu untersuchen, sondern auch den entschiedenen Wunsch, sie zu verändern: einen Befehl sozusagen, sie zu erneuern.«

Krasner legte sich nie auf einen einzigen, definierbaren Stil fest, sondern schuf visuell unverwechselbare Gruppen abstrakter Zeichnungen, Collagen und Gemälde. Ihre Kunstwerke variierten in der Größe: Von winzigen Aquarellen auf handgeschöpftem Papier bis zu

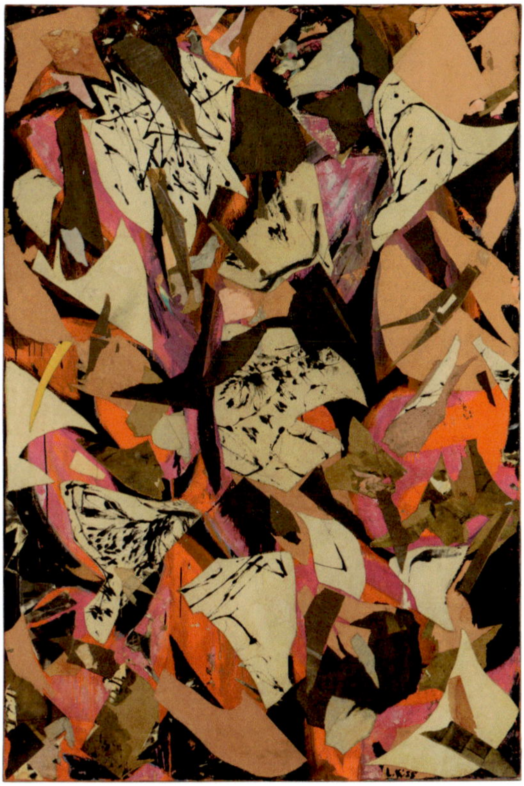

Lee Krasner
Bald Eagle, 1955
Öl, Papier und Leinwandcollage auf Leinen,
195,6 cm x 130,8 cm
Sammlung von Audrey Irmas, Los Angeles

Bald Eagle **gehört zu der Gruppe aus Collage-Gemälden, die Krasner zum ersten Mal 1955 in der New Yorker Stable Gallery ausstellte. Das Bild kombiniert Leinwand, zerrissene Zeitungen und sogar Fragmente zerstörter Zeichnungen und Gemälde von ihr und Pollock – neu zusammengesetzt zu einem pulsierenden, dynamischen Ganzen.**

Mosaiktischen und riesigen Ölgemälden von 6 Metern Länge – die erst nach dem Tod ihres Ehemanns Jackson Pollock im Jahre 1956 möglich wurden, als sie in sein großes, lichtdurchflutetes Atelier zog, wo sie zum ersten Mal in einem Maßstab arbeiten konnte, der ihren grenzenlosen Ambitionen als Malerin entsprach.

WICHTIGE EREIGNISSE

- 1942: Lernt Jackson Pollock kennen, als sie beide neben anderen wichtigen Personen des Abstrakten Expressionismus wie Willem de Kooning an der Gruppenausstellung »Französische und amerikanische Malerei« der McMillen Gallery teilnehmen. Krasner und Pollock heiraten 1945.
- 1942: Leitet eine wichtige künstlerische Kommission, die War-Service-Fensterdisplays für New York herstellt.
- 1965: Krasner erhält eine große Soloausstellung in der Londoner Whitechapel Gallery; ihre erste Ausstellung in Europa sowie in einer öffentlichen Einrichtung.

NORMAN LEWIS
1909–1979

Lewis, ein afroamerikanischer Künstler mit Wurzeln auf Bermuda studierte Anfang der 1930er an der Columbia University in seiner Heimatstadt New York. In diesem Jahrzehnt war seine Malerei darstellerisch – er zeigte in einem sozial-realistischen Stil den Alltag der Afroamerikaner, von gesellschaftlicher Ungerechtigkeit und Armut bis Polizeigewalt.

Seine Hinwendung zur Abstraktion vollzog er, der sich sein Leben lang als Lehrer und Akademiker verstand, um 1946, angeregt durch seine wachsende Besorgnis, dass die darstellerische Malerei, »die lediglich einige der gesellschaftlichen Bedingungen widerspiegelt«, nicht in der Lage sei, politische Änderungen zu bewirken. Von nun an pflegte Lewis' Kunst eine indirektere Beziehung zu den angespannten soziopolitischen Verwerfungslinien des Nachkriegsamerikas. Seine Gemälde befassten sich weiterhin mit der Politik: Wie abstrakt auch immer er arbeitete, sein Bekenntnis zu Bürgerrechten und politischem Aktivismus waren aus seiner Kunst nicht wegzudenken.

Lewis' abstrakte Werke von Mitte der 1940er bis Mitte der 1970er demonstrieren häufig seine kalligrafischen Fertigkeiten und enthalten Hinweise auf andere visuelle Quellen, wie chinesische und japanische Kunst und architektonische Formen, sowie Techniken der Musikimprovisation und Poesie. Oft zeigen die Bilder geisterhafte figürliche Präsenzen, die auf die komplexe Rolle der abstrakten Kunst im Gewebe der Gesellschaft hindeuten.

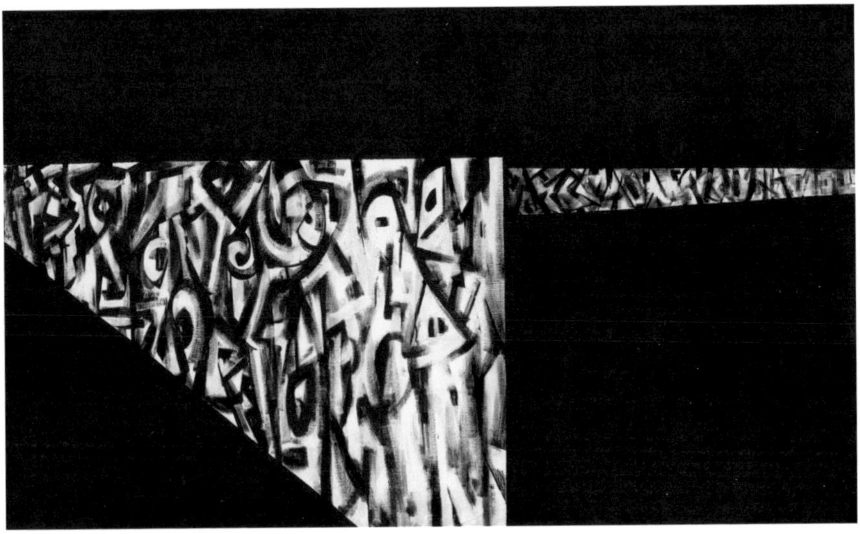

Norman Lewis
Ohne Titel (Alabama), 1967
Öl auf Leinwand, 114,9 cm x 186,7 cm
National Gallery of Art, Washington

Die eckige Form, die Lewis' rhythmische geometrische Abstraktion enthält, ist eine übertriebene Version des Staates Alabama. Die abstrakten schwarzen und weißen Striche könnte man als Verweise auf die Kreuze und Kapuzen des Ku-Klux-Klan verstehen; diese Idee bekommt Gewicht, wenn man bedenkt, dass das Gemälde auf dem Höhepunkt der Bürgerrechtsbewegung geschaffen wurde.

WICHTIGE EREIGNISSE

- 1950: Lewis nimmt gemeinsam mit zahlreichen führenden abstrakten Künstlern wie Barnett Newman und Hedda Sterne an den Artists Sessions am New Yorker Studio 35 teil. Die beiden Sessions führten schließlich zu der Übereinkunft, ihre Art der Erschaffung von Kunst künftig unter dem Begriff »Abstrakter Expressionismus« zusammenzuführen.
- 5. Juli 1963: Lewis gehört neben Romare Bearden und anderen zu den Gründern von Spiral, einem afroamerikanischen Kollektiv sowohl bildhafter als auch abstrakter Künstler, das aus den Vorbereitungen des historischen Marsches auf Washington für Arbeit und Freiheit hervorging, der am 28. August des Jahres stattfand.

JACKSON POLLOCK
1912–1956

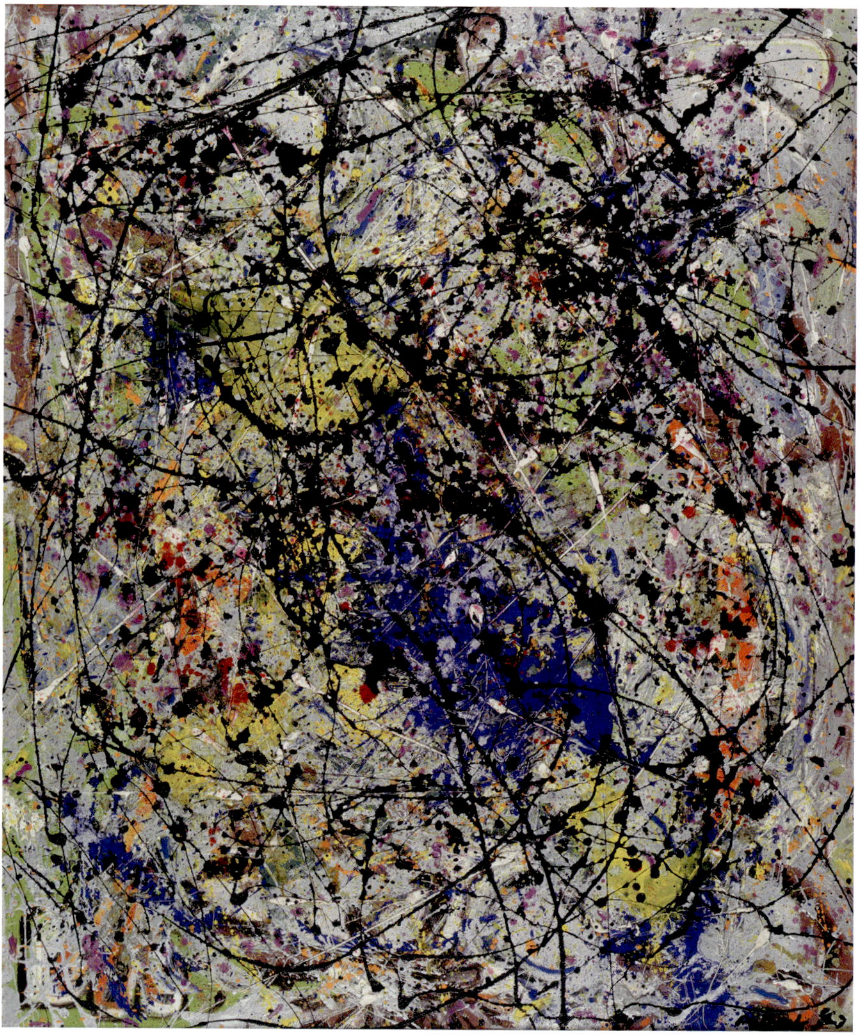

Jackson Pollock
Reflection of the Big Dipper, 1947
Farbe auf Leinwand, 111 cm x 91,5 cm
Stedelijk Museum, Amsterdam

Der Titel dieses vollkommen abstrakten Gemäldes, das eines von Pollocks frühesten »Drip«-Bildern ist, bezieht sich auf den Großen Wagen (engl. Big Dipper): sieben Sterne im Sternbild Ursa Major (Großer Bär). Ein Jahr später verzichtete Pollock auf solche Andeutungen von Naturphänomenen und begann, seine Gemälde einfach mit Nummern zu bezeichnen.

Jackson Pollock, der in Cody, Wyoming, in eine Rancher-Familie hineingeboren wurde, die während seiner Kindheit oft in Arizona und Kalifornien umzog, entwickelte sich vom sozialrealistischen Maler, geprägt durch die Große Depression, zu einem der führenden abstrakten Künstler der Nachkriegszeit, der zur amerikanischen Legende werden sollte – sowohl ambitioniert als auch tragisch. Er begann seine Kunstausbildung an der Manual Arts High School in Los Angeles, bevor er 1930 nach New York zog und an der Art Students League bei Thomas Hart Benton studierte, der berühmt war für seine Wandbilder, die den Alltag im ländlichen Amerika darstellten.

Pollocks typische »Drip«-Technik zeigte sich erstmals 1947 in seinen Gemälden; zuvor war sein quasi-gegenständliches Werk stark durch den Surrealismus sowie durch Pablo Picasso beeinflusst. Die legendären Fotos von Hans Namuth dokumentieren Pollocks nachdrückliche Gesten vor einer riesigen Leinwand auf dem Boden seines Ateliers. Der Begriff »Action Painting« wurde 1952 das erste Mal benutzt und betont die Rolle des Unbewussten beim Hervorbringen der abstrakten Netze und Fäden aus Farbe, die der Schwerkraft überantwortet werden. Pollock nutzte Fassadenfarbe, die er oft direkt aus der Dose goss oder mit Stöcken oder Messern auf die Leinwand spritzte. In späteren Jahren tauchten in seinen *Black Paintings*, mit denen er 1951 begann, wieder gegenständliche Bilder auf wie menschliche Gesichter oder Formen aus der Natur, aber er blieb bis zum Ende seines Lebens an den Möglichkeiten der Abstraktion interessiert. Pollock starb 1956 bei einem Autounfall in der Nähe seines Hauses in East Hampton, nachdem er viele Jahre mit seiner Alkoholabhängigkeit gerungen hatte. Seine Witwe Lee Krasner widmete viele Jahre ihres Lebens der Sicherung seines posthumen internationalen Erbes.

WICHTIGE EREIGNISSE

- 1943: Malt das epische *Mural* für das Stadthaus seiner Gönnerin Peggy Guggenheim in New York – Pollocks größtes Werk mit fast 6 Metern Länge. Im selben Jahr fand Pollocks erste Soloausstellung in Guggenheims Galerie Art of This Century statt.
- August 1949: Ein Artikel über Pollock im *LIFE*-Magazin stellt die Frage: »Ist er der größte lebende Maler in den Vereinigten Staaten?« Dies untermauert Pollocks Ruhm und Reputation.
- 1950: Soloausstellung in der New Yorker Betty Parsons Gallery gewinnt großen Zuspruch bei Publikum und Kritik.

MORRIS LOUIS
1912–1962

Der in Baltimore geborene Morris Louis Bernstein war der Sohn russischer Einwanderer. Mit 15 gewann er ein Stipendium für das Maryland Institute of Fine and Applied Arts (1927–1932). 1935 wurde er zum Präsidenten der Baltimore Artists' Union gewählt und registrierte sich 1938 bei der Works Progress Administration, einer Initiative aus der Zeit des New Deal, die öffentliche Aufträge für Arbeitssuchende vergab, darunter Künstler, Musiker und Schriftsteller.

Louis' komplette Hingabe an die abstrakte Kunst fiel mit seinem Umzug nach Washington im Jahre 1952 zusammen. Im April 1953 besuchte er zusammen mit dem prominenten Kunstkritiker Clement Greenberg und dem Farbfeldmaler Kenneth Noland das Atelier von Helen Frankenthaler. Besonders beeindruckt waren sie von ihrem abstrakten Gemälde *Mountains and Sea* von 1952.

Louis hatte Zweifel hinsichtlich seiner Malerei. Er zerstörte vermutlich Hunderte von Bildern aus der zweiten Hälfte der 1950er. Dennoch erwies sich die typische Technik, die er – teils inspiriert durch Frankenthalers Soak-Stain-Methode – entwickelte, als ausgesprochen einflussreich für viele abstrakte Künstler. Louis, der nur nicht grundierte, rohe Leinwand verwendete, goss dünne Acrylfarbe direkt auf die Leinwand, wodurch er Streifen aus reiner Farbe erzeugte – der Einfluss des Künstlers wird minimiert, während die poröse Struktur der farbgetränkten Oberfläche hervorgehoben wird.

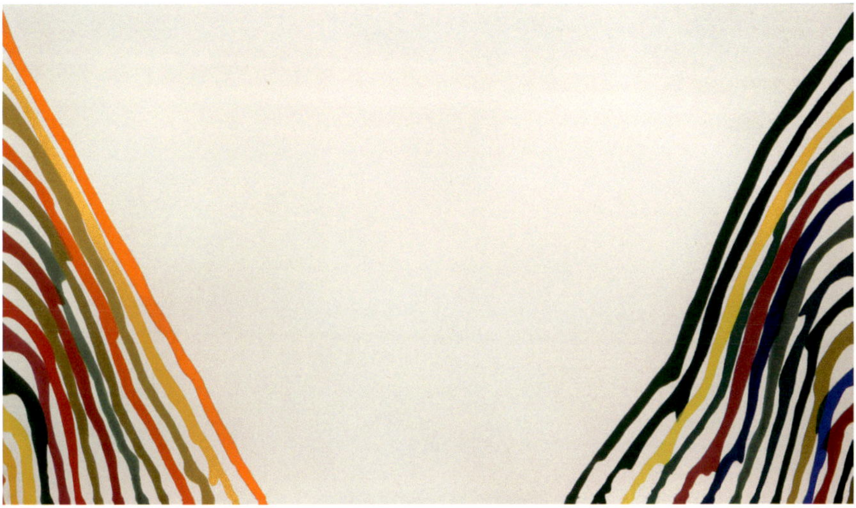

Morris Louis
Beta Kappa, 1961
Acrylfarbe auf Leinwand,
262,3 cm x 439,4 cm
National Gallery of Art,
Washington

Nur zwei Gemälde aus Louis' *Unfurled*-Serie aus fast 150 Werken erhielten einen Titel und wurden vor seinem Tode ausgestellt. Der große Bereich nicht bemalter Leinwand bildet einen ungefähr V-förmigen Keil aus Leerraum, während die reinen, ungemischten Farben in diagonalen Bändern von den Seiten nach unten laufen.

WICHTIGE EREIGNISSE

- 1948: Louis beginnt, mit Magna zu malen, einer neuen Acrylharzfarbe, die er für den Rest seiner Laufbahn einsetzt. 1960 entwickeln die Hersteller dieser Farbe eine neue Formel speziell für Louis und Noland.
- 1963: »Morris Louis 1912–1962: A Memorial Exhibition of Paintings from 1954–1960« öffnet am Solomon R. Guggenheim Museum in New York ein Jahr nach Louis' Tod durch Lungenkrebs.
- 1965: »The Washington Color Painters« der Washington Gallery of Modern Art widmet den abstrakten Künstlern aus Washington, darunter Louis und Alma Thomas, ihre eigene Kategorie des Abstrakten Expressionismus der zweiten Generation.

AGNES MARTIN
1912–2004

Die jahrzehntelange Malpraxis der kanadisch-US-amerikanischen Künstlerin Agnes Martin beweist in poetischen und klaren Begriffen die grundlegende Verflechtung von abstrakter Kunst und Natur. Ihre ersten Experimente mit Abstraktion waren eine Reaktion auf die variablen Muster des Wüstenbodens während ihres Aufenthalts in New Mexico in den 1940ern. Die frühen Werke waren biomorph und erinnerten an Mark Rothkos Gemälde aus dieser Zeit.

1957 zog Martin nach Coenties Slip in Manhattan, wo sie von Künstlern umgeben war, wie Ellsworth Kelly und der abstrakten Textilkünstlerin Lenore Tawney, die das hier gezeigte Bild dem Guggenheim schenkte. Sie wandte sich etwa 1960 dem für sie typischen Rasterformat zu und erkundete in den nächsten fünf Jahrzehnten dessen endlose Vielfalt mittels Zeichnen, Druck und Malerei – zunächst mit quadratischen Leinwänden von ca. 1,80 m, später ca. 1,50 m Kantenlänge. Ihre Annäherung an Raster, Streifen und Wiederholungen ist nicht exakt oder streng wie andere systematische Werke, die in den 1960ern auf der Grundlage mathematischer Permutationen entstanden. Ihre Linien wackeln und zittern in ihrer ehrlichen, handgemachten Vielfalt und ihre Farbbänder erzeugen atmosphärische Schleier.

Martin zog 1968 wieder nach New Mexico und lebte und arbeitete viele Jahre lang in der Abgeschiedenheit von Galisteo. Ein Interview von 1993 liefert einen Einblick in ihre Herangehensweise an die abstrakte Malerei: »Ich glaube, dass persönliche Gefühle, Sentimentalität und diese Art von Emotionen nicht Kunst sind, doch universelle Emotionen wie Glück *sind* Kunst. Ich interessiere mich besonders für abstrakte Emotionen, etwa wenn wir Musik hören.«

Agnes Martin
White Flower, 1960
Öl auf Leinwand,
182,6 cm x 182,9 cm
Solomon R. Guggenheim Museum, New York,
Geschenk von Lenore Tawney, 1963

Wie viele von Martins Werken aus dieser Zeit bezieht sich der Titel *White Flower* auf eine in der Natur gefundene Pflanze und kontrastiert mit der streng abstrakten Manifestation der rasterartigen Anordnung der rhythmischen weißen Linien und Punkte vor dem grauen Hintergrund.

Ihre Titel aus den 1990ern beziehen sich auf glückselige emotionale Zustände wie *Happy Holiday* und *Faraway Love* (1999). Die Künstlerin starb 2004 in Taos, New Mexico, im Alter von 92.

WICHTIGE EREIGNISSE

- 1958: Die erste Ausstellung der Künstlerin findet in Section Eleven statt, einem Ableger von Betty Parsons Gallery in New York und zeigt ihre ersten geometrischen abstrakten Werke der späten 1950er.
- 1966: Martin nimmt neben vielen Künstlern der Minimalistischen Kunst in den USA an der Gruppenausstellung »Systemic Painting« des Solomon R. Guggenheim Museum in New York teil.
- 1997: Martin erhält bei der Biennale in Venedig den Goldenen Löwen für ihr Lebenswerk.

ZAO WOU-KI
1920–2013

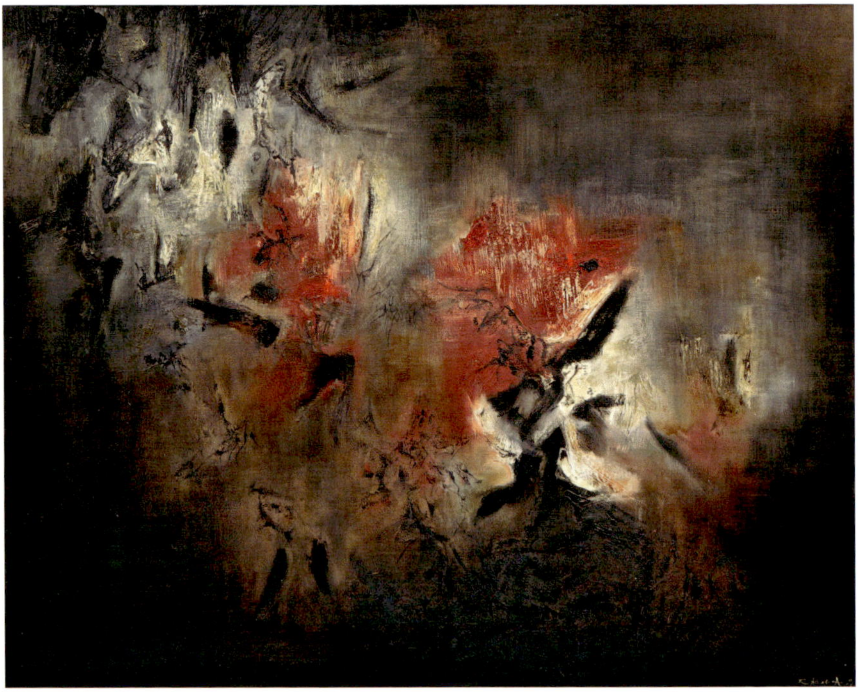

Zao, geboren 1920 in Peking, war erst 15, als er an der angesehenen Akademie der Künste in Hangzhou mit der Ausbildung in Kalligrafie, Landschaftsmalerei und anderen klassischen chinesischen Techniken begann. 1948 immigrierte er nach Paris und lebte dort für den Rest seines Lebens. Es war die aufregende Blütezeit für die abstrakte Kunst in Paris, wo viele Künstler sich unter dem Banner der Art Informel versammelten, darunter der französische Maler Pierre Soulages und der Amerikaner Sam Francis. 1956 malte er *Traversée des Apparences* und begann damit seine abstrakte Erkundung der Landschaft. Er bezog sich nicht etwa auf westliche Maler, sondern kehrte zu seinen chinesischen Wurzeln zurück, speziell der Kalligrafie und der Orakelknochenschrift der Shang-Dynastie (der ältesten chinesischen Schrift). Ein Besuch bei seinem Bruder in New Jersey im Jahre 1957 bot ihm Gelegenheit, viele der wichtigsten Figuren des Abstrakten Expressionismus in New York kennenzulernen, darunter Rothko, Franz Kline und Adolph Gottlieb.

Zao Wou-Ki
Abstraktion, 1958
Öl auf Leinwand,
130 cm x 162 cm
Privatsammlung

Ein Werk aus Zaos wichtiger »Orakelknochenperiode«, über das der Künstler einmal sagte: »Ich möchte das Gefühl für Bewegung vermitteln – sei es nun verworren zart oder flink und aufstrebend. Für mich ist ein wilder Tumult attraktiver als Ruhe und Stille.«

Nach seinem New-York-Erlebnis vergrößerten sich Zaos Malflächen beträchtlich. Ab 1959 hörte er auf, seinen Werken beschreibende Titel zu geben und benannte sie stattdessen mit dem Datum ihrer Fertigstellung. Dieser Wunsch, besondere Assoziationen zu vermeiden, war ein weiterer Ausdruck seiner Abstraktion. Zaos Werk wurde in den 1960ern immer ungegenständlicher. 1961 erläuterte er seine Position hinsichtlich der chinesischen und europäischen Kunstgeschichten: »Jeder ist durch die Tradition gebunden. Bei mir sind es zwei.« Er verließ die Landschaftsabstraktionen und befasste sich mit Andeutungen des durchscheinenden Raums ohne horizontale oder vertikale Unterscheidung. Sein Umgang mit der Leinwand wurde atmosphärischer, weniger landgebunden, und deutete sein wachsendes Interesse an Kosmologie und anderen Elementarkräften an. Sein ganzes Leben lang sprach er lieber von Natur als von Landschaft, vermutlich passend zu seiner erweiterten Sichtweise.

WICHTIGE EREIGNISSE

- 1951: Lernt in Paris den Architekten I. M. Pei kennen, was zu einer lebenslangen Freundschaft und Zusammenarbeit führt.
- 1959–1960: Zao kehrt für seine Ausstellung an der Samuel Kootz Gallery nach New York zurück.
- 2003: Im Pariser Jeu de Paume findet die erste große Retrospektive seines Werkes statt.
- 2006: Zao wird vom französischen Präsidenten Jacques Chirac zum Großoffizier der Ehrenlegion ernannt.

ELLSWORTH KELLY
1923–2015

Die Kunststudien von Ellsworth Kelly, der aus Newburgh, New York, stammte, wurden von 1943 bis 1945 durch seinen aktiven Militärdienst in einer speziellen Tarneinheit unterbrochen. Während dieser Zeit kam er das erste Mal nach Paris, wohin er 1949 auf Grundlage der G.I. Bill zurückkehrte, um dort für fünf Jahre zu studieren. Diese Zeit wurde prägend für seine künstlerische Karriere. Er lernte in Paris viele abstrakte Künstler, Hans Arp und Constantin Brâncuși, kennen und begann mit Zufallsprozeduren und automatischem Zeichnen zu experimentieren. In Europa erlebte er die byzantinische und romanische Kunst und Architektur, die seine Herangehensweise an die Abstraktion beeinflussen sollten.

Ein Ereignis bewirkte 1949 seine Hinwendung zur abstrakten Kunst. Beim Besuch einer bretonischen Insel bemerkte er die klare Struktur eines Fensters und fertigte eine abstrakte Version dieses Motivs in Schwarz auf Weiß an. Damit begann seine lebenslange Hingabe an saubere, scharfe geometrische Formen. Selbst in ihrer strengsten Ausprägung wurzelte Kellys Praxis immer in der realen Welt, deren Formen er vereinfachte.

Zeitschriftenberichte über Ad Reinhardts Erfolg bewirkten 1954 Kellys Rückkehr nach New York, wo er hoffte, seine unsichere finanzielle Situation zu verbessern. Sein Werk unterschied sich jedoch von den großen Gesten des Abstrakten Expressionismus, sodass er erst in den 1960ern in der ernsteren Zeit der Minimal- und Konzeptkunst Erfolge verzeichnen konnte. Der Künstler betrachtete seine monochromatischen, mit harten Kanten geformten Lein-

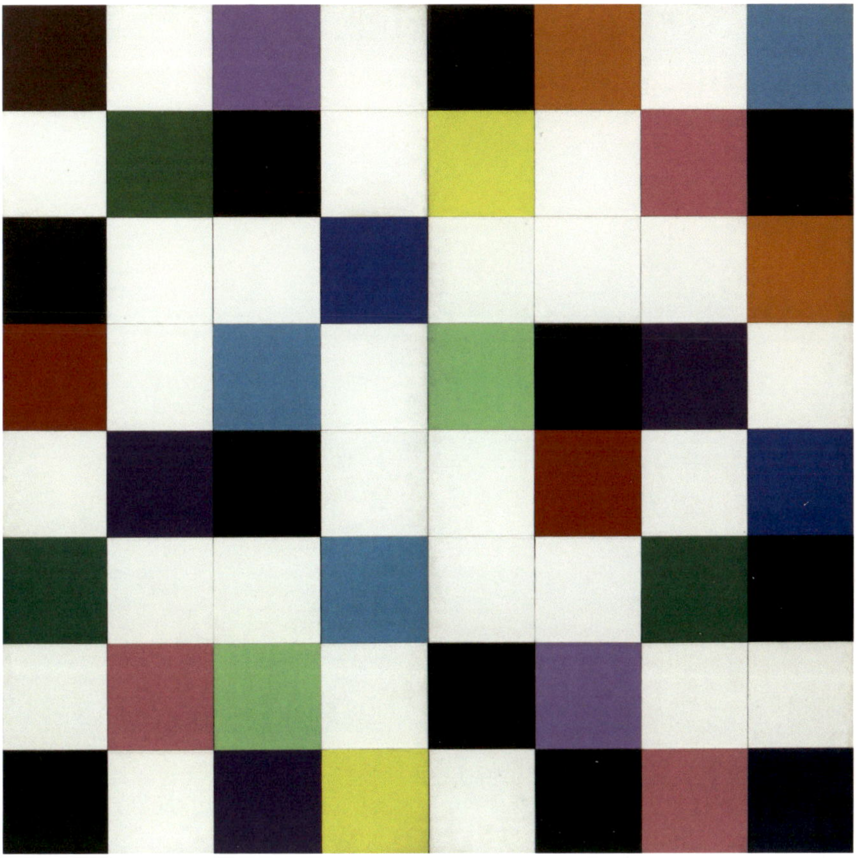

Ellsworth Kelly
Colors for a Large Wall,
1951
Öl auf Leinwand,
64 Paneele,
240 cm x 240 cm
The Museum of Modern Art, New York

Dies ist eine Kombination aus 64 einzelnen, einfarbigen Paneelen, die zufällig angeordnet sind, womit der Idee entgegengetreten wird, dass der Künstler über das Aussehen eines Gemäldes entscheidet.

wände eher als Dinge statt als Gemälde. 1996 erklärte er: »Meine Gemälde stellen keine Objekte dar. Sie sind selbst Objekte und fragmentierte Wahrnehmungen von Dingen.«

WICHTIGE EREIGNISSE

- 1959: Der Künstler nimmt gemeinsam mit Künstlern wie Jasper Johns und Louise Nevelson an der legendären Gruppenausstellung des MoMA »Sixteen Americans« teil.
- 2018: Drei Jahre nach seinem Tod enthüllt das Blanton Museum of Art der University of Texas Kellys letztes Projekt: *Austin*, ein nichtreligiöses, kapellenartiges Gebäude, das sich an die romanische Architektur anlehnt – mit Buntglas, Marmorgemälden und Skulpturen, die der Künstler gestaltet hat.

HELEN FRANKENTHALER
1928–2011

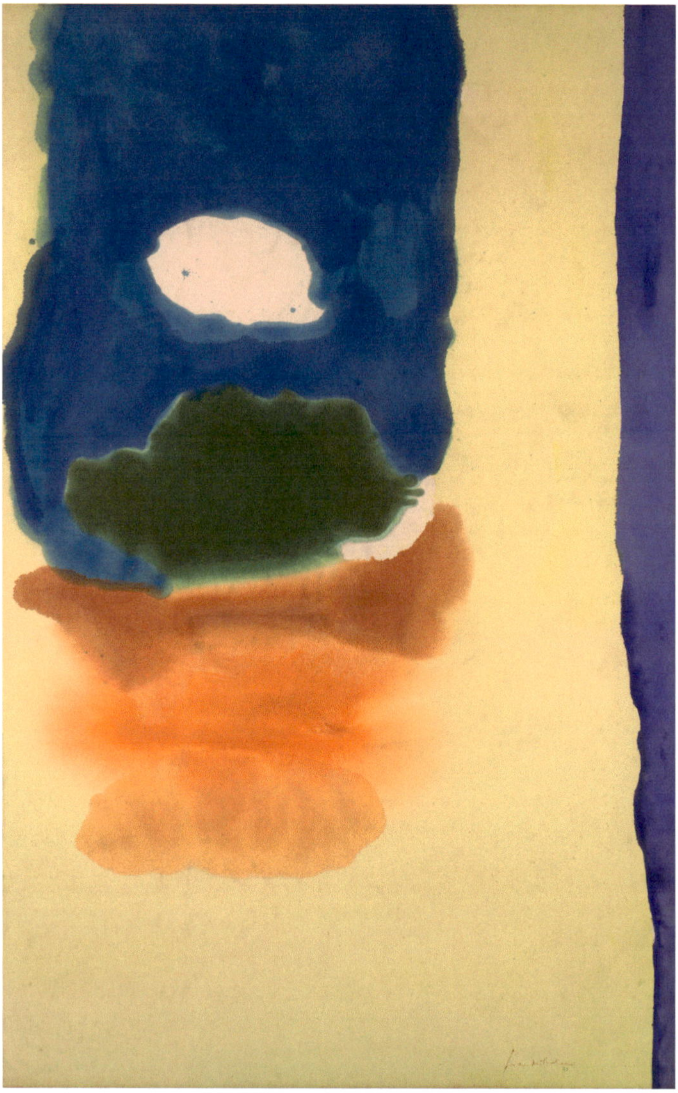

Die New Yorkerin Helen Frankenthaler spielte eine entscheidende Rolle innerhalb der zweiten Generation amerikanischer Künstler, die die leidenschaftlichen Gesten des Abstrakten Expressionismus in die ruhigen Bereiche der Farbfeldmalerei überführten. Nach ihrem Abschluss am Bennington College in Vermont nahm Frankenthaler kurzzeitig Unterricht bei Hans Hofmann. Adolph Gottlieb wählte ihr Gemälde *Beach* (1950) für die Gruppenausstellung »Fifteen Unknowns: Selected by Artists of the Kootz Gallery« aus, die erste von vielen Ausstellungen ihrer Werke. Anfang der 1950er erfand sie die sogenannte Soak-Stain-Technik (eine Einweichtechnik), die von vielen Künstlern übernommen wurde, darunter Morris Louis und Kenneth Noland. Typisch dafür ist ihr Meisterwerk *Mountains and Sea* (1952): ein rein abstraktes Kunstwerk, das seine Beziehung zur Landschaftsmalerei in keiner Weise abstreiten möchte.

Um ihre Soak-Stain-Effekte zu erzielen, verdünnte Frankenthaler Ölfarbe, bevor sie diese direkt auf die nicht grundierte, rohe Leinwand goss, die auf dem Boden des Ateliers lag. Sie ging um die große Leinwand herum, brachte von allen Seiten Farbe auf, bis sich schwebende Felder randloser Farbe aufbauten. Ihre erste Museumsretrospektive fand nur ein Jahrzehnt nach ihrer ersten Ausstellung im Jewish Museum in New York statt. Ihre Freundschaften mit anderen wichtigen Malerinnen der zweiten Generation des Abstrakten Expressionismus, darunter Grace Hartigan und Joan Mitchell, waren für sie das Gegengewicht zum übermäßig maskulinen Fokus der New Yorker Schule, während sie für die Gleichbehandlung der Geschlechter in der Kunstwelt kämpften. Frankenthalers Schöpfung der Stain-Technik hatte Auswirkungen auf den Körper, seine Sexualität und die psychologischen Zustände, die die Sozialgeschichte der abstrakten Malerei in der Mitte des Jahrhunderts formten.

Helen Frankenthaler
Island Weather II, 1963
Acrylfarbe auf Leinwand, 236,2 cm x 147,3 cm x 2,5 cm
Yale University Art Gallery, New Haven

Die Künstlerin sagte 1962: »Die leichte Berührung ist oft die stärkste Geste von allen.« Sie ersetzte ihre Ölfarben durch synthetische Acrylfarben, weil »diese sich gegen das Malerische sträubt.« Ein Jahr später schuf sie dieses große Gemälde, bei dem sie mehr als die Hälfte der Leinwand unberührt von Farbe ließ.

WICHTIGE EREIGNISSE

- 1964: Frankenthaler wird in die vom Kunstkritiker Clement Greenberg kuratierte Gruppenausstellung »Post-Painterly Abstraction« aufgenommen, mit der die Gruppe der Künstler konsolidiert wird, die er unter dem von ihm 1955 geprägten Begriff Farbfeldmalerei versammelt hatte.
- 1966: Gemeinsam mit Ellsworth Kelly, Jules Olitski und Roy Lichtenstein vertritt Frankenthaler die Vereinigten Staaten bei der 33. Biennale in Venedig.
- 2001: Der Künstlerin wird die National Medal of Arts der US-Regierung verliehen.

CY TWOMBLY
1928–2011

Edwin Parker Twombly erbte den Baseball-Spitznamen »Cy« seines Vaters, der vom Baseballspieler Cyclone Young abgeleitet war. Er begann seine Ausbildung an der School of the Museum of Fine Arts in Boston, gefolgt von einem Stipendium für die Art Students League in New York im Jahre 1950. Dies bot Twombly die Chance, viele wichtige Ausstellungen des Abstrakten Expressionismus zu besuchen. Er lernte seinen Mitstudenten Robert Rauschenberg kennen und die beiden wurden Freunde. Er beschloss seine Studien mit zwei intensiven Semestern am Black Mountain College 1951–1952, wo er von Franz Kline und Robert Motherwell unterrichtet wurde, Abstrakten Expressionisten der ersten Generation.

Gemeinsam mit Rauschenberg bereiste Twombly im Herbst 1952 Europa und Nordafrika, wo er in Marokko Tapisserien schuf, die er in Florenz ausstellte. Bei seiner Rückkehr in die USA wurde Twombly zum Armeedienst eingezogen und arbeitete dort als Kryptograf. An seinen freien Wochenenden begann er, im Dunkeln Zeichnungen anzufertigen – mit diesem Prozess wollte er alle Reste von gekonnter Zeichenkunst eliminieren. Twomblys Laufbahn wurde durch seine Entscheidung, 1957, auf dem Höhepunkt des Abstrakten Expressionismus in den USA, nach Rom umzuziehen, entscheidend verändert. Er wurde durch die antiken Graffiti beeinflusst, die überall in Rom zu finden sind, genau wie durch die Kunstwerke und

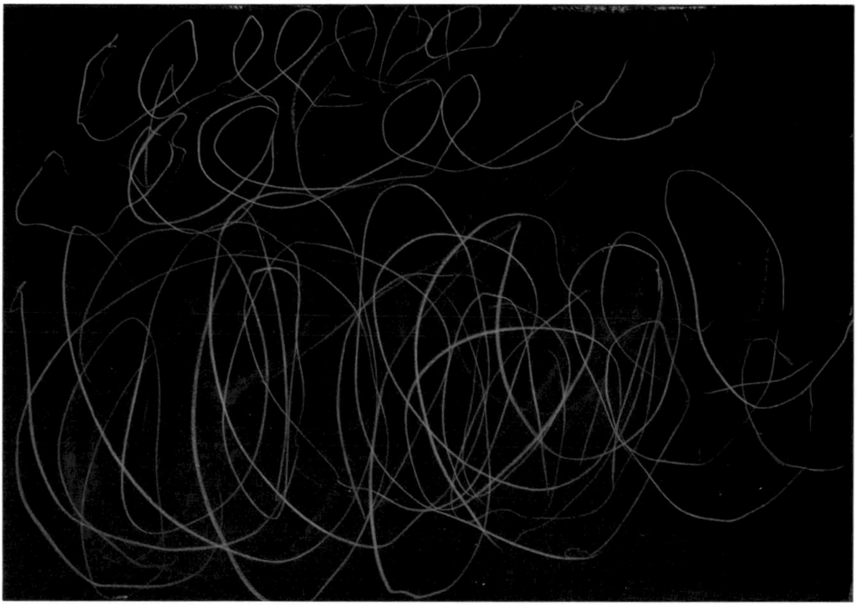

Cy Twombly
Ohne Titel, 1970
Rom
Ölfarbe, Wachskreide, 70,5 cm x 100 cm
Sammlung der Cy Twombly Foundation

Der vielleicht bedeutendste Beitrag Twomblys zum Lexikon der Nachkriegsabstraktion waren seine bewusst kunstlosen kalligrafischen Kritzeleien, die Logik und Schrift bedeutungslos und formlos machten. Seine Gemälde und Zeichnungen, deren Oberflächen oft an Schultafeln erinnern, verzerren alle stichhaltigen Grenzen zwischen dem geschriebenen Wort und dem gekritzelten Zeichen.

Schriften aus dem klassischen Rom und der italienischen Renaissance. Twombly lebte für den Rest seines Lebens abwechselnd in Italien und den USA und reiste darüber hinaus viel in der Welt umher.

In verschiedenen Perioden von Twomblys langer Karriere findet man Anspielungen auf Landschaften und die Fauna und Flora der natürlichen Welt, Graffiti und gekritzelte Wörter sowie Antike, Klassizismus, Geschichte und Poesie. Er betrachtete Abstraktion immer als eine Art Schmelztiegel, der die vielen Verflechtungen mit Sprache, Mythos und dem ungenauen Bereich der Wolken und anderer elementarer Kräfte würdigt.

WICHTIGE EREIGNISSE

- 1965: Im Krefelder Museum Haus Lange wird seine erste große Museumsausstellung eröffnet, die später auch in Brüssel und Amsterdam zu sehen ist.
- 1994: Das Museum of Modern Art in New York präsentiert eine große Retrospektive von Twomblys Werk; dies kennzeichnet einen Wechsel in der Wahrnehmung seiner Arbeiten in seinem Heimatland, die bis dahin immer als »zu europäisch« galten.

SAM GILLIAM
* 1933

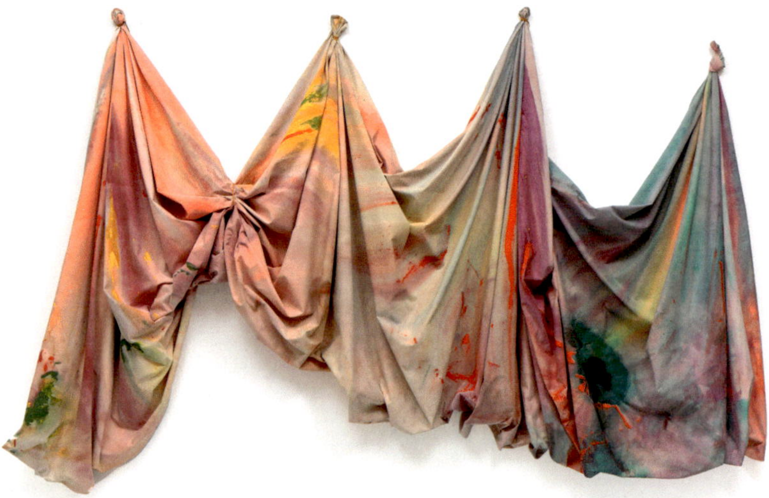

Der in Tupelo, Mississippi, geborene Gilliam erwarb seinen Abschluss an der University of Louisville, wo seine Professoren die Bay-Area-Maler bevorzugten, zu denen auch Richard Diebenkorn gehörte. Gilliam zog 1962 nach Washington und schloss sich den Farbfeldmalern der Stadt an. Etwa 1965 traf er eine für seine Karriere als Maler ungemein wichtige Entscheidung. Er ließ den hölzernen Rahmen weg, der den Oberflächenbereich eines Gemäldes definiert. Seine riesigen Gemälde bewegten sich nun als lose, wallende Wirbel aus hängender Leinwand, die an verschiedenen Stellen verknotet und zusammengerafft wurde und auf diese Weise dramatische Vorhänge erzeugte, die von Decken und Wänden herabhingen und sich manchmal sogar über den Boden erstreckten. Er verwies zwar auf den Einfluss von Jackson Pollock und Barnett Newman auf seine Innovation, enthüllte aber 1973 auch, dass »für mich am persönlichsten die Dinge waren, die ich in meiner Umgebung sah – Wäscheleinen voller Kleidung, die so schwer waren, dass sie gestützt werden mussten ... Das war ein passender Hinweis.« Entscheidend für seine Technik ist die Entscheidung, die Leinwand zu falten, zu kräuseln und zu drapieren, *bevor* die Farbe trocknet, sodass kaleidoskopartige Batik-Effekte entstehen.

Als afroamerikanischer Künstler, der abstrakte Kunst herstellt, wurde Gilliam oft aufgefordert, die politischen Absichten hinter seinen Gemälden zu erklären, speziell auf dem Höhepunkt der Bürgerrechtsbewegung. Auch wenn er nie von seiner Hingabe an die Abstraktion abwich, gab er vielen seiner Werke Titel, die sich auf den Aktivismus der Zeit bezogen, wie seine Serie *Martin Luther King* beweist. Später sagte er über *Double Merge* (1968) und verwandte Werke, dass »sie aus der Vereinigung von Farbfeld mit dem Marsch auf Washington [für Arbeit und Freiheit] entstanden«. Gilliams Glauben an die Bedeutung des Unterrichtens von Kunst sowohl an der Highschool als auch der Universität war im Laufe seiner beeindruckenden Karriere immer ungebrochen.

Sam Gilliam
Relative, 1968
Acrylfarbe auf Leinwand, gesamt (hängende [installierte] Leinwand): 304,8 cm x 411,48 cm
insgesamt (ganze Leinwand): 304,8 cm x 1341,1 cm
National Gallery of Art, Washington

Es ist nicht exakt festgelegt, wie Gilliams Werke wie *Relative* ausgestellt werden sollen: Der Künstler, seine Assistenten und die Kuratoren müssen entscheiden, wie die Falten der Leinwand am besten in dem vorgegebenen Raum arrangiert werden sollten. Die drapierten Gemälde ändern sich jedes Mal, werden skulpturenartig – sogar architektonisch – in der Art und Weise, wie sie den Raum belegen.

WICHTIGE EREIGNISSE

- 1971: Gilliam ist einer der Organisatoren der »The DeLuxe Show«, einer Gruppenausstellung in Houston, bei der vielleicht zum ersten Mal zeitgenössische schwarze und weiße Künstler gemeinsam gezeigt wurden.
- 2005: Die Corcoran Gallery of Art in Washington veranstaltet eine große Wanderretrospektive von Gilliams Werk.

FRANK BOWLING
* 1934

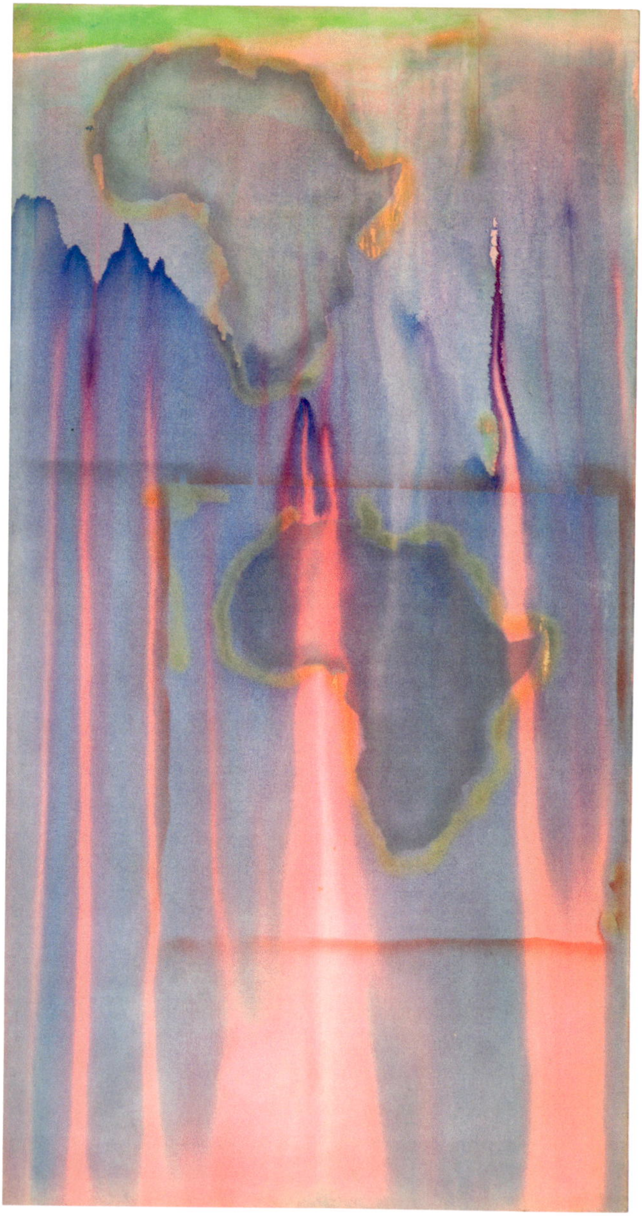

Frank Bowling
Barticaborn I, 1967
Acrylfarbe, Sprühfarbe und Ölwachs auf Leinwand,
234 cm x 122,4 cm
Sammlung der Familie Lowinger

Dieses Werk gehört zu Bowlings wichtiger Serie der *Map Paintings* aus den Jahren 1967 bis 1971, die in seiner Ausstellung im Whitney Museum zu sehen war. Ihre satten und leuchtenden gegossenen und gesprühten Farbfelder sind mit gestempelten Karten, vorwiegend der südlichen Hemisphäre kombiniert, was eine Ablehnung der westlich-zentrierten Kunstgeschichte und Kartografie sowie die Koexistenz von Darstellung und Abstraktion impliziert.

Bowling gehört zu den größten lebenden Farbkünstlern der abstrakten Kunst, der endlos die Grenzen dessen verschiebt, was mit Farbe und ohne Zuhilfenahme eines Pinsels auf einer Leinwand möglich ist. Seine improvisatorischen Gesten sprühen mit der Energie von Kontrolle und Zufall. Bowling, der in der damaligen Kolonie British Guyana geboren wurde, nutzte im Mai 1953 die von Großbritannien für seine kolonialen »Untertanen« angebotene kostenlose Überfahrt. Von 1959 bis 1962 studierte er am Royal College of Art in London, wo zu seiner aufregenden Truppe von Studenten auch David Hockney und R. B. Kitaj zählten. Bowlings frühe Werke waren expressive Figurenstudien mit Anklängen an die körperlichen Deformationen, die man bei Francis Bacon findet. Externe Elemente wie Stempel und Seidendruck, die er auf der Malfläche einsetzte, halfen ihm bei der Erkundung des Abstrakten.

1966 zog Bowling nach New York und stoppte praktisch sofort mit der Darstellung des menschlichen Körpers. Zu seinen neuen Künstlerkollegen gehörten der abstrakte Maler Jack Whitten und der Bildhauer Melvin Edwards. Er malte nicht nur, sondern schrieb auch für Zeitschriften wie das *Arts Magazine*, wo er zwischen 1969 und 1971 eine wichtige Serie aus sechs Artikeln über die Komplexität der »Schwarzen Kunst« als Terminologie veröffentlichte. Außerdem freundete er sich mit dem Kunstkritiker Clement Greenberg an, dem Verfechter des Abstrakten Expressionismus, mit dem er eine Reihe von Debatten über die abstrakten, formellen Eigenschaften des Mediums selbst, wie Flachheit und Pigment, austrug.

Seine Fähigkeit, eine abstrakte visuelle Sprache mit Referenzen auf die kulturell hybriden Identitäten und Historien der globalen schwarzen Diaspora zu finden, beweist seinen Rang als wahrhaft transatlantischer Künstler mit Ateliers in London und New York. Spezifische oder singuläre Bedeutungen lehnt er ab und ermutigt vielfältige Interpretationen für seine Gemälde.

WICHTIGE EREIGNISSE

- 1971: Bowling hat eine Soloausstellung am Whitney Museum of American Art in New York. Dies ist Teil einer Strategie, als Reaktion auf den politischen Aktivismus der 1969 gegründeten BECC (Black Emergency Cultural Coalition), mehr schwarze Künstler auszustellen.
- 2005: Bowling ist der erste schwarze Künstler in der 200-jährigen Geschichte der Einrichtung, der Mitglied der Royal Academy in London wird.
- 2019: Frank Bowlings erste komplette Werkschau wird an der Tate Britain in London eröffnet.

GLOBALE GEOMETRIEN

-

Es gibt nichts, was ich mehr liebe, als eine gerade Linie zu ziehen. Wie kann ich das erklären? Es ist der Beginn aller Strukturen, wirklich.

-

Carmen Herrera

2010

FAHRELNISSA ZEID
1901–1991

Zeids Hinwendung zur Abstraktion begann Mitte der 1940er nach einer bereits bedeutenden Karriere als figürliche Malerin. 1947 schuf sie *Kampf gegen die Abstraktion*. Das Werk drückt die komplexen Spannungen im Kern ihres sich entwickelnden Stils aus – geballte Fäuste und menschliche Gesichter kämpfen vor einem mosaikartig abstrakten geometrischen Feld. Ihr ereignisreiches Leben führte sie in viele Länder, wo sie mithilfe byzantinischer, islamischer und moderner europäischer Einflüsse ihre visuelle Sprache aufbaute.

Sie stammte aus einer aristokratischen türkischen Familie und gehörte zu den ersten Frauen an der Kunstschule in Istanbul. Später studierte sie in Paris an der Académie Ranson. Ihre Heirat in die haschemitische Königsfamilie des Irak führte 1935 zu ihrem Umzug nach Berlin, wo ihr Mann, Prinz Zeid bin Hussein, erster irakischer Botschafter wurde. 1941 kam sie wieder nach Istanbul und konzentrierte sich auf ihre Malerei. Ihre kurzlebige Verbindung mit der türkischen Avantgarde-Gruppe D stärkte ihr Selbstvertrauen und sie begann, in ihrem Haus Ausstellungen zu organisieren. Ab 1946 lebte sie in London, mietete aber auch ein Atelier in Paris. Sie pendelte zwischen beiden Städten und schloss Bekanntschaft mit anderen abstrakten Künstlern.

Zeids Leben wurde 1958 durch den Militärputsch und die Ermordung der gesamten irakischen Königsfamilie – bis auf ihren Ehemann – erschüttert. Sie mussten die Botschaft in London binnen 24 Stunden räumen. Zeid sagte über diese traumatische Zeit: »Statt des brillanten Kaleidoskops, das mich zu umgeben schien, nehme ich nur noch ein gewundenes Labyrinth aus harten und schweren schwarzen Linien wahr.« Später in ihrem Leben nahm sie die Porträtmalerei wieder auf und richtete im jordanischen Amman eine Kunstschule für junge Künstlerinnen ein.

Fahrelnissa Zeid
Gelöste Probleme, 1948
Öl auf Leinwand,
130 cm x 97 cm
Istanbul Modern,
Schenkung der Eczacıbaşı Group

Zeid enthüllte eine Quelle ihrer kaleidoskopischen Kunst aus ineinandergreifenden abstrakten Formen: »Ich hatte nicht geplant, eine abstrakte Malerin zu werden; ich war eine Person, die ganz herkömmlich mit Formen und Werten arbeitete. Doch das Fliegen mit einem Flugzeug verwandelte mich ... Die Welt steht auf dem Kopf. Du konntest eine ganze Stadt in der Hand halten: Die Welt, gesehen von oben.«

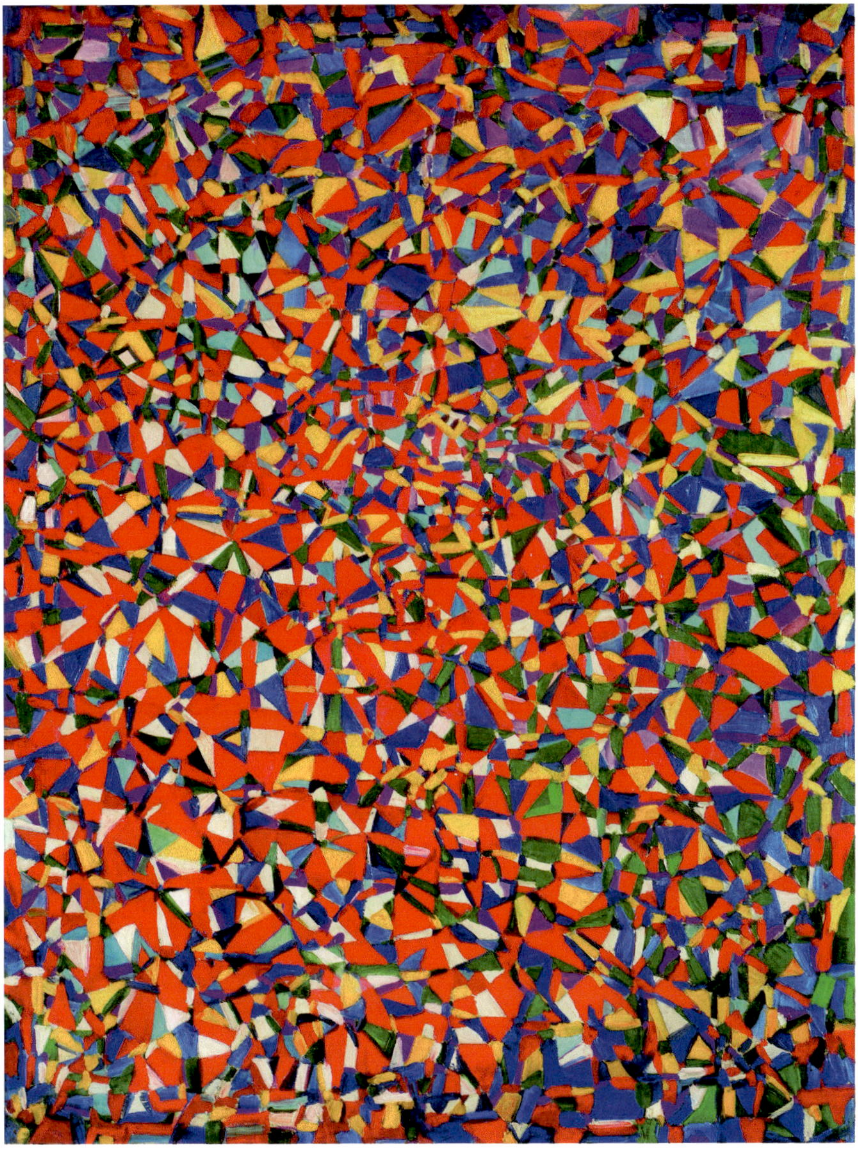

WICHTIGE EREIGNISSE

- 1954: Am Institute of Contemporary Art in London findet eine Soloausstellung von Zeids Arbeiten statt.
- 2017: Die Tate Modern veranstaltet eine große Retrospektive von Zeids Gemälden und Skulpturen – sowohl den abstrakten als auch den figürlichen.

CARMEN HERRERA
* 1915

Seit Mitte der 1950er lebt die in Havanna geborene Carmen Herrera in New York. Die Tochter zweier Journalisten (ihr Vater gründete die kubanische Zeitung *El Mundo*) bekam schon in jungen Jahren Mal- und Zeichenunterricht, bevor sie mit 14 zur weiteren Ausbildung nach Paris geschickt wurde, wo sie zunächst Unterricht in Kunstgeschichte nahm. 1938 studierte sie ein Jahr lang Architektur an der Universität von Havanna: ein kurzes Intermezzo, das dennoch grundlegenden Einfluss auf ihren Weg zu einer exakten Form der geometrischen Abstraktion hatte. Später sagte sie über diese Zeit, dass »sich mir eine außergewöhnliche Welt geöffnet hatte, die sich nie wieder schloss: die Welt der geraden Linien, die mich bis heute interessiert.«

Ein Stipendium führte Herrera 1941 an die Art Students League in New York, obwohl sie sich gegen deren Betonung der figürlichen Kunst sträubte. Erst nach ihrem Umzug nach Paris 1948 fand sie sich als Teil einer dynamischen, avantgardistischen Kunstszene wieder, die sie so lange gesucht hatte. Sie stellte ihre Arbeiten im Salon des Réalités Nouvelles aus, der von Sonia Delaunay gegründet worden war, und formte eine Verbindung zur Konstruktivistischen und Konkreten Abstraktion. Sie beschränkte sich auf drei, dann auf zwei Farben pro Gemälde. 1954, auf dem Höhepunkt des Abstrakten Expressionismus kehrte sie nach New York zurück, wo sie sich mit vielen Künstlern anfreundete, darunter Mark Rothko und Barnett Newman. Ungeachtet der gestischen Malerei blieb sie bei der Hard-Edge-Abstraktion.

Herrera wurde von Kunstwelt, Kritikern, Historikern und dem Kunstmarkt lange ignoriert. Erst mit 89 verkaufte sie ihr erstes Gemälde. Dennoch malt sie weiter und ihre Werke werden von Museen weltweit enthusiastisch gesammelt und ausgestellt.

Carmen Herrera
Cerulean, 1965
Acrylfarbe auf Leinwand, 175,6 cm x 173,4 cm x 4,1 cm
Crystal Bridges Museum of American Art, Bentonville

Herrera betrachtet ihre Gemälde als Objekte, die durch ihre räumliche Ausrichtung, die rhythmische Spannung und die architektonische Einrichtung beeinflusst werden. 2012 sagte sie: »Meine Suche richtet sich auf die einfachsten der bildlichen Auflösungen.«

WICHTIGE EREIGNISSE

- 2016: Das Whitney Museum of American Art in New York eröffnet »Lines of Sight«, eine Retrospektive von Herreras Arbeiten aus ihren Entwicklungsjahren 1948 bis 1978.
- 2019: »Estructuras Monumentales«, Herreras erste große Ausstellung ihrer Freiluftskulpturen (ursprünglich als Zeichnungen in den 1960ern entstanden) wird vom Public Art Fund vor der City Hall (dem Rathaus) in New York durchgeführt.

RUBEM VALENTIM
1922–1991

Der Afrobrasilianer Rubem Valentim aus Salvador da Bahia war Zahnarzt, bevor er 1948 Maler wurde. Er bereiste Lateinamerika, Afrika und Europa. 1957 zog er für sechs Jahre nach Rio de Janeiro und wurde Teil des Netzwerks der Künstler der Konkreten und Neo-Konkreten Kunst. Seine vertikalen Anordnungen abstrakter Symbole und Formen, die in der gemeinsamen modernen Sprache der geometrischen Abstraktion wurzelten, kombinierte er mit Hinweisen auf seine Herkunft aus Bahia.

1962 gehörte er zur brasilianischen Gruppe bei der Biennale in Venedig, wo er neben Lygia Clark, Alfredo Volpi und anderen eine Reihe von Gemälden mit einer dunklen Farbpalette und vereinfachten geometrischen Formen ausstellte. Etwa 1964 kam es zu einer Verschiebung seines Farbschemas in Richtung Rot, Gelb und Blau, was möglicherweise das Ergebnis seines Besuchs bei der Biennale in Venedig mit deren bunten Pop-Art-Gemälden war. Die Arbeiten, die er in Rom (1964–1965) schuf, enthielten Hinweise auf die afrikanischen Sammlungen, die er im British Museum in London gesehen hatte, vor allem Bildhauerarbeiten aus dem alten Benin und Nigeria, die das Symbol der Doppelaxt zeigten. Der Künstler bezog außerdem den stilisierten Symbolismus und die Ikonografie mit ein, die in der Yoruba-Religion und der afrobrasilianischen Religion des Candomblé wurzeln, die hauptsächlich in Bahia praktiziert wird und eine Fusion aus Katholizismus und Yoruba-Religion darstellt.

1966 besuchte Valentim Dakar im Senegal, um dort 12 Gemälde auf dem ersten World Festival of Negro Arts zu zeigen, auf dem auch Ausstellungen traditioneller afrikanischer Skulpturen und zeitgenössischer Kunstwerke aus der afrikanischen Diaspora stattfanden. Seine vertikalen Strukturen erinnern an Altäre, während sein Zeichenkodex durch den uruguayischen Künstler Joaquín Torres García inspiriert war, der die Konkrete Kunst von Europa nach Lateinamerika brachte, wo er sie mit seinem Interesse an den archaischen Symbolen der präkolumbianischen Kulturen kombinierte.

Rubem Valentim
Composição 12, 1962
Öl auf Leinwand,
100 cm x 70 cm
Museu de arte de São Paulo (MASP), São Paulo

Valentims Absicht war es, eine universelle abstrakte Sprache zu konstruieren, die die vielen Punkte des Netzwerks der afrikanischen Diaspora und ihrer visuellen Kulturen – sowohl in Brasilien als auch international – miteinander verbindet.

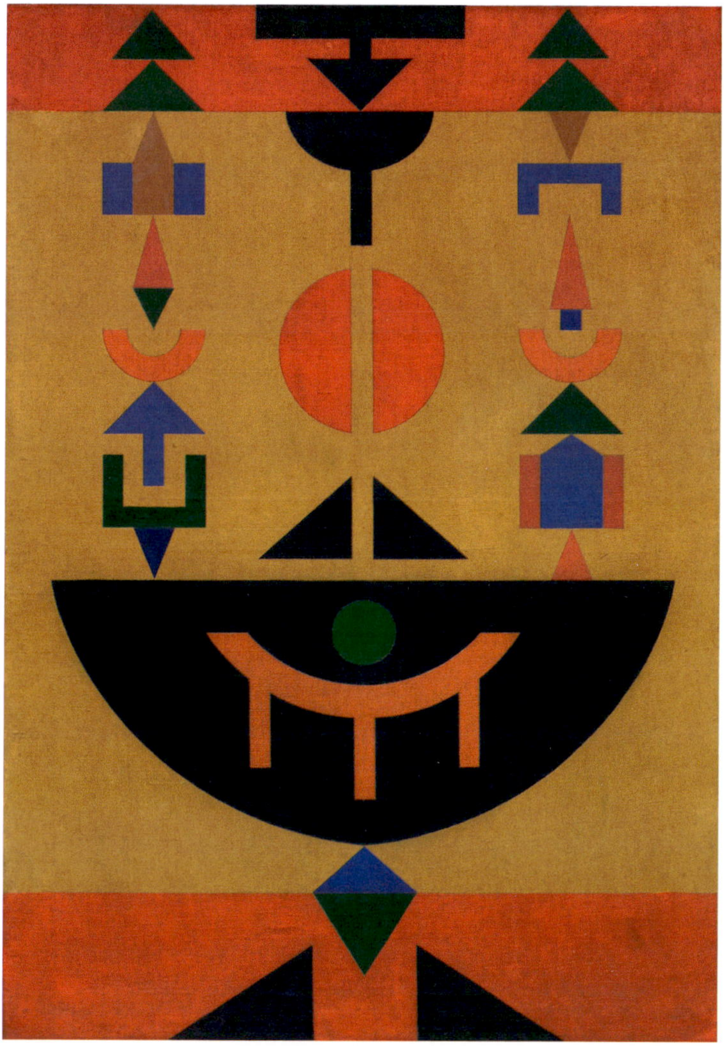

WICHTIGE EREIGNISSE

- 1955: Nimmt neben abstrakten Künstlern wie Lygia Pape und Alfredo Volpi an der dritten Biennale in São Paulo teil.
- 1959: Wird gemeinsam mit anderen wichtigen Personen der brasilianischen Kunst wie Lygia Clark Mitglied des Vorstands der International Association of Plastic Artists.
- 1961: Soloausstellung im Museu de arte de São Paulo.
- 1963: Reist nach Barcelona, nachdem er einen Preis für eine Auslandsreise für brasilianische Künstler gewonnen hat.

MONIR SHAHROUDY FARMANFARMAIAN
1922–2019

Die aus Qazvin im Iran stammende Monir Shahroudy Farmanfarmaian studierte in Teheran, bevor sie 1945 nach New York zog, wo sie als eine der ersten Iranerinnen nach dem Zweiten Weltkrieg studierte. Nach ihrem Abschluss an der Parsons School of Design 1949 verbrachte sie drei Jahre an der renommierten Art Students League. Ihre spätere Hinwendung zur abstrakten Kunst wurde durch die Künstler beeinflusst, die damals in New York tätig waren, wie Louise Nevelson und Jackson Pollock. 1957 kehrte sie in den Iran zurück.

Ein wichtiger Ort war besonders prägend für ihre künstlerische Entwicklung. Bei einer Reise nach Schiras mit den amerikanischen minimalistischen Künstlern Robert Morris und Marcia Hafif besuchte sie den Schah Tscheragh, ein Mausoleum mit einer Kuppelhalle, die innen mit Spiegelarbeiten und Mosaiken aus dem 14. Jahrhundert geschmückt ist. In ihrer Autobiografie beschrieb sie die Szene: »Es war ein ganz eigenes Universum, Architektur verwandelt in eine Aufführung, voller Bewegung und strömendem Licht, die festen Stoffe gebrochen und aufgelöst in Brillanz im Raum, im Gebet. Ich war überwältigt.« Ihr Werk vereinte die Prinzipien des islamischen geometrischen Designs, die alt-iranischen dekorativen Techniken des Spiegelmosaiks (*aineh-kari*) und die Hinterglasmalerei mit modernen Formen der geometrischen Abstraktion, inspiriert durch New Yorker Künstler wie Frank Stella. 2015 kommentierte Stella in einem Gespräch: »Monir nahm die Geometrie von der Oberfläche der Architektur und verwandelte sie im Prinzip in ihre eigene Oberfläche.«

Nach der iranischen Revolution von 1979 blieb sie im Exil in New York; ihr Atelier in Teheran eröffnete sie erst 2004 wieder, als sie mit ihren Mitarbeitern wieder vereint wurde, die ihr bei den historischen Techniken hinter ihren zeitgenössischen abstrakten Transformationen halfen.

Monir Shahroudy Farmanfarmaian
Gruppe 4 [Convertible-Serie], 2010
Spiegel und Hinterglasmalerei auf Gips und Holz, variable Dimensionen, Museum of Contemporary Art Chicago

Farmanfarmaians Arbeiten stehen in Beziehung zu äußeren räumlichen Elementen wie Lichtquellen und Reflexionen, die eine sich ständig ändernde, gebrochene Oberflächenstruktur erzeugen, mit exakt geformten geometrischen Mustern und veränderlichen Farbeindrücken.

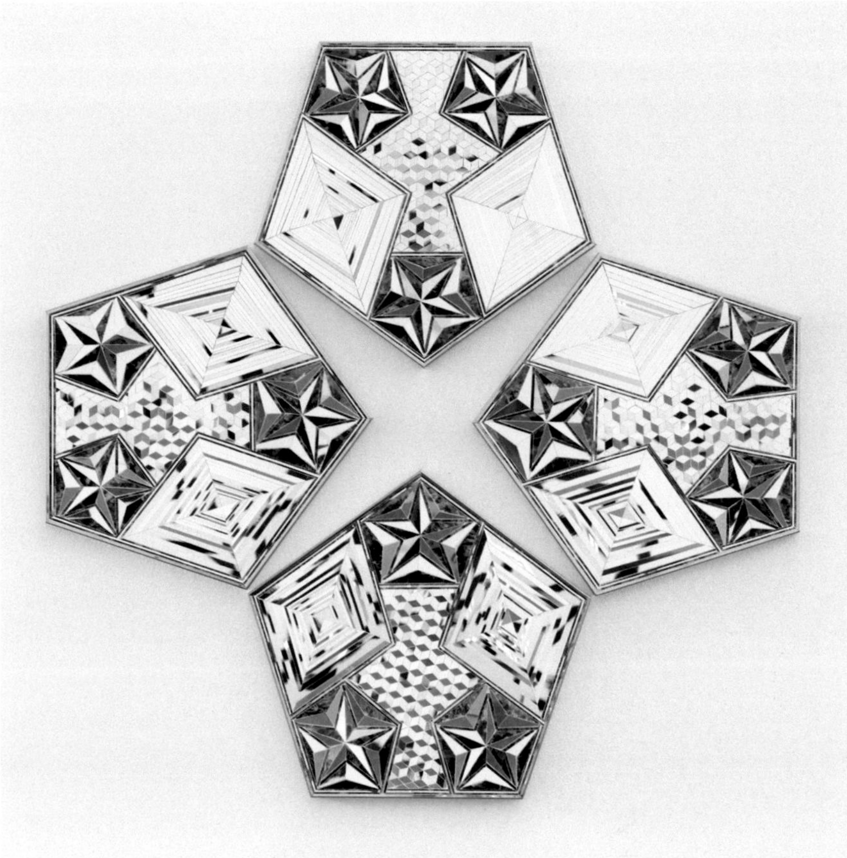

WICHTIGE EREIGNISSE

- 1958, 1964 und 1966: Dreimal vertritt Farmanfarmaian den Iran bei der angesehenen Biennale in Venedig.
- 2011: Veröffentlicht sie ihre Autobiografie *Cosmic Geometry*.
- 2017: An der Universität Teheran wird das Monir-Museum mit mehr als 50 Werken der Künstlerin eröffnet. Es ist das erste Museum des Iran, das einer einzigen Künstlerin gewidmet ist.

CARLOS CRUZ-DIEZ
1923–2019

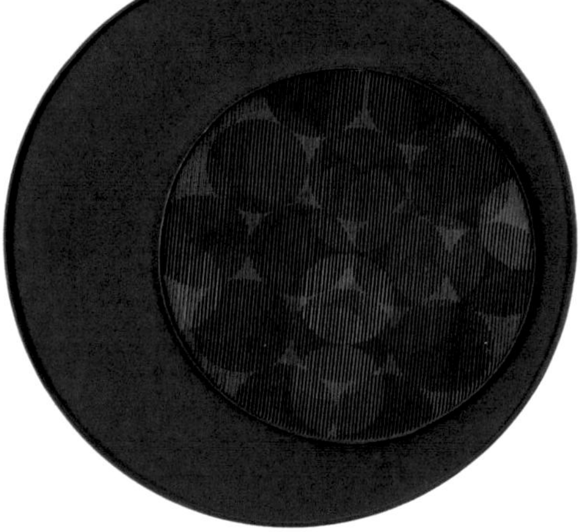

Carlos Cruz-Diez
Physichromie 93, 1963
Acrylfarbe auf Pappe und Holz, Durchmesser 50 cm x Dicke 6,4 cm
Cruz-Diez Foundation, Houston

1975 sagte Cruz-Diez: »Farbe ist nicht nur einfach die Farbe von Dingen oder die Farbe von Formen. Sie ist eine sich entwickelnde Situation, eine Realität, die auf das menschliche Wesen mit derselben Intensität einwirkt wie Kälte, Hitze, Geräusch usw.«

Der venezolanische Künstler Carlos Cruz-Diez studierte an der Hochschule für Bildende Kunst in Caracas. Gemeinsam mit seinen Kommilitonen Jesús Rafael Soto und Alejandro Otero führte er die immersive geometrische Abstraktion als kinetische Kunst und Op Art in Venezuela ein. Nach seinem Abschluss arbeitete er für neun Jahre als Creative Director bei der Filiale der internationalen Werbeagentur McCann-Erickson in Caracas (1946–1955). Inspiriert durch die Farbtheorien des Bauhaus-Lehrers Josef Albers schuf er 1959 eine neue Art von polychromatischer Reliefkonstruktion, die sein empirisches Verständnis von Farbe und Bewegung völlig umkrempeln sollte. Seine *Physichromie*-Serie drehte sich um die Wissenschaft der optischen Wahrnehmung, indem sie eine Reihe farbiger Rahmen nebeneinanderstellte, die gemeinsam auf der Netzhaut des Betrachters das Bild von Farben erzeugten, die in Wirklichkeit gar nicht vorhanden waren.

1960 zog der Künstler mit seiner Familie nach Paris, wo er für den Rest seines Lebens blieb. Seine Theorien zur Farbwahrnehmung diskutierte er mit internationalen abstrakten Künstlern wie Alexander Calder, Sergio Camargo und François Morellet. Später schrieb er über diese neu entstandene Künstlergemeinschaft: »Wir alle waren für die Zerstörung der geheiligten Aura, die den romantischen Künstler umgab, da wir unsere Forschungen denen eines Wissen-

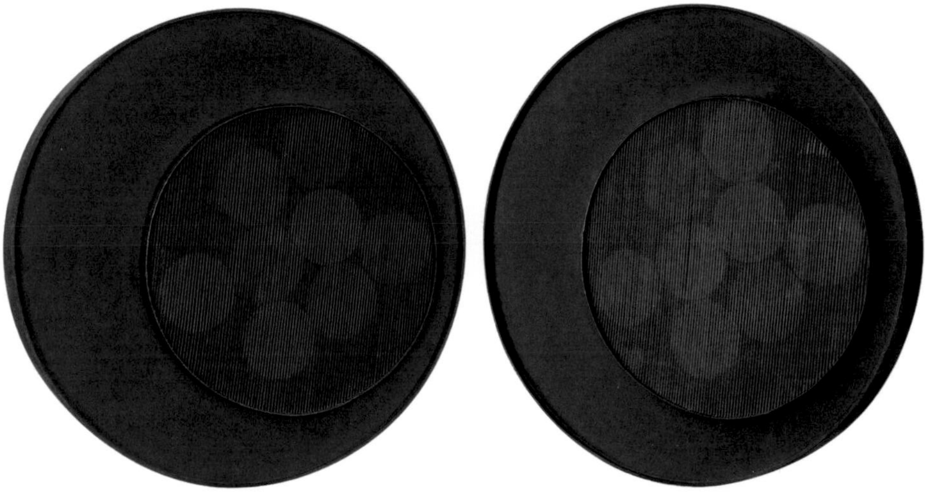

schaftlers für gleichwertig hielten. Kunst musste auf die Straßen, nicht nur in Museen.« Diese Beschäftigung der abstrakten Kunst mit dem öffentlichen Raum unternahm Cruz-Diez in großem Rahmen. Viele seiner Arbeiten verändern unser Erleben des öffentlichen Bereichs, wie die *Couleur Additive*-Projekte, die Fußgängerüberwege mittels Streifen aus kontrastierenden Farben verwandeln. Außerdem schuf er raumgroße Licht- und Farbinstallationen, die sogenannten *Chromosaturations*, die den Betrachter anregen, aktiver Teilnehmer in einem Raum voller Farbe zu werden.

WICHTIGE EREIGNISSE

- 1956: Bei seiner Rückkehr nach einem Jahr in Europa eröffnet der Künstler in Venezuela das Estudio de Artes Visuales, ein Atelier für Grafik, Industriedesign und bildende Kunst.
- 1965: Cruz-Diez' *Physichromie No. 116* (1964) wird neben Künstlern wie Bridget Riley und Frank Stella in »The Responsive Eye« aufgenommen, die umstrittene und historische Gruppenausstellung am New Yorker MoMA.
- 2014: Die Cruz-Diez Foundation, Paris, veröffentlicht die Autobiografie des Künstlers *Vivir en Arte, recuerdos de lo que me acuerdo.*

FRANÇOIS MORELLET
1926–2016

Morellet, der aus dem französischen Cholet stammte, begann schon früh mit der Malerei. Er studierte russische Literatur in Paris, bevor er nach Hause zurückkehrte, um das elterliche Geschäft, eine Spielzeugfabrik zu übernehmen, die er bis 1976 führte. Eine Reise nach Brasilien im Jahre 1950 war entscheidend: Er erlebte aus erster Hand die Bewegung der Konkreten Kunst, die für eine rationale Geometrie aus einfach gefärbten Formen eintrat. Bei seiner Rückkehr nach Frankreich im Jahr darauf begann Morellet eine analytischere Annäherung an die Malerei. Ein weiterer wichtiger Auslöser für seine Wandlung war 1952 ein Besuch im Alhambra-Palast in Granada, wo er die geometrischen Muster und architektonischen Gestaltungen der Mauren sah. Im selben Jahr übernahm er eine systembasierte Vorgehensweise für die Anwendung der Geometrie. Er nannte dies »programmierte experimentelle Form der Malerei«, bei der alle Elemente des Werks vor der Ausführung vorbestimmt werden.

Jeder Aspekt von Morellets Malpraxis war entsprechend mathematischer Formeln und unpersönlicher Zufallsfaktoren (wie Nummern im Telefonbuch) organisiert, um sicherzustellen, dass keine externe Bedeutung auf seine Farben, Formen oder Kompositionen projiziert werden konnte. Er teilte sein frühes Werk in formelle Kategorien auf: »Nebeneinanderstellung, Überlagerung, Fragmentierung, Beeinflussung, Wahllosigkeit und Destabilisierung.« Ab 1963 begann er außerdem, mit einem Neon-Hersteller zu arbeiten, um Installationen von Linien und Gittern aus Neonröhren herzustellen, die nach und nach die Größe von Bauten annahmen und manchmal sogar im Raum aufgehängt waren. *No End Neon* (1990/2017) ist die größte der Neoninstallationen des Künstlers. Sie besteht aus 61 Röhren, deren Positionen jeweils an ihre Anforderungen im Raum angepasst wurden.

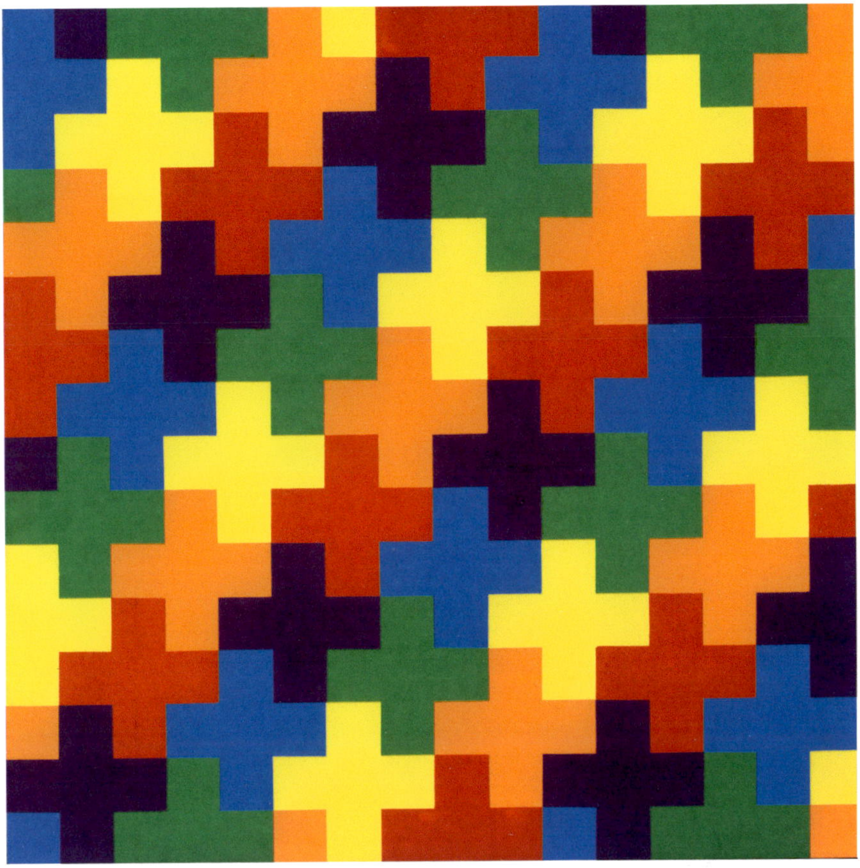

François Morellet
Violet, bleu, vert, jaune, orange, rouge, 1953
Öl auf Holz,
80 cm x 80 cm
Centre Pompidou, Paris

Dieses Gemälde aus sechs Primär- und Sekundärfarben folgt einem einfachen Organisationsprinzip, in dem jede Einheit in einem rein relationalen System gleich ist. Die sich wiederholenden, ineinandergreifenden Kreuze erzeugen ein optisch verblüffendes Muster ohne Mitte und Ränder.

WICHTIGE EREIGNISSE

- 1961: Morellet ist Gründungsmitglied von GRAV (Groupe de Recherche d'Art Visuel), einem experimentellen Kollektiv, das sich der Erkundung der kinetischen und optischen Effekte von immersiven Kunstinstallationen widmet.
- 1990: Enthüllt eine ortsspezifische Neoninstallation, *30 néons et 1 point du vue*, für die Abtei von Saint Philibert in Tournus, Frankreich.
- 2010: Morellet darf als einer von nur drei zeitgenössischen Künstlern dauerhaft ein Kunstwerk im Louvre installieren: *L'Esprit d'escalier* im Lefuel-Treppenhaus.

LYGIA PAPE
1927–2004

Die erste Biennale von São Paulo im Jahre 1951 versammelte eine neue Welle von Künstlern, die sich der geometrischen Abstraktion verschrieben hatten, die als passender künstlerischer Ausdruck des neuen Wohlstands der brasilianischen Gesellschaft und seiner architektonischen, ökonomischen und technischen Fortschritte galt. Lygia Pape war Teil dieser »Konkrete Kunst« genannten Bewegung. Sie trat der Grupo Frente bei, einer besser organisierten Künstlergruppe, die 1954 in Rio de Janeiro gegründet worden war und den typisch brasilianischen Stil der figürlichen Malerei ablehnte.

Papes aus drei Büchern bestehende Werke, *Buch der Architektur*, *Buch der Schöpfung* und *Buch der Zeit*, die sie Anfang der 1960er schuf, sind frühe Beispiele für ihren neokonkreten Ansatz. Auf ihren losen Seiten werden »Geschichten« durch eine Abfolge abstrakter geometrischer Formen erzählt, die natürliche Prozesse und Systeme andeuten. Die Künstlerin erklärte: »Durch die Erfahrungen jeder einzelnen Person gibt es einen Prozess der offenen Struktur, durch den jede Struktur ihre eigene Bedeutung generieren kann.« Diese Betonung der wandelbaren Bedeutung war eine Kampfansage an den strikten Formalismus der Konkreten Kunst.

Anfang der 1990er-Jahre konnte Pape ihre immersiven Installationen umsetzen, deren Entwürfe bis in die 1950er bzw. auf eine Reihe von Workshops in den 1970ern zurückreichten, bei denen sie gemeinsam mit ihren Architekturstudenten in Rio Arrangements

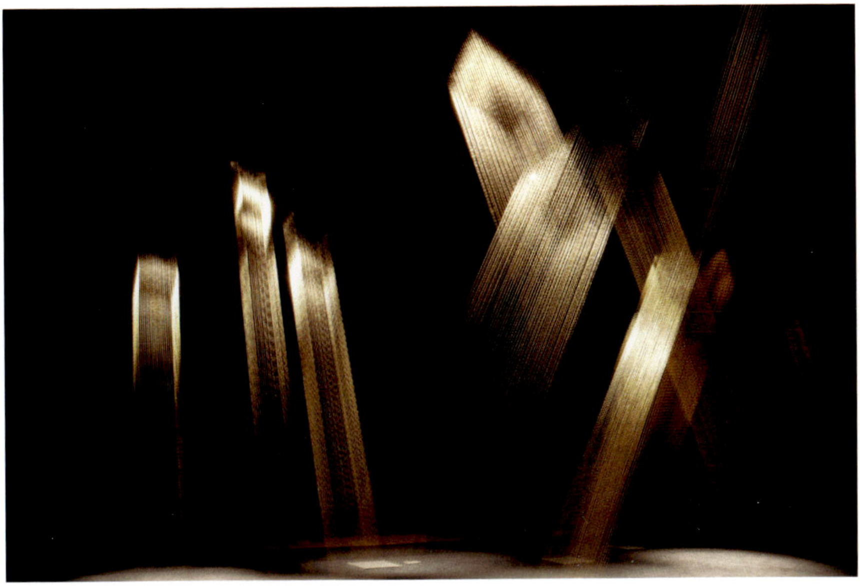

Lygia Pape
Ttéia 1,C, 2003/2012
Garn, Wolle, Nägel, Licht, variable Dimensionen
Installationsansicht von Projeto Lygia Pape, erstmalig gezeigt bei Hauser & Wirth in New York

Ein dramatisches Spiel aus Licht und Schatten sind entscheidend bei Papes *Ttéia*-Installationen: Sie erzeugen imaginäre Linien, die in Wirklichkeit nicht vorhanden sind, und täuschen die Wahrnehmung des Betrachters, der mit der Neuausrichtung des Raums zurechtkommen muss.

aus Schnüren geschaffen hatte. Diese Installationen werden *Ttéias*, genannt, ein Wortspiel mit dem portugiesischen Wort für »Netz« und »zartes Objekt oder zarte Person«. Sie erzeugen einen dramatischen Raum aus silbernen und goldenen Fäden in linearen Mustern, die vom Boden bis zur Decke oder von Wand zu Wand reichen. Manche Fäden sind gewebt oder verschränkt und spielen mit dem echten oder dem eingebildeten Raum. Neben ihren Ausflügen in das Zeichnen, Drucken und die Installationskunst befasste sich Pape mit dem Artikulieren einer »Magnetisierung« des Raums – dem Gefühl des Aufgeladenseins aus der Abstraktion.

WICHTIGE EREIGNISSE

- 1959: Pape unterzeichnet das Neokonkrete Manifest, das eine neue Ära der brasilianischen neo-avantgardistischen Kunst mit einer gemeinsamen Hingabe an die Abstraktion und den Körper (des Künstlers und des Zuschauers) einleitet.
- 1960: Pape ist an der großen Gruppenausstellung »Konkrete Kunst« beteiligt, die der Künstler Max Bill in Zürich organisiert.
- 2017: Das Met Breuer in New York eröffnet »Lygia Pape: A Multitude of Forms«, die erste große Werkschau ihrer Arbeiten in den USA.

BRIDGET RILEY

* 1931

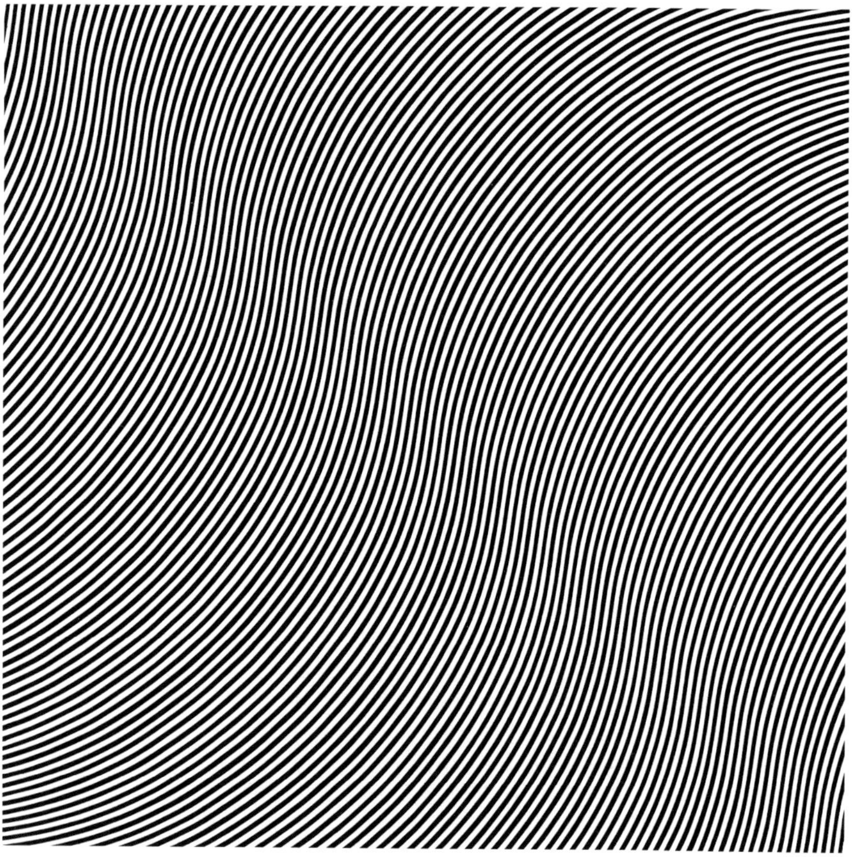

Die britische Zeichnerin, Malerin und Druckerin Bridget Riley gehört zu den einflussreichsten heute aktiven abstrakten Künstlerinnen. Sie wurde am Goldsmiths College (1949–1952) und dem Royal College of Art (1952–1955) in London ausgebildet, wo ihre frühen Figurenstudien ihre Wertschätzung der französischen Kunstbewegung des Pointillismus zeigten, speziell des Künstlers, der sie besonders beeinflusste: Georges Seurat. Riley sagte über Seurats manchmal fast schon abstrakte Gemälde, dass »sein Werk mir ein Gefühl für die Bedeutung des Betrachters als aktiver Teilnehmer vermittelte. Wahrnehmung wurde das Medium.«

Bridget Riley
Over, 1966
Dispersionsfarbe auf Holz,
101,5 cm x 101,3 cm
National Galleries of Scotland, Edinburgh

2017 bestätigte die Künstlerin: »Ich glaube, dass Sehen ein entscheidender Aspekt der Existenz ist. Wahrnehmung formt unser Bewusstsein dessen, was es heißt, menschlich, ja, was es heißt, lebendig zu sein.«

Anfang der 1960er entwickelte Riley aus ihrem Interesse an der Wahrnehmung eine präzise Methode der Malerei, die optische Effekte und visuelle Phänomene untersuchte, um durch statische geometrische Formen die Illusion von Bewegung und Rhythmus zu erzeugen. Rileys kontrastreiche Schwarz-Weiß-Werke wie *Fall* (1963), deren geschwungene Oberflächen eine fast schon körperliche Reaktion im Betrachter auslösen, wurden mit der Phrase »Op Art« – kurz für Optical Art – bezeichnet. In ihrem 1965 veröffentlichten Text »Perception is the Medium« schrieb sie:

> Es überrascht mich auch, dass manche Leute mein Werk als eine Feier der Vermählung von Kunst und Wissenschaft sehen. Ich habe niemals wissenschaftliche Theorien oder wissenschaftliche Daten genutzt, obwohl mir bewusst ist, dass die moderne Psyche erstaunliche Parallelen an der Grenze zwischen Kunst und Wissenschaft entdecken kann.

Rileys überzeugte Verteidigung des Unterschieds zwischen der abstrakten Kunst und einer wissenschaftlichen Übung zeigt noch einmal ihren extremen Fokus auf die malerische Situation in ihrem Werk, das sich von den 1970ern bis heute zu komplexen vielfarbigen Arrangements aus Kurven, Diagonalen, Scheiben, Rhomboiden, Streifen und Dreiecken entwickelt hat.

WICHTIGE EREIGNISSE

- 1965: Riley nimmt an der umstrittenen Gruppenausstellung teil, die Op Art definiert: »The Responsive Eye« im Museum of Modern Art, New York.
- 1968: Riley gewinnt als erste britische Künstlerin und erste Frau überhaupt den Internationalen Preis für Malerei der 34. Biennale in Venedig.
- 1983: Die Künstlerin führt ihr erstes Wandgemälde für das Royal Liverpool University Hospital aus.

FRANK STELLA
* 1936

Zwischen 1959 und 1961 schuf Frank Stella (der gerade Princeton abgeschlossen hatte) in schneller Folge eine Reihe von Serien, die seinen erstaunlichen Beitrag zur Post-Abstrakt-Expressionistischen Landschaft der amerikanischen Malerei begründen sollten: die Serien *Black Paintings*, *Copper* und *Aluminum*; alle gemalt in dem kleinen Atelier am West Broadway, das er sich mit dem minimalistischen Bildhauer Carl Andre und dem Filmemacher Hollis Frampton teilte. Diese ernsten Frühwerke – besonders die *Black Paintings* – nehmen die Anfänge des Minimalismus im New York der 1960er voraus.

Im Sommer 1961 begann Stella mit der Arbeit an einer neuen Gruppe von Gemälden. Die Serie *Benjamin Moore* war nach einer bestimmten Marke von Alkydfarbe benannt, die Zimmerwänden einen matten Glanz geben sollte. Stella verzichtete auf teure Künstlerfarben, die er für »zu abgehoben oder so« hielt, und durchstöberte stattdessen die Regale des Baumarkts. Er machte sich gezielt die Aspekte der gewerblichen Haushaltsfarben zu eigen, vom konsistenten Glanz der Alkydfarben bis zu seiner bewussten Entscheidung für die drei Primär- und drei Sekundärfarben aus der Farbpalette des Unternehmens. Dieser gewerbliche Aspekt passte derart gut zur Einstellung der Pop Art, dass Andy Warhol bei Stella ein Set aus sechs *Benjamin-Moore*-Gemälden im 12-Zoll-Format bestellte. Stella gab 1964 in einer Radiosendung an: »Ich wollte die Farbe aus der Dose und auf die Leinwand bekommen … Ich versuchte, die Farbe so gut es ging in der Dose zu behalten.«

Stellas Gemälde sind direkt in ihrem Design und ihren Regeln für die Fertigstellung, während sie gleichzeitig ein atemberaubendes Gefühl für Industriefarbe vermitteln, die zu optischer Überforderung strebt. Diese Spannung brachte ihn dazu, sich bereits Anfang der 1990er den Möglichkeiten der computergestützten künstlerischen Produktion zuzuwenden. Er nutzt weiterhin die neuesten Materialien und Methoden des 3D-Drucks, der Modellierung und Produktion für seine hybriden Gemälde/Objekte, die Farbe, Material und Oberfläche erkunden.

Frank Stella
Hyena Stomp, 1962
Alkydfarbe auf Leinwand,
195,6 cm x 195,6 cm
Sammlung der Tate,
Großbritannien

Dieses Werk gehört zu Stellas »Mitered Mazes«, einer frühen Gruppe vielfarbiger Gemälde. Die Bildoberfläche ist völlig flach. Die Linien sind versetzt und treffen nicht direkt die Mitte, wodurch das unsymmetrische, verwirrende Gefühl einer Spiralbewegung erzeugt wird. Der Titel wurde durch ein Stück des Jazzmusikers Jelly Roll Morton inspiriert.

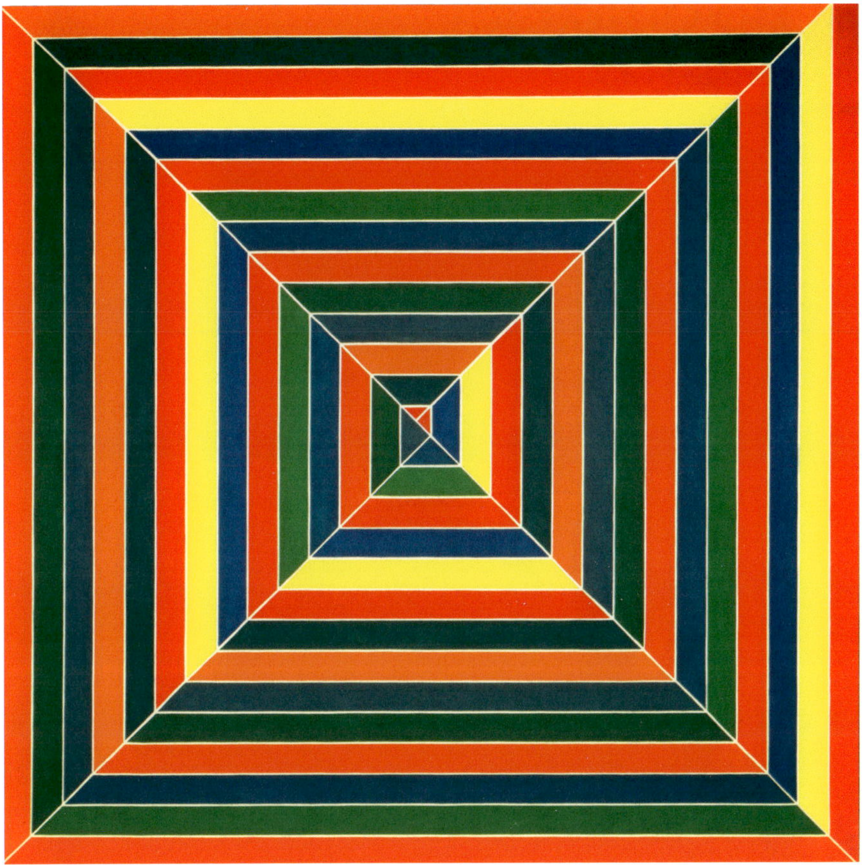

WICHTIGE EREIGNISSE

- 1959–1960: »Sixteen Americans«, eine Gruppenausstellung am Museum of Modern Art in New York enthält vier *Black Paintings* des 23-jährigen Stella.
- 1963: Stellas erste Einzelausstellung wird in der Ferus Gallery in Los Angeles eröffnet.
- 1970: Er ist mit 33 Jahren der jüngste Künstler, der eine Retrospektive am Museum of Modern Art (MoMA) in New York erhält.

HÉLIO OITICICA
1937–1980

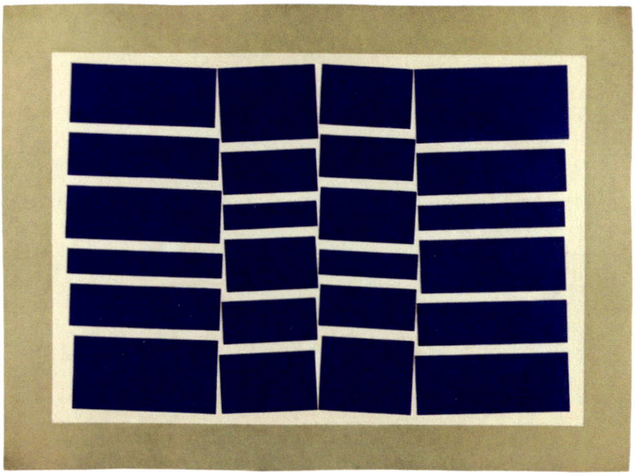

Der brasilianische Künstler Oiticica hatte tiefgreifenden Einfluss auf die Entwicklung der Abstraktion in Lateinamerika in den 1950ern und 1960ern sowie die globale Ausrichtung der zeitgenössischen Kunst, speziell der Installationskunst. Seine Methode kennzeichnet den Übergang von der geometrischen Abstraktion zu immersiven und kollektiven Installationen, die die Körper und Sinne ihrer Betrachter aktivieren.

Seine künstlerische Ausbildung erhielt Oiticica in den frühen 1950ern bei Ivan Serpa, einem renommierten abstrakten Künstler aus der brasilianischen Konkreten Kunst, der am neu eröffneten Museum für Moderne Kunst in Rio de Janeiro unterrichtete. Außerdem trat er neben Lygia Pape und Lygia Clark der Grupo Frente bei. Ende der 1950er führten seine Experimente mit Farbe, Geometrie und Struktur zu einer, wie er sagte, »zwanghaften Zerlegung des Raums«. Dies führte zu komplett weißen sowie doppelseitigen Gemälden, die von der Decke hingen und damit trotz ihrer Flachheit eine Interaktion in drei Dimensionen erlaubten.

1960 schloss er sich der Neo-Konkreten Bewegung an, die den Versuch darstellte, die Konkrete Kunst zu einer eher körperlich ausgerichteten und weniger strengen Erfahrung zu machen. Der Militärputsch in Brasilien 1964 änderte den Alltag im Land ganz drastisch und sorgte für Reaktionen der Künstler auf die beklem-

Hélio Oiticica
Metaesquema, 1958
Gouache auf Karton,
50,2 cm x 68 cm
Sammlung César und
Claudio Oiticica

Diese Serie aus mehr als 350 Werken nutzt einen Spiegeleffekt, um dynamische Kompositionen auf einer zentralen Achse zu erzeugen. Der Titel ist eine Zusammensetzung aus den portugiesischen Wörtern für »Struktur« (*esquema*) und »hinter« oder »über« (*meta*).

Hélio Oiticica
Filter-Projekt – Für Vergara (Projeto Filtro – Para Vergara), 1972
Nylon, Acryl, Plastikvorhänge, Fußmatten aus Naturfasern, Fernseher, Tonbänder, Transistorradio, Saftpresse, Neonlampen und Faserplatte, 7,857 m x 6,075 m
Sammlung César und Claudio Oiticica

Die Besucher wandern durch diese Labyrinth-artige Struktur aus vielfarbigen Räumen, in denen sie mit sensorischen Eindrücken aus den dort versteckten Radio- und Fernsehgeräten bombardiert werden.

mende gesellschaftliche und politische Realität des Lebens in einer Diktatur. Oiticica entwickelte Kunstwerke wie seine *Parangolés* – farbige, Umhang-artige Strukturen, die man beim Samba-Tanzen tragen sollte. Die damit verwandten *Penetrables* waren Raum-artige Konstruktionen aus ineinander greifenden, halbtransparenten Farbplatten, die der in Farbe getauchte Betrachter erkundete. Ende der 1970er schuf Oiticica eine Reihe von Modellen unter dem Titel *Die Erfindung von Farbe*. Diese sollten das praktische und öffentliche Verstehen von Farbe in großem Maßstab ermöglichen. 1980 starb der Künstler überraschend mit 42 Jahren in Rio de Janeiro.

WICHTIGE EREIGNISSE:

- 1960: Veröffentlicht seinen wichtigen theoretischen Text *Farbe, Zeit und Struktur*.
- 1967: Oiticica stellt zum ersten Mal seine bedeutende Installation *Tropicália* vor, die lebende Papageien, Poesie, Musikaufzeichnungen und Fernseher enthält. Der Begriff »Tropicalia« wird in der Folge benutzt, um eine größere soziokulturelle Bewegung zu beschreiben, die sich auf Musik und Tanz bezieht.

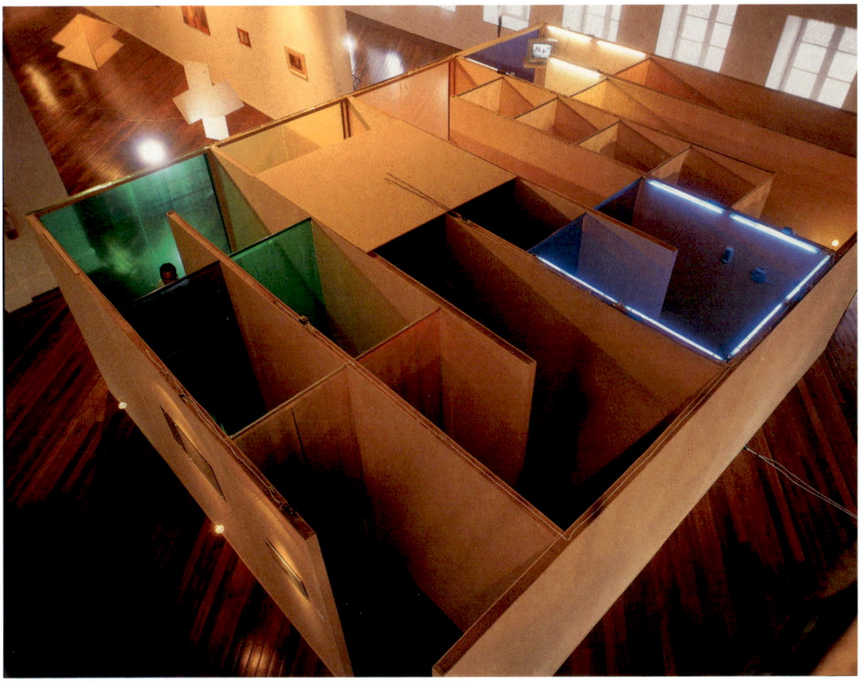

NASREEN MOHAMEDI
1937–1990

Nasreen Mohamedi wurde zehn Jahre vor der Teilung des Landes in Karatschi (Britisch-Indien, heute Pakistan) geboren. Sie wuchs in Bombay (heute Mumbai) auf und ging mit 17 nach London, wo sie von 1954 bis 1957 an der Central School of Arts and Crafts studierte. Anfang der 1960er folgte ein Aufenthalt in Paris zum Erlernen von Drucktechniken. Dazwischen arbeitete Mohamedi in Bahrain im Familienunternehmen, dem Handel mit japanischen Kameraausrüstungen. Dies veranlasste sie, sich der Fotografie zur Entwicklung ihrer abstrakten Kompositionen zuzuwenden, wobei sie die Wüstenlandschaften Bahrains für ihre sachlich-monochromatischen Studien nutzte.

Zurück in Bombay richtete Mohamedi ein Atelier am Bhulabhai Desai Institute ein, einem kulturellen Zentrum für die Avantgarde der Stadt. Gegründet in den 1950ern wurde es ein Sammelpunkt für die Stärkung der abstrakten Kunst in Indien nach der Auflösung der Bombay Progressive Artists' Group im Jahre 1956. Hier lernte sie den einflussreichen Maler V. S. Gaitonde kennen, dessen Kalligrafie-artige, Zen-buddhistische Abstraktionen einen starken Einfluss auf ihre eigene biomorphe Kunst hatten, die zu dieser Zeit teilweise von Paul Klee inspiriert war.

Nach ausgiebigen Reisen durch den Nahen Osten und Südasien ließ Mohamedi sich 1970 in New Delhi nieder. Etwa zu dieser Zeit etablierte sie ihren charakteristischen Stil aus schwebenden, parallelen Linien aus Tinten auf Papier. Sie kombinierte ihr Wissen über den westlichen Modernismus mit Inspirationen aus islamischen Traditionen in Architektur, Kalligrafie (speziell der kufischen Schrift) und Geometrie. Mohamedi arbeitete an einem großen, ausgesprochen niedrigen Architektentisch. Wenn sie Besuchern ihre Arbeiten zeigte, dann lagen diese immer auf dem Boden und waren niemals an die Wand gehängt.

Mohamedis minimalistische Werke, die Disziplin, Präzision und Spiritualität vereinen, unterwarfen sich der Strenge der Wiederholung. Sie lehnte es stillschweigend ab, die visuellen Formen auch nur im Entferntesten einer kommunikativen Sprache nahezubringen.

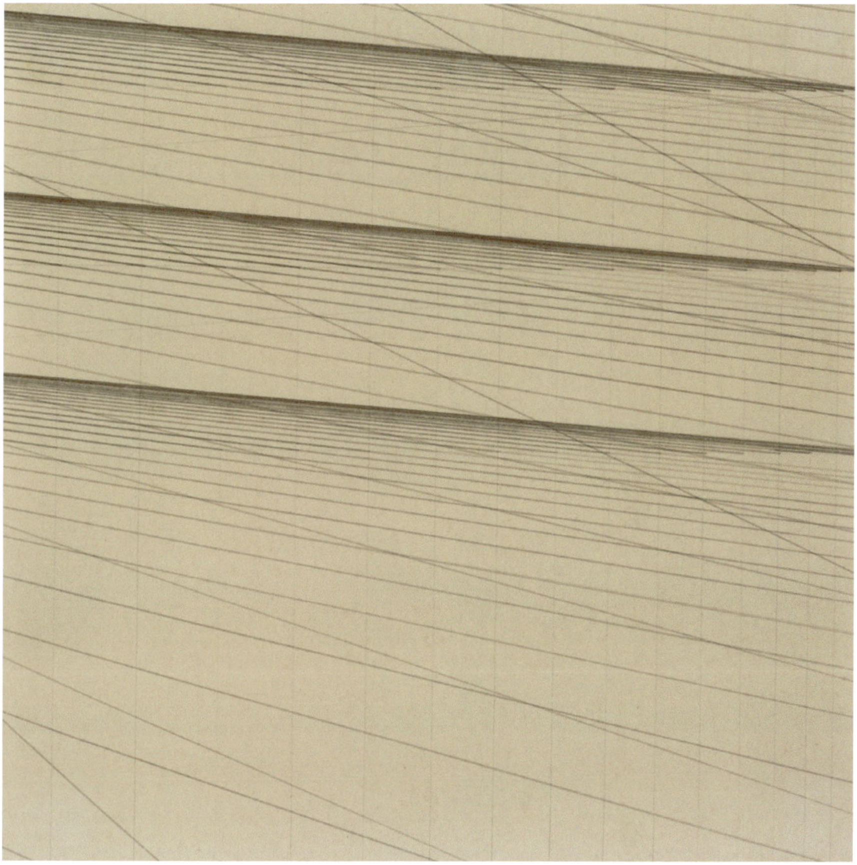

Nasreen Mohamedi
Ohne Titel, ca. 1975
Tusche und Graphit auf Papier, 24 cm x 24 cm
Sikander and Hydari Collection

Die meisten von Mohamedis Zeichnungen sind ohne Titel und undatiert. Hier erzeugt die zurücktretende Perspektive der gerasterten Formen und parallelen diagonalen Linien die Vorstellung eines dreidimensionalen Raums.

Mithilfe einer reduzierten Palette aus Graphit-grauer, schwarzer und hellgrauer Tusche schuf sie taktile Räume und ätherische abstrakte Kompositionen.

WICHTIGE EREIGNISSE

- 1972: Mohamedi gibt Zeichenunterricht am Department of Fine Arts der Maharaja Sayajirao University, Baroda (heute Vadodara).
- 1991: Kurz nach ihrem Tod mit 53 Jahren wird von der Jehangir Art Gallery in Bombay die Gedenkausstellung »Nasreen in Retrospect« ausgerichtet.
- 2016: Eine große Retrospektive von Mohamedis Werk ist die Eröffnungsausstellung am Met Breuer in New York.

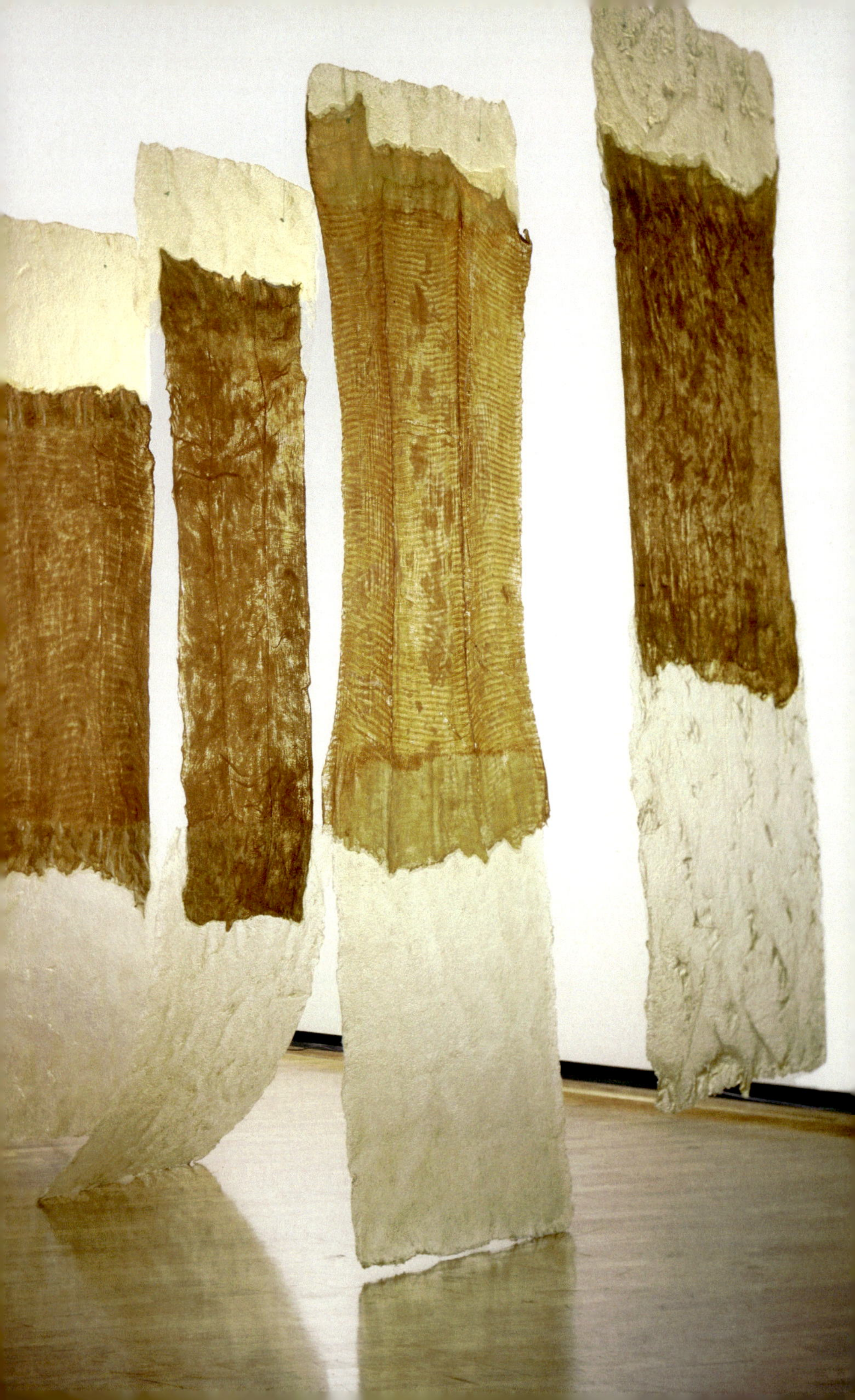

MINIMALISTISCHE, KONZEPT- UND PROZESSKUNST

-

… nicht Malerei, nicht Bildhauerei, es ist aber trotzdem da. Ich erinnere mich, ich wollte zur Nicht-Kunst kommen, nicht assoziativ, nicht anthropomorph, nicht geometrisch, nicht nichts, alles, aber eine andere Art von Vision, irgendwie.

-

Eva Hesse

1969

ANNE TRUITT
1921–2004

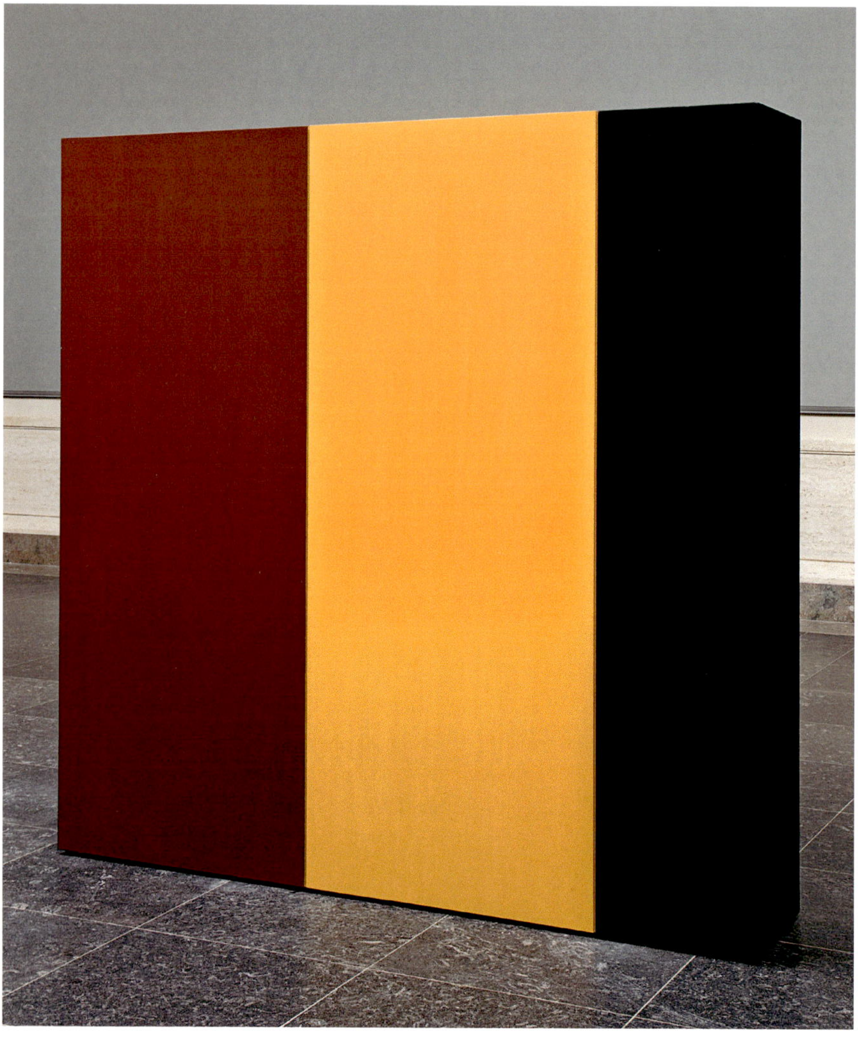

Die künstlerische Ausbildung der in Baltimore geborenen Anne Truitt begann im September 1948, als sie für ein Jahr Bildhauerei am Institute of Contemporary Art in Washington studierte. In den nächsten zehn Jahren setzte sie ihre Materialexperimente ohne offizielles Training fort und brachte sich selbst Stahlschweißen, Gips- und Betongießen und andere bildhauerische Techniken bei. 1961, mit 40 Jahren, hatte sie ihren typischen Stil in Form abstrakter geometrischer Skulpturen gefunden, beeinflusst durch die Werke von Barnett Newman und die Bekanntschaft mit Ad Reinhardt. Ihre farbigen Holzelemente erkunden die – wie sie sagt – »Beziehung zwischen Form und Farbe, die sich für mich wie mein Erleben anfühlt. Das machen, was ich als Realität empfinde.«

Anne Truitt
Knight's Heritage, 1963
Acrylfarbe auf Holz, 153,35 cm x 153,35 cm x 30,48 cm
National Gallery of Art, Washington

Auf der Oberfläche des Holzes ist die Pinselführung der Künstlerin zu erkennen. Rillen kennzeichnen die drei Bereiche, die rostrot, gelb, schwarz bemalt sind (vergleichbar, wenn auch nicht identisch mit der belgischen oder deutschen Fahne). Der mehrdeutige Titel könnte auf die Kennedy-Regierung verweisen, die als »Camelot« bezeichnet wurde und mit der Truitt gesellschaftlich verbunden war.

Ihre erste Soloausstellung fand 1963 in der André Emmerich Gallery in New York statt. Ab diesem Punkt schuf Truitt Werke in Aluminium sowie in bemaltem Holz und nutzte komplexere Formen, wie etwa Polyeder. Reichlich ein Jahrzehnt nach ihrer ersten Ausstellung wurde sie 1974 mit einer Retrospektive ihrer mittleren Karrierejahre am New Yorker Whitney Museum of American Art geehrt.

In ihrer Autobiografie *Daybook* schrieb Truitt am 25. Juli 1974:

> Ich merke jetzt erst, wie unorganisch, unnatürlich mein Werk ist. Wie die geraden Linien in der Wüste steht das, was für mich am deutlichsten ist, in keiner Beziehung zu dem, was ich um mich herum sehe. Das ist paradox, da alles, was ich im Atelier herstelle, ein Destillat des direkten Erlebens ist, manchmal sogar einer speziellen visuellen Erfahrung.

Diese Aussage unterstreicht Truitts feines Verständnis für die Beziehung einer Abstraktion zur alltäglichen Wirklichkeit.

WICHTIGE EREIGNISSE

- 1964–1967: Truitt lebt im japanischen Tokio – eine Erfahrung, die großen Einfluss auf die Entwicklung ihrer Zeichnungen und Skulpturen hat.
- 1982: Truitt veröffentlicht *Daybook: The Journal of an Artist*, das auf Tagebucheinträgen aus sieben Jahren beruht und zeigt, wie sie die kreative künstlerische Tätigkeit mit den täglichen Anforderungen von Mutterschaft, Haushalt und finanziellen Engpässen in Einklang bringt.
- 2009: Am Hirshhorn Museum and Sculpture Garden in Washington gibt es eine große Retrospektive von Truitts Werk.

RUTH ASAWA
1926–2013

Ruth Asawas Eltern waren japanische Einwanderer und lebten als Gemüsebauern in Kalifornien. Nach dem Angriff auf Pearl Harbor wurde Asawas Vater verhaftet und die Familie kam in ein Internierungslager, wo Asawa bei einem Mit-Häftling, einem Disney-Animator, Landschaftsmalerei studierte. Sie lernte außerdem, Tarnnetze für die Armee zu knüpfen. Im Sommer 1945 reiste sie nach Mexiko, um Fresken- und Wandmalerei zu studieren, und nahm Unterricht bei der kubanischen Möbeldesignerin und Innenarchitektin Clara Porset, die ihr das progressive Black Mountain College in North Carolina empfahl. Ihr Studium dort von 1946 bis 1949 war eine Zeit der Wandlung, als Leute wie der Architekt und Designer R. Buckminster Fuller, die Choreografin Merce Cunningham und die Bauhaus-Emigranten Josef und Anni Albers an dieser Einrichtung lehrten. Von Josef lernte sie Farb- und Gestaltungstheorie sowie die Wertschätzung einfacher Materialien, von Anni Webtechniken und -kompositionen. Auf einer weiteren Reise nach Mexiko im Jahre 1947 beobachtete Asawa eine Korbflechttechnik in Toluca, die für die Weiterentwicklung ihrer geometrischen und biomorphen Zeichnungen in die Dreidimensionalität sorgen sollte.

In Asawas hängenden Skulpturen bildet ein durchgehender Draht durch eine Abfolge von Schlaufen und Knoten eine komplexe Form, die sowohl voluminös als auch transparent ist. Ihre abstrakten Skulpturen basierten zwar auf ausgesprochen gekonnten Manipulationen

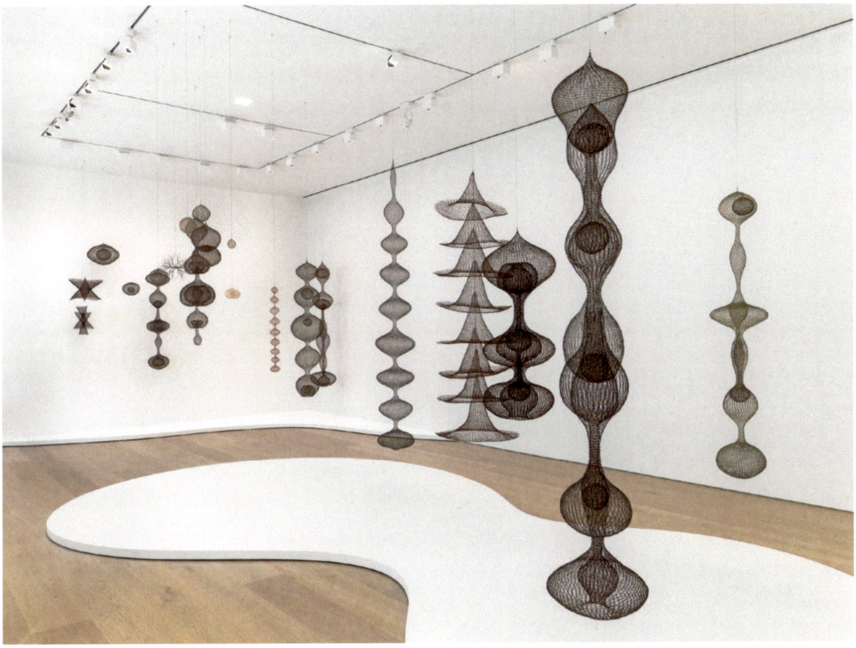

Ruth Asawa
Installationsansicht der Soloausstellung bei David Zwirner, New York, 2017

Die Künstlerin verriet über diese Arbeit: »Was mich besonders begeisterte, war, dass ich eine Form schaffen konnte, die gleichzeitig innen und außen war.« In Gruppen zusammengefasst, wird die visuelle Komplexität der geschichteten positiven und negativen Räume dieser Objekte besonders hervorgehoben.

von Metalldrähten, doch Asawa hatte auch keine Schwierigkeiten damit, andere Darstellungsformen für ihre Auftragsarbeiten zu finden. Für ihren *San Francisco Fountain* (1973) schufen 250 Teilnehmer Szenen aus Ton, die dann in Bronze gegossen wurden und das kreisförmige Panorama des Brunnens formten. Wie Asawa betonte, »ist es die Idee, Können zusammenzubringen, die mich interessiert. Wir sehen das in der Naturwissenschaft, im Weltraumprogramm, aber in der Kunst haben wir es verloren.« Asawa hatte die Vision von der integrativen Rolle der Kunst in der Gesellschaft und schuf nicht nur allein abstrakte Kunstwerke, sondern legte großen Wert auf die Kunsterziehung.

WICHTIGE EREIGNISSE

- 1954, 1956 und 1958: Soloausstellungen in der Peridot Gallery, New York.
- 1955: Asawa nimmt an der dritten Biennale in São Paulo teil.
- 1968: Gründet mit ihrer Nachbarin Sally B. Woodridge den Alvarado School Arts Workshop in San Francisco.
- 2006: »The Sculpture of Ruth Asawa: Contours in the Air« eröffnet im de Young Museum von San Francisco.

SOL LEWITT
1928–2007

Sol LeWitt ist einer der wichtigsten Künstler der Minimalistischen und Konzeptkunst in den USA: zwei verwandten Kunstrichtungen, die in den 1960ern entstanden und oft als eher neutrale Korrektive zu den starken Emotionen und Gesten angesehen werden, die man gemeinhin mit dem Abstrakten Expressionismus verbindet. Der Minimalismus erweiterte ein Kernprinzip der abstrakten Kunst, nämlich dass die Kunst nicht versuchen sollte, die wirkliche Welt nachzuahmen oder ein Erlebnis zu visualisieren. Stattdessen sollte sie ihre eigene Realität beschreiben, getrennt vom persönlichen Ausdruck des Künstlers. Anfang der 1960er konzentrierte sich LeWitt auf mathematische Abfolgen sich wiederholender geometrischer Formen (vor allem Würfel), um einen Ansatz für die modulare Serialität zu entwickeln, der schließlich die minimalistische Skulptur definieren sollte.

1969 schlug er vor: »Ideen können Kunstwerke sein; sie sind in einer Entwicklungskette, die irgendwann eine Form finden könnte. Nicht alle Ideen müssen sich körperlich manifestieren.« Diese verminderte Bedeutung des physischen Kunstobjekts bezeichnete die Kunstkritikerin und Kuratorin Lucy Lippard, die LeWitts Vorgehensweise unterstützte, als »Dematerialisierung«. Die Konzeptkunst ist nicht unbedingt abstrakt, doch LeWitt entwickelte eine Arbeitsmethode, die seine Bedeutung als Schöpfer durch abstrakte Arbeitssysteme ersetzte. Es gibt keinen spontanen Ausdruck, sondern nur eine schematische Ausführung (oft durch andere Menschen als den Künstler), die auf exakten Diagrammen und schriftlichen Anweisungen beruht.

Die ersten Wandzeichnungen des Künstlers aus dem Jahre 1968 waren komplett monochromatisch und oft nur mit einem Bleistift ausgeführt. 1975 führte LeWitt für seine geometrischen Wandzeichnungen farbige Grundierungen ein und 1983 begann er, mit hellen Tuschen zu arbeiten. LeWitt sah sich selbst als Komponist und beschrieb seine Werke als ein »Musikstück, das jeder aufführen könne. Mir gefällt die Idee, dass das gleiche Werk an zwei oder mehr Orten gleichzeitig existieren kann.«

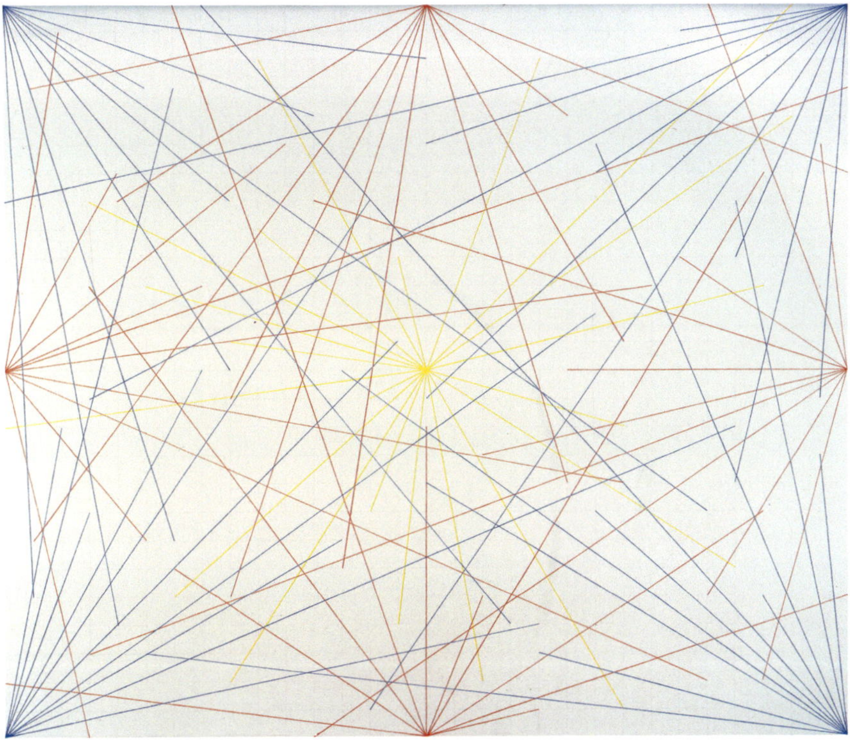

Sol LeWitt
Wandzeichnung 273, September 1975
Bleistift und Buntstift auf sieben Wänden, variable Größe
San Francisco Museum of Modern Art

Ein kaum sichtbares Bleistiftraster ist die Grundlage für die geraden Linien aus blauen, roten und gelben Buntstiftstrichen, die von Punkten in den Ecken, den Mittelpunkten der Kanten und dem Zentrum der jeweiligen Wand ausgehen.

WICHTIGE EREIGNISSE

- 1966: LeWitt nimmt an der Gruppenausstellung »Primary Structures« am Jewish Museum in New York teil, die zu den definierenden Augenblicken des Minimalismus zählt.
- 1968: LeWitt stellt in der Paula Cooper Gallery, New York, seine erste Bleistiftwandzeichnung her (basierend auf einem Raster aus Quadraten).
- 2008: »Sol LeWitt: A Wall Drawing Retrospective« eröffnet am Massachusetts Museum of Contemporary Art (MASS MoCA) in North Adams, Massachusetts. Zu sehen sind 105 Wandzeichnungen des Künstlers von 1969 bis 2007. Die Langzeitausstellung wird bis 2043 zu sehen sein.

DONALD JUDD
1928–1994

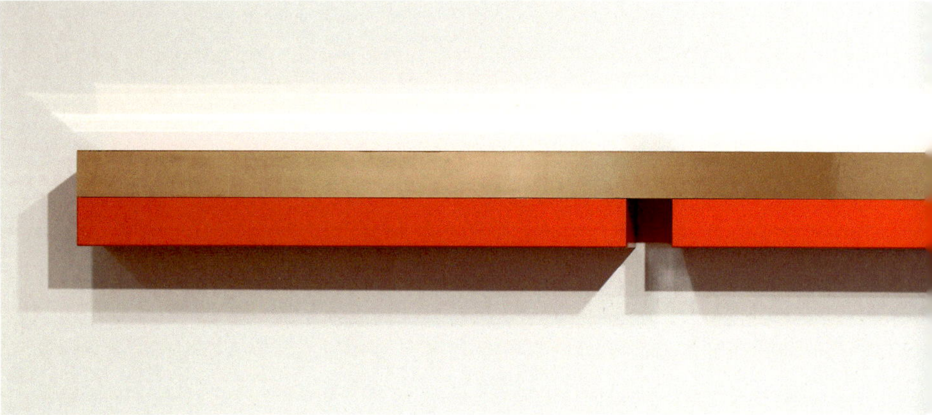

Donald Judd studierte Philosophie und Kunstgeschichte an der Columbia University in New York. Dieses akademische Fundament lag seiner Arbeit als Künstler und Kunstkritiker zugrunde. Später studierte er Malerei an der Art Students League und schuf 1962 sein erstes dreidimensionales Objekt. Anschließend konzentrierte er seine Anstrengungen auf die Suche nach »spezifischen Objekten«, wie er sie nannte, die weder Malerei noch Skulptur waren. Seine Werke bezeichnete er als »Boden-« (freistehende Objekte ohne Podest) oder »Wandstücke« (ein oder mehrere modulare Elemente, die an einer Wand hängen). Obwohl er näher mit dem Minimalismus in Verbindung gebracht wurde, lehnte er den Begriff ab und erklärte, dass »ich nicht glaube, dass irgendein Werk ›reduktiv‹ ist.«

Viele Jahre lang arbeitete Judd auch als Kunstkritiker. In den klaren, schlichten Worten seiner Kritiken finden wir denselben radikalen Verzicht auf alle formellen Schnörkel wie in seinen Kunstwerken. Eine Notiz aus dem Jahre 1963 erlaubt uns einen Einblick in seine Sicht auf die abstrakte Kunst: »Zuerst sollte man sich von der begründeten Erwartung befreien, dass der Begriff ›abstrakte Kunst‹ irgendeine definitive Bedeutung hat … Das Entscheidende an der Abstraktion ist doch, dass sie offen und veränderlich ist.« Diese nachdrücklichen Aussagen enthüllen Judds philosophisch ange-

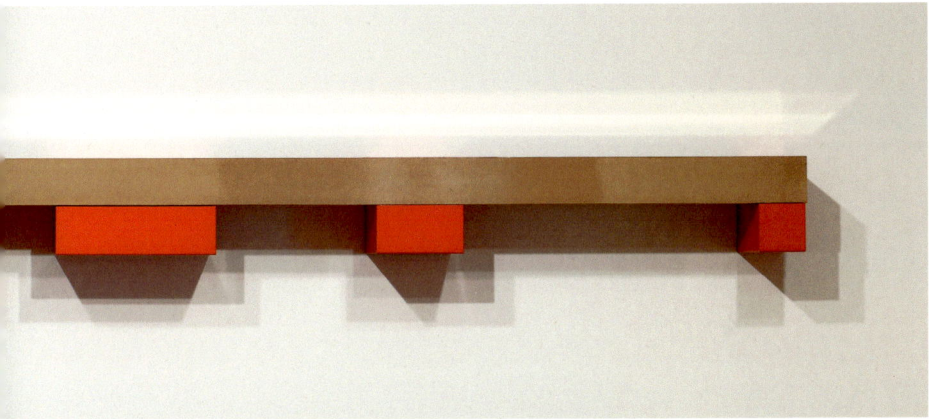

Donald Judd
Ohne Titel, 1967
Farbige Stahlkästen mit Messingröhre,
15,9 cm x 281,9 cm x 15,2 cm
Seattle Art Museum

Dieses Wandstück stellt zwei horizontale Strukturen nebeneinander: eine durchgehende Messingröhre im oberen Teil und eine Abfolge roter Stahlkästen, die auf einer mathematischen Permutation beruht. Während dieser Zeit arbeitete Judd hauptsächlich mit den Walzblechfabrikanten Bernstein Brothers zusammen, die anhand seiner Diagramme diese hochglanzpolierten Objekte herstellten.

hauchte Fähigkeit, Mehrdeutigkeit und Experimentieren bei der Entwicklung neuer Kunst zu akzeptieren.

1968 kaufte Judd ein fünfstöckiges, gusseisernes Gebäude in der Spring Street 101 in New York, wo er ideale Bedingungen für die permanente Installation seiner Objekte neben den Werken anderer Künstler schuf. Das Wechselspiel zwischen dreidimensionalen Objekten, Architektur und Design (auch Möbeldesign) blieb für seine Arbeit bis zum Ende seiner Laufbahn ungemein wichtig.

WICHTIGE EREIGNISSE

- 1964: Judd schreibt den Artikel »Specific Objects«, der zu den wichtigsten theoretischen Texten über den Minimalismus zählt und 1965 im *Arts Yearbook 8* veröffentlicht wurde.
- 1977: Der Künstler gründet die Judd Foundation, um seine Kunstwerke, Archive, Bibliotheken und permanenten Installationen seiner großformatigen Arbeiten zu erhalten, vor allem dem aus mehreren Gebäuden bestehenden Komplex in Marfa, Texas.
- 2020: Das Museum of Modern Art in New York präsentiert eine große Retrospektive der Arbeiten des Künstlers.

CHARLOTTE POSENENSKE
1930–1985

Die in Frankfurt lebende Charlotte Posenenske war eine wichtige Verbindung zwischen den US-amerikanischen und den deutschen minimalistischen und Konzeptkünstlern. Nach dem Krieg studierte sie bei dem renommierten Designer, Typografen und abstrakten Maler Willi Baumeister in Stuttgart. Ihre frühesten kreativen Arbeiten waren Kostüm- und Bühnenbilder in Darmstadt, wo sie die Ideale des gemeinschaftlichen und räumlichen Arbeitens kennenlernte. Bei ihren späteren plastischen Werken nutzte sie billige Industriematerialien, darunter Wellpappe, Stahl und Aluminium, aus denen sie großformatige modulare Einheiten schuf, die keine feste Anordnung oder Komposition hatten.

Die Serie *Vierkantrohr* von 1967 besteht aus Komponenten aus galvanisierten Stahlblechen: industriell hergestellt und im Handel erhältlich. Die einzelnen Einheiten (Verbindungsstück, quadratische, rechteckige und T-Stücke) konnten von Sammlern in jeder beliebigen Konfiguration gekauft und angeordnet werden. In einem radikal antikapitalistischen Akt verkaufte sie diese Werke zum Selbstkostenpreis an ihre »Kunden«. Sie beschrieb ihre Skulpturen als »Komponenten eines Raums, da sie wie Bauelemente sind, können sie immer wieder in neuen Kombinationen oder Positionen angeordnet werden, das heißt, sie verändern den Raum ... Die Einfachheit der geometrischen Grundformen ist wunderschön ...«

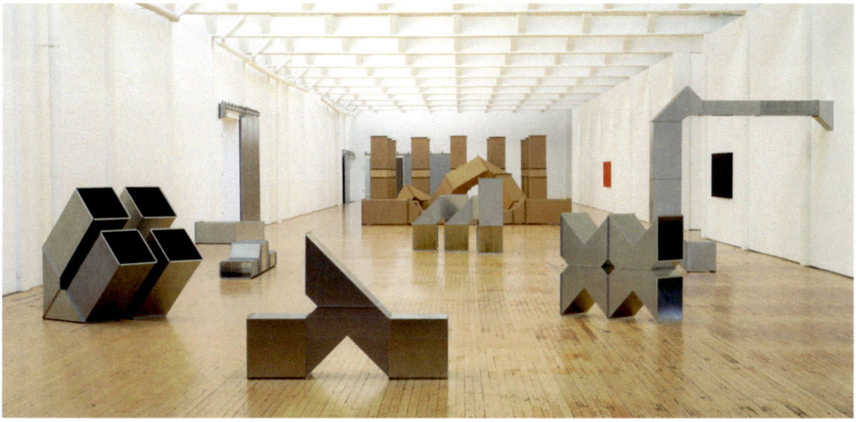

»Charlotte Posenenske: Work in Progress«
Installationsansicht der Ausstellung im Dia:Beacon, Beacon, New York, 2019

Diese Installation schließt mehrere Serien ein, die Posenenske als »variabel, so einfach wie möglich, reproduzierbar« beschrieb. Im Laufe dieser Ausstellung änderte sich die Anordnung der Stahlelemente der Serie D zweimal, was das Bekenntnis der Künstlerin zu Veränderung, Kooperation und Teamwork widerspiegelt.

Angeregt durch die Studentenproteste in ganz Europa im Mai 1968 gab Posenenske ihre künstlerische Arbeit auf, weil sie glaubte, dass sie durch sie nichts mehr erreichen könne. Stattdessen wollte sie einen direkteren Einfluss auf Probleme wie die gesellschaftliche Ungleichheit nehmen. Ihr Manifest, das in *Art International* veröffentlicht wurde, ist ihr Abschied von der Kunstwelt. Sie schrieb: »Es fällt mir schwer, mich damit abzufinden, dass Kunst nichts zur Lösung drängender gesellschaftlicher Probleme beitragen kann.« Sie wurde Soziologin und arbeitete bis zu ihrem Tod 1985 in sozialen Projekten.

WICHTIGE EREIGNISSE

- 1967: Ihre Arbeiten werden im Rahmen der Ausstellung »Serielle Formationen (Serial Formations)« an der Universität Frankfurt neben Werken der amerikanischen Künstler Donald Judd, Sol LeWitt, Agnes Martin und Frank Stella gezeigt. Es ist die erste deutsche Ausstellung zur minimalistischen Kunst.
- 2007: Posenenskes Skulpturen sind Teil der Documenta 12 in Kassel, wo ihr Werk einer neuen Generation nahegebracht wird.
- 2019: »Charlotte Posenenske: Work in Progress«, die erste große Retrospektive ihrer Arbeiten in den USA öffnet im Kunstmuseum Dia:Beacon in Beacon, New York.

ROBERT RYMAN
1930–2019

Der in Nashville geborene Robert Ryman wird verehrt für seine minimalistischen Weiß-auf-Weiß-Gemälde, mit denen er mehr als sechs Jahrzehnte lang die unglaubliche Bandbreite an Permutationen und Variationen innerhalb von Oberfläche, Rahmen, Halterungen, Materialien und Texturen erkundete. Er begann in den 1950ern, mit dem quadratischen Format zu arbeiten, als er Aufseher im Museum of Modern Art in New York war.

Ryman sagte einmal über sein Werk:

> Da ich nicht mit Illusionen oder Narrativen arbeite, erlaubt es mir die Freiheit, zu erkunden ... Das Gemälde kann sehr dünn sein, sehr dich an der Wand. Manchmal kann es von der Wand abstehen. Ich glaube, es ist wichtig, dass es die Verbindung mit der Wand behält; ich glaube, es braucht die Wand selbst, um vollständig zu sein. Aber das eröffnet viele Möglichkeiten.

Dieses Bewusstsein für die räumliche und materielle Ausdehnung seines Gemäldes – dessen Fähigkeit, sich aus den körperlichen Grenzen hinaus in den Raum auszubreiten – ist etwas, das viele andere minimalistische Künstler jener Zeit ebenfalls spürten. Ryman ließ große Sorgfalt bei der Installation seiner Gemälde walten und bevorzugte natürliches Tageslicht zum Ausleuchten seiner Werke.

Ryman glaubte, dass seine formelle Einschränkung zu grenzenloser Fantasie führte:

> Ich werde nicht durch eine bestimmte Erzählweise eingeschränkt, die ich einhalten möchte. Es gibt keinen Symbolismus oder eine Geschichte, die ich erzählen muss, oder irgendein politisches Projekt, das ich durchführen möchte. Ich werde durch nichts dergleichen eingeschränkt. Keines dieser Dinge hindert mich daran, zu experimentieren und vorwärtszugehen.

Robert Ryman
Ungetiteltes Gemälde #10, 1963
Ölfarbe, Grafit, Gesso auf ungespannter, roher Leinwand, ungleichmäßiger Stoff, 45,7 cm x 45,7 cm
Xavier Hufkens, Brüssel

Ryman sagte einmal: »Ich betrachte meine Gemälde nicht als abstrakt, weil ich von nichts abstrahiere. Es geht um echte visuelle Aspekte dessen, was Sie anschauen – ob Holz, Farbe oder Metall –, wie es zusammengesetzt ist, wie es an der Wand aussieht und wie es mit dem Licht zusammenspielt.«

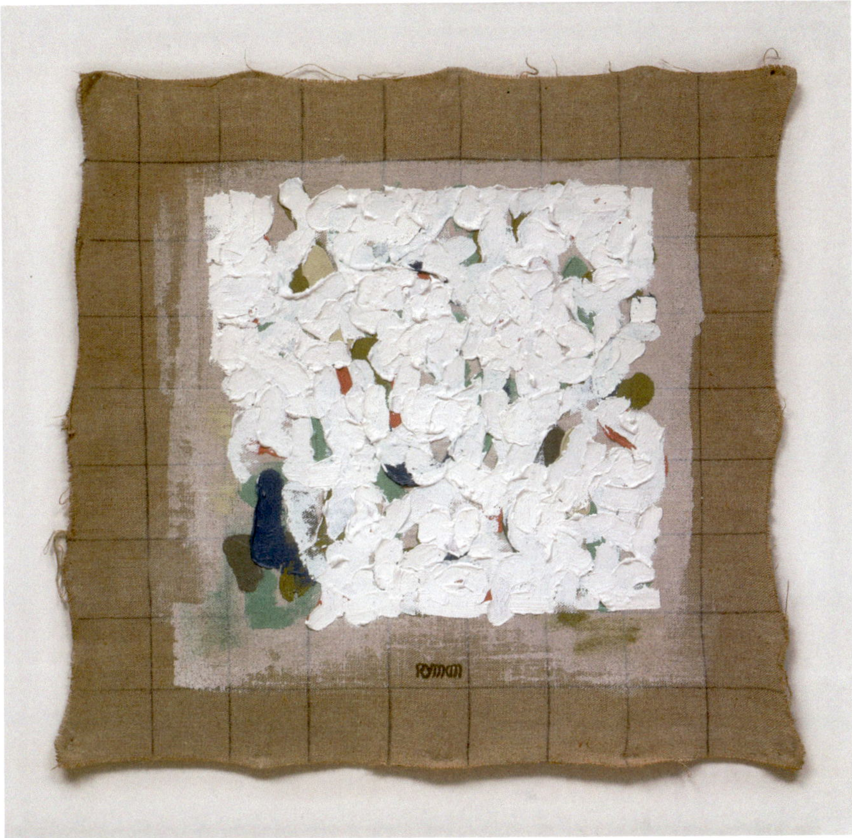

Ryman betrachtete sich selbst eher als »realistischen« denn als »abstrakten« Maler, weil er sich auf die physische Realität seiner Gemälde und deren räumliche Situation konzentrierte.

WICHTIGE EREIGNISSE

- 1967: In der Paul Bianchini Gallery, New York, findet die erste Soloausstellung des Künstlers statt.
- 1969: Ryman ist Teil der epochemachenden Ausstellung »When Attitudes Become Form« in der Kunsthalle Bern, kuratiert von Harald Szeemann.
- 1985: Ryman wird die Skowhegan Medal der Skowhegan School of Painting and Sculpture in Madison, Maine, verliehen.

GERHARD RICHTER
* 1932

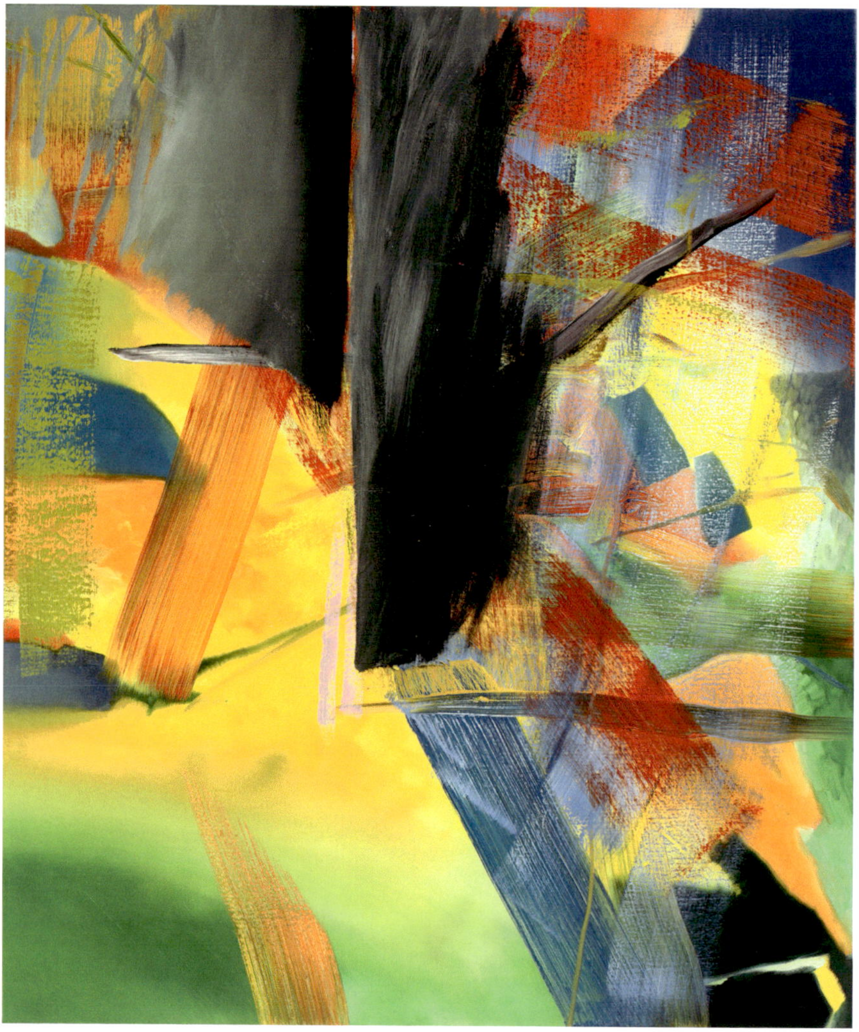

Der in Dresden geborene Gerhard Richter floh 1961 nach Westdeutschland, um der Unterdrückung in Ostdeutschland zu entgehen. In Düsseldorf studierte er an der Kunstakademie gemeinsam mit Konrad Fischer, Blinky Palermo und Sigmar Polke. 1963 veranstalteten sie in einem Möbelhaus eine Ausstellung unter dem Titel »Leben mit Pop – eine Demonstration für den kapitalistischen Realismus« – ihre Bezeichnung für die lokale Variante der Pop Art war gleichzeitig ein Kommentar zur neuen gierigen Konsumkultur Deutschlands.

Gerhard Richter
Ingrid, 1984
Öl auf Leinwand, 120 cm x 100 cm
Neues Museum, Staatliches Museum für Kunst und Design, Nürnberg

1985 erklärte Richter: »Wenn ich ein abstraktes Bild male, weiß ich weder vorher, wie es aussehen soll, noch während des Malens, wohin ich will, was dafür zu tun wäre.« Dieses völlig abstrakte Gemälde wird dadurch verkompliziert, dass sein Titel auf den Namen einer Person verweist.

Nach dem Erfolg des kapitalistischen Realismus begann Richter, Fotos als Vorlage für seine Gemälde zu benutzen (manchmal persönliche, manchmal anonyme Stoffe), deren Inhalte er unscharf verfremdet. Neben seinen Fotogemälden tauchten abstrakte Werke auf, beginnend 1966 mit den »Farbtafeln«, für die er industrielle Farbfächer benutzte und die teilweise von seinem Interesse an den Wiederholungsstrategien der Pop Art und Blinky Palermos geometrischen Abstraktionen inspiriert waren. Das Paar besuchte 1970 New York, wo es seinen Austausch mit der minimalistischen und Konzeptkunst in den USA intensivierte.

Ab 1976 schuf Richter neben seinen fotorealistischen Werken gestische, vielfarbige abstrakte Gemälde. Hierbei brachte er die Farbe quasi mechanisiert auf, indem er ein Rakel über die Oberfläche zog, das intensive Farbmixturen und reich Oberflächentexturen und -muster und zufällige Effekte erzeugte.

1987 verringerte er mit seinen übermalten Fotografien die Unterscheidung zwischen darstellenden Inhalten und Abstraktion weiter. Auch seine neue Serie, die er 2011 vorstellte, demonstrierte seine Hingabe an die Abstrakte Malerei: die Streifengemälde. Diese Werke mischen die Schöpfung des Malers mit einem digitalen Aspekt: Es sind Digitaldrucke auf Basis der »Abstrakten Gemälde« Richters, die geteilt, gestreckt und dann als dünne vertikale Streifen neu kombiniert werden. Die Serie bildet sozusagen eine Abstraktion der Abstraktion.

WICHTIGE EREIGNISSE

- 1972: Repräsentiert Deutschland auf der Biennale in Venedig und ist auf der Documenta 5 in Kassel vertreten.
- 1977: Der Künstler beginnt, bildnerische Werke herzustellen, für die er bemaltes graues Glas verwendet – dies spiegelt sein Interesse an Trübheit und Reflexion wider.
- 2002–2007: Richter wird gebeten, ein Fenster für den Dom in Köln zu gestalten, wo er seit 1983 lebt und arbeitet. Er erschafft ein abstraktes Design aus 11.500 Glasquadraten, inspiriert von seinen »Farbtafelgemälden«.

RASHEED ARAEEN
* 1935

Rasheed Araeen siedelte 1964 nach London über, nachdem er zwei Jahre zuvor einen Abschluss als Bauingenieur an der NED University of Engineering and Technology in seiner Heimatstadt Karatschi erworben hatte. Er begann bereits dort mit der abstrakten Malerei, gab in London aber unter dem Eindruck der modernen britischen Bildhauer Anthony Caro und Phillip King die Malerei zugunsten der Dreidimensionalität auf. Auch ohne künstlerische Ausbildung etablierte er seine bahnbrechende und eigenwillige Version der minimalistischen Skulptur in Großbritannien – sein Einfluss auf den künstlerischen Diskurs seiner Zeit wurde jedoch aufgrund seiner ethnischen Herkunft heruntergespielt.

Araeens Holz- und Metall-Skulpturen Ende der 1960er waren handgemacht – viele amerikanische minimalistische Bildhauer ließen ihre Werke in Fabriken fertigen. Die kreuz und quer verlaufenden Streben seiner Gitterwürfel erinnern an die Fenstergitter, die er als junger Ingenieur in Karatschi entworfen hatte. Genau wie Charlotte Posenenske wollte er, dass die Besucher seiner Ausstellungen seine Stapel aus modularen Einheiten neu anordneten und so endlose visuelle Möglichkeiten schufen. Außerdem stellte er vergängliche Werke für den öffentlichen Raum her, wie etwa *Chakras* (1969), für die er 16 leuchtend orange Scheiben ins Wasser des St Katharine Docks in London setzte.

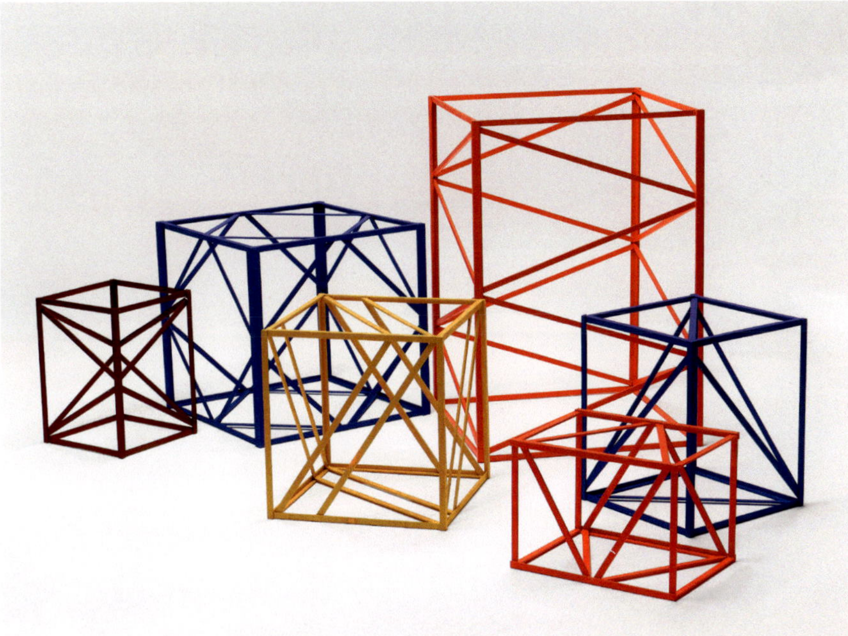

Rasheed Araeen
One Summer Afternoon, 1968
Dispersions- und Acrylfarbe auf Holz: 6 bemalte Holzkonstruktionen verschiedener Größen, maximal: 74 cm x 50,5 cm x 50 cm, minimal: 33,5 x 24 x 24,5 cm
Centre Pompidou, Paris

Für Araeen unterbricht der interaktive Aspekt dieses aus sechs Teilen bestehenden Werks die strenge Symmetrie der Strukturen und führt durch das Eingreifen des Betrachters ein Element des Zufalls ein.

Als Autor, Herausgeber und Kurator kritisierte Araeen, wie anders nichtweiße Künstler von der eurozentrischen Kunstpresse analysiert und besprochen wurden. Seine Kunstwerke der 1970er und 1980er wurden in ihrer Themenwahl politischer und bezogen oft Film und Multimedia ein. In jüngster Zeit wandte er sich wieder der abstrakten Wandmalerei und geometrischen Strukturen zu und schafft neue Ausstattungen für soziale Räume.

WICHTIGE EREIGNISSE

- 1987: Araeen gründet die Zeitschrift *Third Text*, die sich mit Kunst in einem globalen Kontext befasst.
- 1989–1990: Araeen kuratiert »The Other Story: Afro-Asian Artists in Post-War Britain« in der Hayward Gallery in London, eine Gruppenausstellung, die sich bemüht, den wichtigen Beiträgen von Künstlern ethnischer Minderheiten zur modernen britischen Kunst Raum zu verschaffen. Gezeigt werden u. a. die abstrakten Künstler Frank Bowling, Li Yuan-chia und Francis Newton Souza.
- 2017–2018: »Rasheed Araeen: A Retrospective« eröffnet am Van Abbemuseum im niederländischen Eindhoven.

EVA HESSE
1936–1970

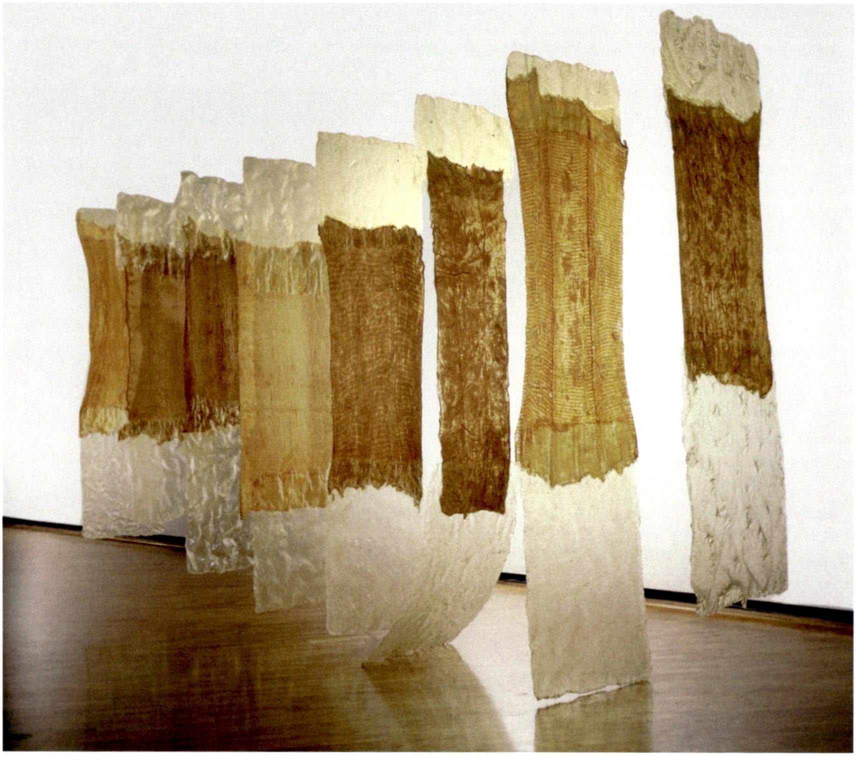

Mit drei Jahren wurde die in Hamburg geborene Eva Hesse mit einem Kindertransport über Holland und Großbritannien aus Deutschland evakuiert und kam schließlich mit ihrer Familie nach New York. Sie studierte am Pratt Institute, Brooklyn, und der Cooper Union, sowie an der Yale University, wo sie Schülerin des renommierten abstrakten Künstlers Josef Albers war.

1963–1964 verbrachte Hesse gemeinsam mit ihrem Mann Tom Doyle, einem Bildhauer, ein Jahr in Kettwig an der Ruhr, wo sie ein Atelier in einer stillgelegten Tuchfabrik hatte und mit Flachreliefs aus Fäden und Schnüren experimentierte, mit denen sie abstrahierte und sexualisierte Körperteile andeutete. Hesses Arbeiten reiften nach ihrer Rückkehr nach New York 1965, als sie begann, ihre Reliefs in einer monochromatischen Palette aus Grautönen zu gestalten. Das halb gemalte, halb als Skulptur geschaffene Werk *Hang Up* (1966) demonstriert den taktilen Einsatz der »Grauskala«. In den folgenden Jahren begann Hesse, in Installationen, die sich von der strikten Abhängigkeit des Minimalismus von Raster und Serialität gelöst hatten, die Texturen, Durchsichtigkeit und Biegsamkeit ihrer gewählten Materialien Latex, Glasfaser und Harz auszunutzen. Ihre Neuausrichtung der Wiederholung machte aus dem Raster etwas, das weniger starr und sicher war und sich einem menschlicheren Element öffnete. Sie sagte: »Falls etwas absurd ist, dann wird es viel übertriebener, absurder, wenn man es wiederholt.«

1969 stellte Hesse in der radikalen Gruppenausstellung »Anti Illusion: Procedures/Materials« am Whitney Museum of American Art, New York, ihr bedeutsames *Expanded Expansion* (aus gummiertem Mulltuch und Glasfaserstangen) vor, das oft als der Beginn der Prozesskunst angesehen wird. Prozesskünstler widerlegten bestimmte Annahmen über die Skulptur, wie etwa die strengen und kohärenten Formen, und setzten auf Zufall, Unordnung, Unregelmäßigkeit und die Gravitationskraft. Hesse starb mit 34 Jahren am 29. Mai 1970 an einem Hirntumor.

Eva Hesse
Contingent, 1969
Mulltuch, Latex, Glasfaser, Installation, variabel: 350 cm x 630 cm x 109 cm
National Gallery of Australia, Canberra

Das Leuchten von Werken wie dieser aus acht Teilen bestehenden, hängenden Skulptur *Contingent* scheint von dem eingefangenen Licht zu stammen, das farbig und zugleich auch farblos zu sein scheint. Die Trübung von Latex und Harz im Laufe der Jahre darf nicht die Tatsache verschleiern, dass diese Skulptur bei ihrer Herstellung fast vollständig transparent war – ganz gewiss war sie nicht so gelblich, wie sie sich heute darstellt.

WICHTIGE EREIGNISSE

- November 1968: Hesses einzige New Yorker Soloausstellung zu Lebzeiten, »Chain Polymers«, öffnet in der Fischbach Gallery.
- 1968–1969: Hesse ist gemeinsam mit Prozesskünstlern wie Richard Serra und Keith Sonnier in der auf Installationen fokussierten Ausstellung »Nine at Leo Castelli« vertreten, die der Künstler Robert Morris im Castelli Warehouse in New York organisiert.
- Dezember 1969: *Contingent* wird in der Gruppenausstellung »Art in Process IV« am Finch College Museum of Art, New York, gezeigt.

LEE UFAN
* 1936

Lee Ufan wurde während der japanischen Besatzungszeit in einem Dorf im südöstlichen Korea geboren. 1956 unterbrach er sein Kunststudium an der Seoul National University, um nach Tokio zu ziehen, wo er an der Nihon-Universität einen Abschluss in Philosophie erwarb. Ende der 1960er wurde er neben dem Bildhauer Nobuo Sekine zum führenden Künstler und Theoretiker in der japanischen Kunstbewegung Mono-ha (Schule der Dinge). Die Gruppe spiegelte den veränderten Status der Kunst in der postkolonialen, industrialisierten Welt wider, indem sie die darstellende Gestaltung zugunsten eines direkten Umgangs mit natürlichen und künstlichen Materialien in großen Skulpturen aus Stein, Erde, Glas und Stahl aufgab. Sie hat eine gewisse Gemeinsamkeit mit der Arte Povera in Italien und der Prozesskunst in den USA. Lee erklärte 2014 in einem Interview: »Um von der herkömmlichen Denkweise abzukommen, die sich nur darauf konzentriert, Dinge neu herzustellen und zu betrachten, fragten wir: Wie kann sich eine neue Dimension des Ausdrucks öffnen und sowohl das Gemachte als auch das Ungemachte ändern, wenn man das Ungemachte hinzuzieht? Diese Bewegung wurde das Mono-ha.«

1973 wurde Lee zum Professor an die Kunsthochschule Tama berufen, was seine Rückkehr zur Malerei und seine Identifikation mit der koreanischen Schule des Dansaekhwa (Monochrome Malerei) bewirkte. Lee kontrollierte die intensiven physischen Aspekte seiner Malerei, indem er seine Atmung an seine systematischen Pinselstriche anpasste. Das Vorhandensein des Körpers – der die räumliche Beziehung des Gemäldes zum Ablauf der Zeit markiert – ist entscheidend, Lees Serien aus Monochromen aus dieser Ära zu verstehen. Im Laufe seiner Karriere hat Lee viele philosophische Schriften veröffentlicht, die sein Verständnis des Kunstobjekts als körperliche Bestätigung des Seins in der Welt unterstreichen.

Lee Ufan
From Point,
1979
Leim und mineralisches Pigment auf Leinwand,
161,9 cm x 130,2 cm
Privatsammlung

Dieses Werk gehört zu einer großen Serie, die Lee zwischen 1972 und 1984 geschaffen hat. Es konzentriert sich auf die repetitive Kraft beim Malen eines systematischen Gitters aus quadratischen Pinselstrichen aus pulverisiertem kobaltblauem Pigment in Knochenleim. Die horizontale Abfolge entfaltet sich, bis die Farbe verbraucht ist. Dann beginnt der Künstler von Neuem.

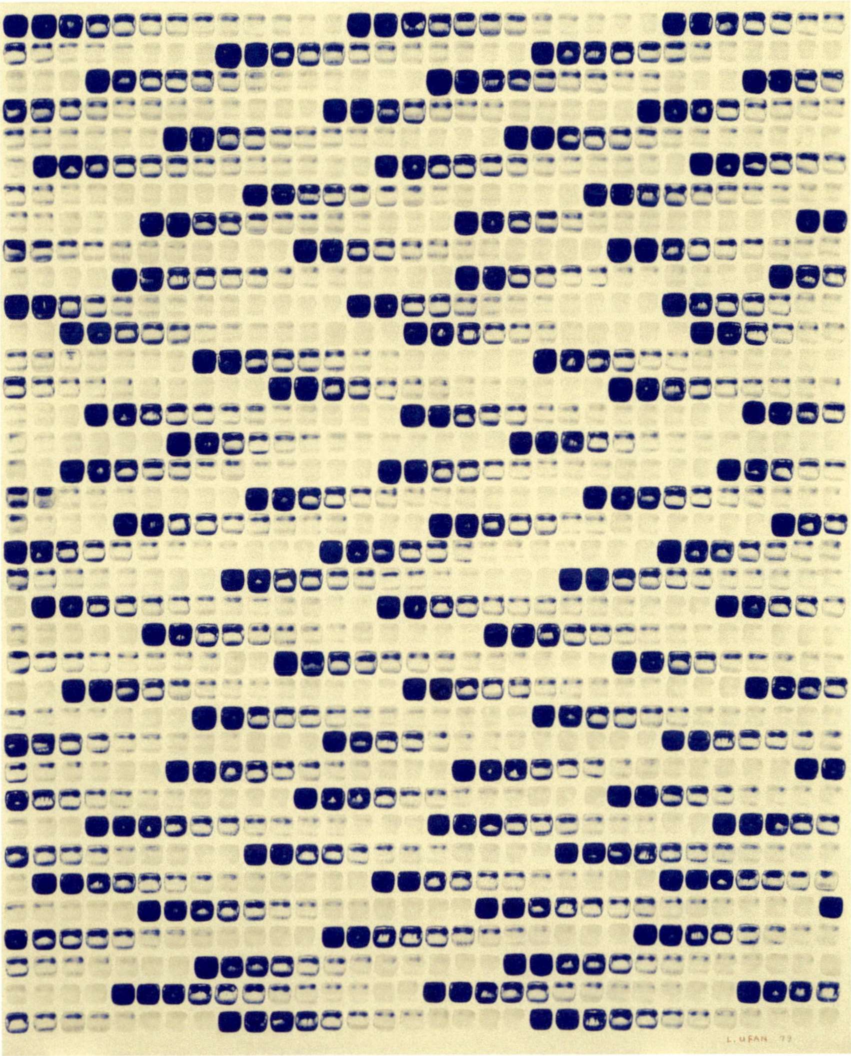

WICHTIGE EREIGNISSE

- 1969: Sein Essay »From Object to Being« wird veröffentlicht und gewinnt einen Preis für kritisches Schreiben.
- 2001: Verleihung des 13. Praemium Imperiale (Malerei), Tokio.
- 2010: Auf der japanischen Insel Naoshima eröffnet das vom Architekten Tadao Ando entworfene Lee Ufan Museum.
- 2019: Im Centre Pompidou Metz findet die große Retrospektive »Lee Ufan: Inhabiting Time« statt.

DANIEL BUREN
* 1938

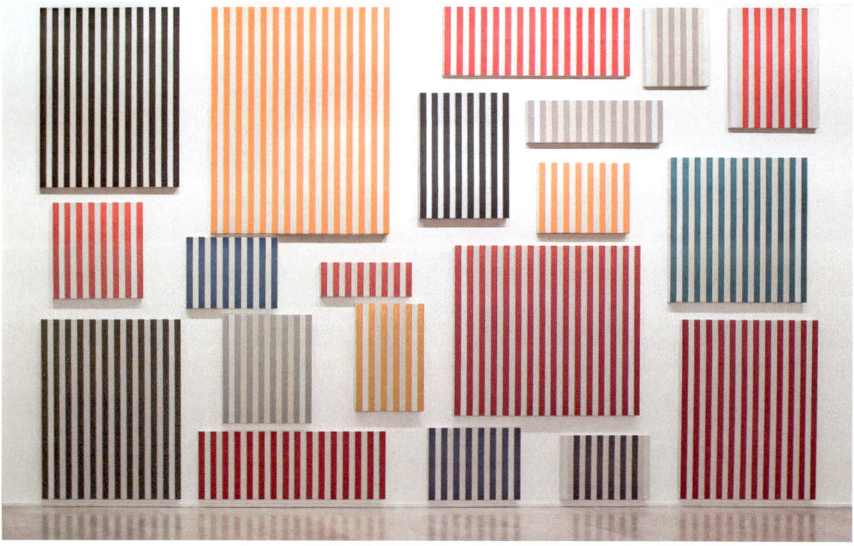

Am Anfang seiner Karriere versuchte der französische Konzeptkünstler Daniel Buren, eine neue visuelle Sprache für die Malerei zu finden, die alle Spuren von Illusionismus, Repräsentation und gestischem Ausdruck aufgibt.
Nach einer längeren Versuchsphase fand Buren 1966 das Format, in dem er von nun an arbeiten würde: ein gedrucktes Design aus sich wiederholenden Streifen von 8,7 cm Breite, abwechselnd in Weiß und einer anderen Farbe. Mit diesem System vermeidet der Künstler Komposition und lässt keine Unterscheidung zwischen dem Material und seinem Design (der Leinwand oder dem Papier und der Farbe darauf) zu. Sein Vorgehen kann in zweierlei Hinsicht als abstrakt beschrieben werden: die Aufgabe der Malerei und die Selbstauslöschung des Künstlers.

Daniel Buren
Murs de peintures, 1966–1977
Acrylfarbe auf gewebter Leinwand mit alternierenden, 8,7 cm breiten Streifen
Musée d'Art Moderne de la Ville de Paris

Diese Gruppe aus 20 Gemälden entstand über einen Zeitraum von 11 Jahren; die Unterschiede in den Formen und Farben werden von der gleichartig gestreiften Struktur und der streng formalen Anordnung an der Wand zurückgedrängt.

Zur Zeit der Studentenunruhen in Paris im Mai 1968 nahm Burens Werk eine ausdrücklich politische Dimension an: Über Nacht und ohne Erlaubnis klebte er eine grünweiße Papierversion seines Werks an 200 Werbetafeln in der Stadt und verdeckte mit seinen banalen Streifenfolgen die kommerzielle Werbung. Außerdem brachte er sein brutal einfaches Format auf sogenannte Sandwich Boards auf, Reklametafeln, mit denen zwei extra engagierte Männer 1968 für seine Performance *Sandwich Men* in Paris herumliefen.

Seit 1967 sind die meisten von Burens Arbeiten in situ entstanden, das heißt, sie wurden entsprechend dem architektonischen, institutionellen oder öffentlichen Kontext geschaffen, in dem sie ausgestellt werden. Der Künstler schrieb 1998: »Meine Arbeiten sind völlig abhängig von den Orten, für die sie geschaffen wurden; eigentlich erschüttern sie die traditionelle, vorgebliche Autonomie des Kunstwerks.« Ziemlich oft überschneiden sich seine Werke mit nichtkünstlerischen Bereichen (von Bootssegeln bis zu den Türen von Vorortzügen), sodass der Unterschied zwischen einem Ausstellungsraum und dem, was jenseits dessen in der wirklichen Welt liegt, verwischt.

WICHTIGE EREIGNISSE

- 1968: Burens erste Soloausstellung findet in der Mailänder Galleria Apollinaire statt.
- 1972: Der Künstler wird zur Teilnahme an der von Harald Szeemann kuratierten Documenta 5 ausgewählt, die seine Rolle in der globalen Konzeptkunst zementiert.
- 1986: Buren gewinnt den ersten Preis – den Goldenen Löwen – auf der Biennale in Venedig für die Gestaltung des französischen Pavillons.

JUDY CHICAGO
* 1939

Judy Chicago ist heute zwar vor allem für ihre radikal-feministischen Werke der 1970er und 1980er bekannt, wie etwa *The Dinner Party* (1974–1979), ihre plastischen Arbeiten von 1965 bis 1973 sind dagegen dem Finish Fetish zuzurechnen: einer Hochglanz-Westküsten-Variante des Minimalismus. Während ihrer Zeit in Fresno und Los Angeles nahm sie Unterricht im Lackieren von Autos – als einzige Frau unter den 250 Schülern –, um die Lacktechniken der Autoindustrie kennenzulernen, die es ihr erlaubten, Oberfläche und Farbe als Einheit zu behandeln. Einige ihrer frühesten Skulpturen sehen aus wie Motorhauben, allerdings entwickelte sie schnell ein abstraktes Vokabular aus reduzierten geometrischen Formen, die sie durch Diagramme, Muster und Systeme erzeugte und als großformatige Skulpturen realisierte.

Anders als die New Yorker Minimalisten mit ihren strengen und oft monochromatischen Paletten bevorzugten die Finish-Fetish-Künstler Pastell- und Bonbontöne, die an die sonnigen Landschaften und die Konsumorientierung Kaliforniens erinnerten. Zu der Zeit, als der größte Teil ihrer Skulpturen entstand, war sie noch als Judy Gerowitz bekannt; 1970 änderte sie ihren Nachnamen in Chicago (ihre Heimatstadt), wie sie in zwei Anzeigen im *Artforum*-Magazin

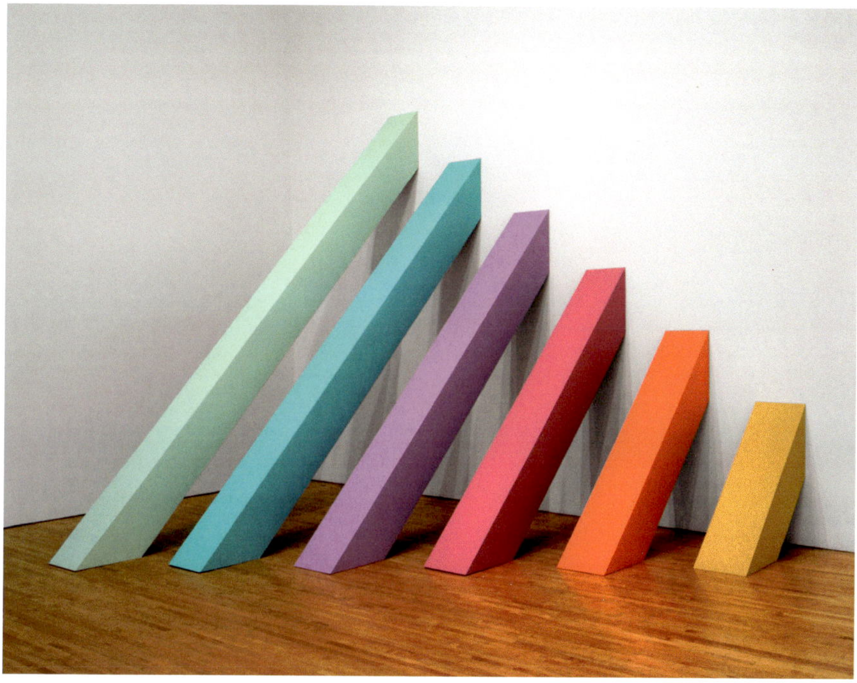

Judy Chicago
Rainbow Pickett, 1965/2004
Latexfarbe auf leinwandbespanntem Sperrholz, 301,6 cm x 301,6 x cm 335,3 cm
Sammlung des Waldman Family Charitable Trust, Mountain Center (CA)

Diese sechsteilige Skulptur ist nach Wilson Pickett benannt, dem Soulsänger der 1960er. Die einzelnen diagonalen Elemente, die Boden und Wand verbinden, gehen schrittweise von kühlen zu warmen Farbtönen über – ein Verlauf wie auf einer Tonleiter.

bekanntgab. Wiederholte sexistische Erniedrigungen und die Entfernung ihrer Arbeiten aus institutionellen und kommerziellen Kunsträumen veranlassten sie zu dieser Entscheidung.

Etwa 1968 begann sie mit den sogenannten *Atmospheres*. In diesen Performances tauchte sie die Landschaft mit Feuerwerken in farbigen Rauch: eine abstrakte, immersive Geste, die gleichermaßen ein Versuch war, die männlich dominierte kalifornische Kunstszene zu »verweiblichen«.

WICHTIGE EREIGNISSE

- 1966: Die Skulptur *Rainbow Pickett* der Künstlerin ist in der Ausstellung »Primary Structures: Younger American and British Sculpture« des Kurators Kynaston McShine am Jewish Museum in New York vertreten.
- 1972: Chicago arbeitet für die Installation *Womanhouse* mit Miriam Schapiro und Mitgliedern des Feminist Art Program am California Institute of the Arts, Los Angeles, zusammen.
- 2020: Am de Young Museum in San Francisco gibt es die erste vollständige Retrospektive von Chicagos Arbeit.

HOWARDENA PINDELL
* 1943

Die großen, vielfarbigen Gemälde der Künstlerin aus den frühen 1970ern sind schimmernde, schillernde Abstraktionen, die aufwendig konstruiert wurden – vor allem mit einem Papierlocher. Dabei entstanden Materialien für weitere Werke, die zwar völlig anders aussehen, aber dennoch den Kreis als Grundform verwenden. Wie die Künstlerin erklärt, entstanden die Gemälde »durch das Sprühen von synthetischem Polymerharz durch Schablonen. Ich stellte die Schablonen mithilfe von Streifen aus gelochtem Papier her. Ich hatte die Papierpunkte aufgehoben, die ich aus Oak-Tag, einem cremefarbenem Papier, gelocht hatte. Indem ich jeden Punkt mithilfe einer Bildröhre, einer Nadel und einer Pinzette nummeriert hatte, schuf ich zwei- und dreidimensionale Werke aus zusammengesetzten, gelochten und nummerierten Punkten.« Pindell hatte ein duales Herstellungssystem geschaffen: Der »Abfall« der ausgestanzten Löcher aus ihren Schablonen wurde zum Rohmaterial für die strukturierten Oberflächen ihrer Collagen.

Pindell erwarb ihren Masters of Fine Art an der Yale University, wo sie Josef Albers' Farbtheoriekurs besuchte, dem sie ihr komplexes Verständnis von Farbe verdankt – neben ihrem tiefen Respekt für Georges Seurats Pointillismus. Mit ihren abstrakten Collagen und Gemälden wurde Pindell die erste afroamerikanische Kuratorin am Museum of Modern Art (MoMA) in New York, wo sie 12 Jahre lang in der Abteilung für Drucke und Illustrierte Bücher arbeitete (1967–1979). Ihr Werk aus dieser Zeit ist dem Postminimalismus zuzurechnen – dieser Begriff umfasst zahlreiche Künstler, darunter Eva Hesse und Lynda Benglis, deren Werk das Verhalten von

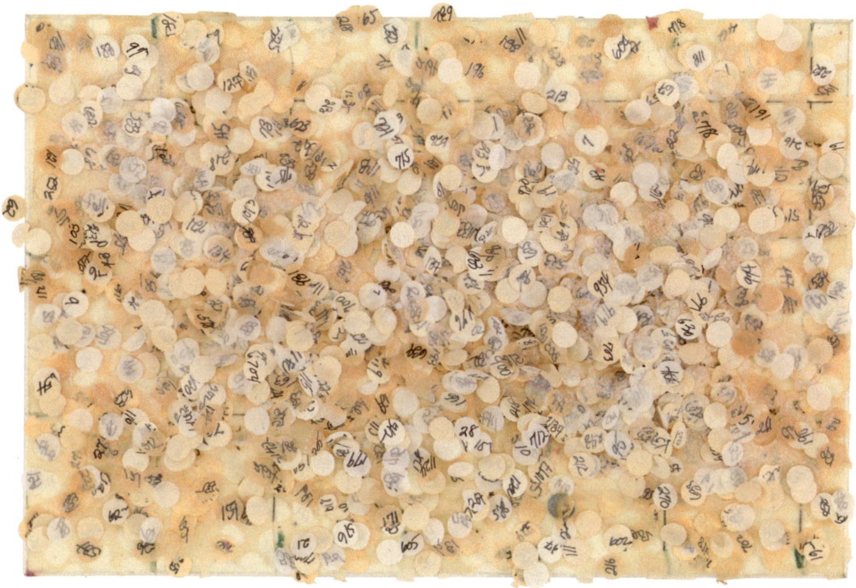

Howardena Pindell
Ohne Titel #58, 1974
Gemischte Medien auf Karton,
12,75 cm x 20,32 cm
Rose Art Museum, Brandeis University, Waltham

Angesichts des breiteren Kontexts ihrer Arbeit merkt Pindell an: »Schwarze Ästhetik bedeutet für mich, sich der afrikanischen Kunst bewusst zu sein ... Ich glaube, man kann auch wegen der Art und Weise, wie Abstraktion in Afrika in Form von Geometrie und Mustern eingesetzt wurde, Abstraktion benutzen und eine schwarze Ästhetik haben.«

Materialien erkundet, die den Kräften der Natur, wie der Gravitation, ausgesetzt sind und die sich von den strengen Systemen des Minimalismus (geometrische Permutationen und gerasterte Strukturen) gelöst haben.

Die Künstlerin sieht in ihren Werken keine Trennung zwischen deren ästhetischen Qualitäten (der Schönheit ihrer abstrakten Farben, Formen und Texturen) und deren kritischen Qualitäten, die geschickt auf gesellschaftliche und politische Probleme verweisen, speziell denen aus ihren Erfahrungen als schwarze Künstlerin. Pindell erinnert uns an die immer präsente kulturelle Dimension der abstrakten Kunst, die selten im luftleeren Raum entsteht.

WICHTIGE EREIGNISSE

- 1977: Pindell hat eine Soloausstellung bei der einflussreichen gemeinnützigen Kunstorganisation Just Above Midtown (JAM) von Linda Goode Bryant in New York.
- 1986: The Studio Museum im New Yorker Stadtteil Harlem richtet eine wichtige Soloausstellung aus .
- 2017: Pindells Werk ist in der großen Werkschau »We Wanted a Revolution: Black Radical Women, 1965–1985« am Brooklyn Museum in New York vertreten.

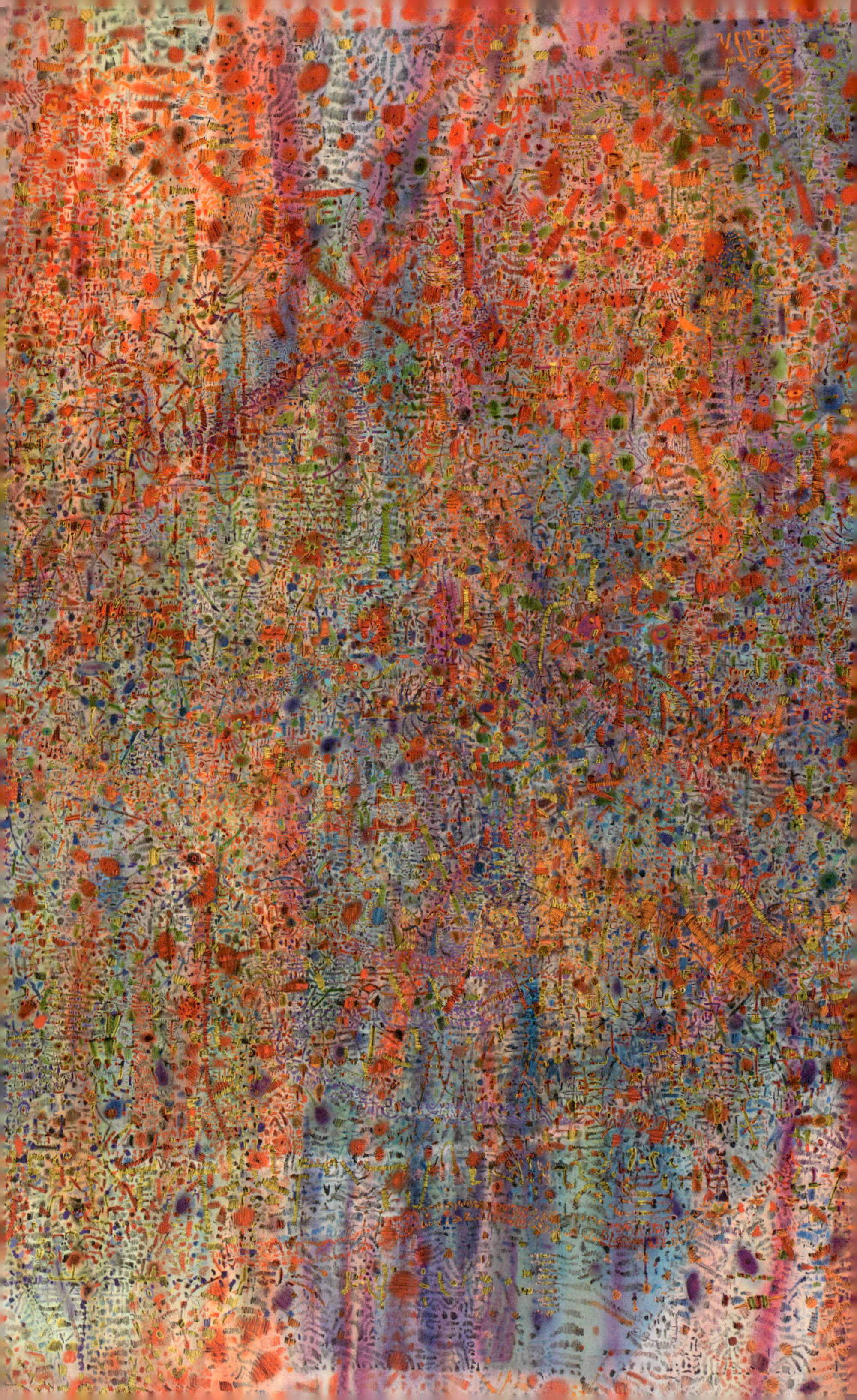

ABSTRAKTION IM DIGITALEN ZEITALTER

-

Die Abstraktion definiert sich durch ihre Offenheit ... Indem wir unser Kunstverständnis für eine Vielfalt möglicher Interpretationen öffnen, ist die Abstraktion inhärent multidirektional: Sie dezentralisiert die Grenzen, die Kunst von der landläufigen Bedeutung dessen trennen, was sie nicht ist.

-

Kobena Mercer

2006

HELEN PASHGIAN
* 1934

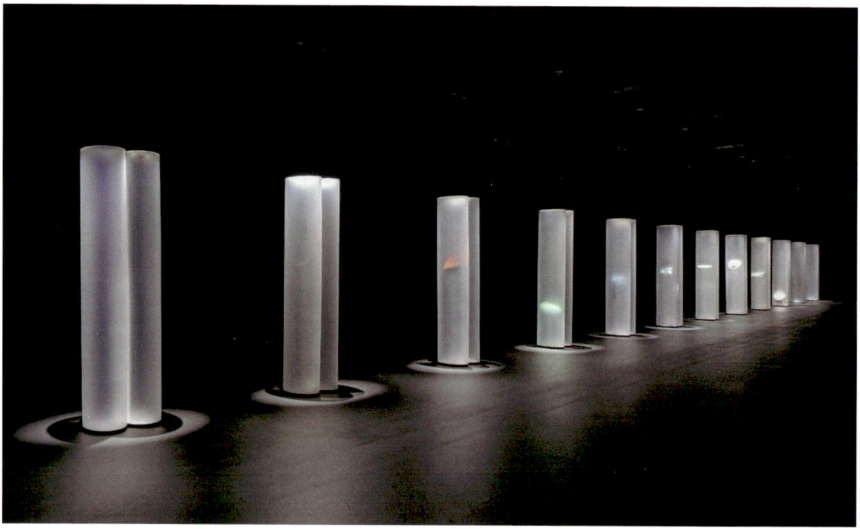

In den 1950er-Jahren wurde Pashgian in New York und Boston zur Kunsthistorikerin ausgebildet und spezialisierte sich auf die holländische Malerei des 17. Jahrhunderts mit besonderem Augenmerk auf Jan Vermeer und seine meisterhafte Darstellung von Licht. Nach ihrem Studium an der Ostküste kehrte sie in ihre Heimat Pasadena, Kalifornien, zurück, wo sie in den 60ern mit der Schaffung von Skulpturen begann. Sie schloss sich einer losen Künstlervereinigung an, die sich mit den durchscheinenden und lichtbrechenden Eigenschaften damals neuer Materialien wie beschichtetes Glas, Epoxidharze, Fiberglas und Kunstharz beschäftigten. Bekannt wurde diese Bewegung unter dem Namen Light and Space of Southern California. Den Künstlern gemein war das Interesse, dem Betrachter eine andere Raumwahrnehmung durch einbeziehende Installationen zu ermöglichen, die die Grenze zwischen Kunstgegenstand, der Umgebung und den Lichtbedingungen sowie den Betrachtern verschwimmen ließen.

In ihren dreidimensionalen Werken behandelt Pashgian Licht gleichermaßen als Medium und als Gegenstand ihres Schaffens, sie verwendet Materialien, die Licht absorbieren, reflektieren und brechen. Sie arbeitete mit einem Hersteller, der ihre Kunstwerke produzierte. Vorzugsweise ließ sie dazu Kunstharze und Acryl in Formen gießen, um ihre typischen Scheiben und Kugeln zu schaffen. Dazu wurden häufig Plastikplatten erhitzt, bis sie weich und formbar waren, und mithilfe einer Holzform in eine geschwungene 3D-Form gepresst. Diese Ellipsenformen werden häufig in freistehenden Säulen montiert und erscheinen dann als mysteriöse innenliegende Lichtquelle. Pashgian lässt in ihren Arbeiten auch mehrere Farben zu, wohl als Referenz an die sonnengeflutete Atmosphäre Kaliforniens. Entscheidend für das Aussehen des Werks ist das finale Sandstrahlen und Polieren. Die Künstlerin will damit vermeiden, dass jegliche Art menschlicher Spuren auf der Oberfläche ihrer Skulpturen zurückbleibt. Sie glaubt, selbst ein einzelner Kratzer zerstöre das Erlebnis beim Anschauen, Umrunden der und Hindurchgehen durch die Säulen, die wie flüssiges Licht wirken.

Helen Pashgian
Ohne Titel, 2012–2013
Geformtes Acryl, Maße verschieden
Los Angeles County Museum of Art

Die Künstlerin beschrieb diese große Installation aus zwölf Teilen so: »Ich stelle mir die Säulen als ›Präsenzen‹ im Raum vor – Präsenzen, die nicht alles auf einmal preisgeben. Man muss sich umherbewegen, um Veränderungen wahrzunehmen: kommen und gehen, erscheinen und verschwinden, Sichtbares und Unsichtbares – ein Phänomen ständiger Bewegung. Sie rührt an das Mysteriöse, an Orte, über die das Auge hinausgehen kann.«

WICHTIGE EREIGNISSE

- 1970–1971: Pashgian ist Gastkünstlerin am California Institute of Technology, Pasadena,Kalifornien.
- 2011: Pashgians Werk wird in der großen Gruppenausstellung »Phenomenal: California Light, Space, Surface« am Museum of Contemporary Art San Diego, Kalifornien, gezeigt.
- 2013: Auszeichnung als »Distinguished Women in the Arts« des Museum of Contemporary Art, Los Angeles, Kalifornien.

SHEILA HICKS
* 1934

Sheila Hicks wurde in Nebraska geboren und studierte an der Yale University bei verschiedenen abstrakten Künstlern, darunter Josef Albers, dessen Farbtheorien und Übungen ihre künstlerische Entwicklung nachhaltig beeinflussten. Er stellte Hicks auch seiner Frau, Anni Albers, vor, die mit ihren bahnbrechenden Handweb-rbeiten großen Einfluss hatte, denn sie integrierte die geometrische Abstraktion lateinamerikanischer Textilen in ihre Werke. Der Kunsthistoriker George Kubler leitete in Yale einen Kurs zu präkolumbianischen Kunst, der Hicks' Interesse an lateinamerikanischen Kulturen einen größeren Kontext gab. Neben ihrer Malerei begann sie, mit Textilien zu experimentieren. Durch die Unterstützung von Josef und Anni Albers bekam Hicks ein Fulbright-Stipendium, um von 1957 bis 1958 in Chile Malerei zu studieren. Dort machte sie mit Webtechniken aus den Anden Bekanntschaft. 2004 formulierte Hicks den Einfluss von Josef und Anni Albers auf ihre frühen Jahre als Kunstschaffende so:

> Ich spürte, dass mir Josef die Augen für die Welt der Farben und Anwendungsmöglichkeiten geöffnet hatte. Gleichzeitig half mir Anni, über Struktur nachzudenken. Alles hat eine Grundstruktur. Biologen wissen das, aber Künstlern ist das nicht immer gleich klar. Ab sofort konnte ich Farbe und Struktur gleichzeitig denken. Außerdem entwickelte ich meine Beobachtungskraft – visuell.

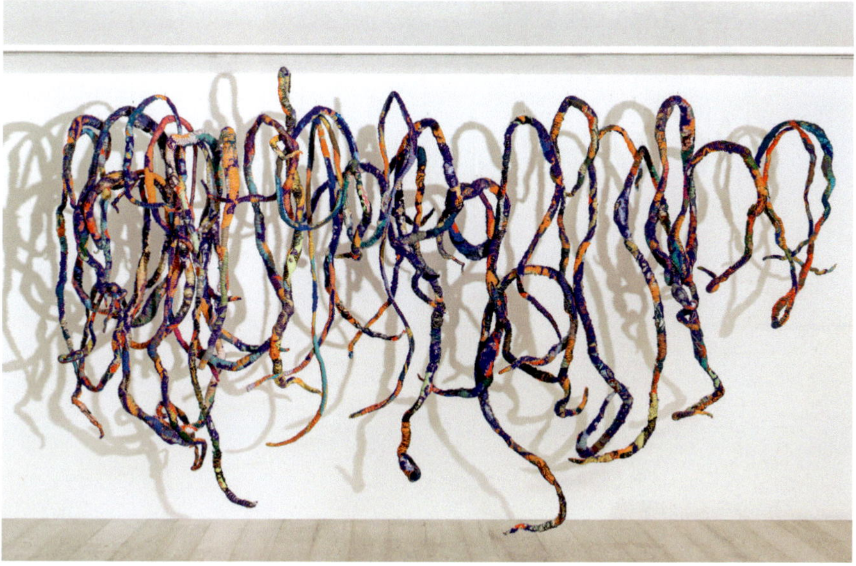

Sheila Hicks
Baôli Chords Pow Wow,
2014–2015
Baumwolle, Leinen,
Seide, Bambus und
Synthetikfasern,
26 Elemente,
je 250 cm x 20 cm
Alison Jacques Gallery,
London

Diese bunte Installation bindet eine Vielfalt natürlicher und synthetischer Fasern und strenge zweig- oder wurzelähnliche Strukturen, unabhängig vom Boden oder eine Baum, die sich an den Wänden der Galerie umeinander schlingen oder frei tanzen können.

Nach ihren Studien lebte und arbeitete Hicks von 1959 bis 1963 in Guerrero, Mexiko. Seit 1964 hat sie ihren Lebensmittelpunkt in Paris, bereist jedoch die ganze Welt. In den 1960er-Jahren fertigte Hicks textile Auftragsarbeiten für Firmensitze und -gebäude wie das Hauptgebäude des Fernsehsenders CBS und das Pariser Büro von IBM. Ihre großen Installationen nehmen häufig architektonische Ausmaße ein und arbeiten mit den Eigenschaften des Raums, für den sie bestimmt sind. Sie verwendet in ihren Textilien sowohl natürliche als auch synthetische Fasern in grellen, bunten Farben. Die Fasern werden gewebt, geknüpft, geflochten, gestickt und mit zusätzlichen Materialien wie Papier, Holz, Seide und Kupfer verbunden. Ihre kleineren experimentellen Webarbeiten bezeichnet sie als *Minimes* (französisch für minimal), die meisten stellt sie auf demselben Handwebstuhl her, den sie bereits seit 50 Jahren einsetzt.

WICHTIGE EREIGNISSE

- 1969: Die Werke der Künstlerin werden prominenter Bestandteil einer Gruppenausstellung zeitgenössischer Webarbeiten »Wall Hangings«, am Museum of Modern Art (MoMA), New York.
- 2010: Hicks erhält die Medaille der Smithsonian Archives of American Art.
- 2019: Ihre Solo-Retrospektive-Ausstellung »Campo Abierto/ Open Field« öffnet am Bass Museum of Art, Miami, Florida.

DÓRA MAURER
* 1937

Die in Budapest geborene Maurer studierte in den 1950er-Jahren Malerei und Druckgrafik an der Ungarischen Akademie der Künste. Sie wurde ein wichtiges Mitglied in der unabhängigen Avantgarde ihres Landes, einem losen Zusammenschluss von Malern, Designern und Dichtern, die das staatliche Kulturschaffen im Sozialismus infrage stellten und zahlreiche Studienkreise und Arbeitsgemeinschaften unterhielten – vom Film über die Fotografie, Ausstellungsorganisation bis hin zur Bearbeitung von Kunstpublikationen. Ab 1968 lebte sie 30 Jahre lang abwechselnd in Budapest und Wien, als einer der wenigen Künstlerinnen war es ihr erlaubt, auch ins nicht-sozialistische Ausland zu reisen. In dieser Zeit entwickelte sie einen Stil mit Schwerpunkt auf konzeptueller Bewegungsanalyse, Wiederholung und inkrementeller Veränderung – wie in Fotoserien wie *Reversible and Changeable Phases of Movements* (1972), die einfache Aktionen und Gesten in sequenziellen Rasterformationen dokumentiert.

Ihre Begeisterung für die Lehre führte im Laufe ihrer Karriere zu zahlreichen interdisziplinären und kooperativen Experimenten, u. a. mit Workshops in Super-8-Film, Zeichnen und Performance. Im Grunde geht es bei ihr um forschungsbasierte Untersuchungen; eine Problemlösung mit visuellen Mitteln. Seit Mitte der 1980er-Jahre konzentrierte sich Maurers Schaffen auf die Malerei abstrakter Formen, die durch gebogene, einander überlagernde Ebenen geprägt sind, ebenso durch verkürzte Perspektive und umgekehrte Räume. Dennoch betrachtet sie sich selbst nicht als Malerin. Maurer erläutert: »Ich mache Experimente, ich ändere Methoden und ich denke in formellen Gegensätzen.«

Dóra Maurer
Überlagerungen (Unregelmäßig) 4, 2009–2010, Acryl auf Leinwand und Holz in 5 Teilen, 450 cm x 233 cm
Vintage Galéria, Budapest

Die fünf separaten Platten sind so angemalt, dass sie Transparenz andeuten, die es in Wahrheit gar nicht gibt. Die »Überlagerungen« sind optische Täuschungen, sie deuten die Darstellung der verschiedenen Farben in dreidimensionalen Ebenen übereinander an.

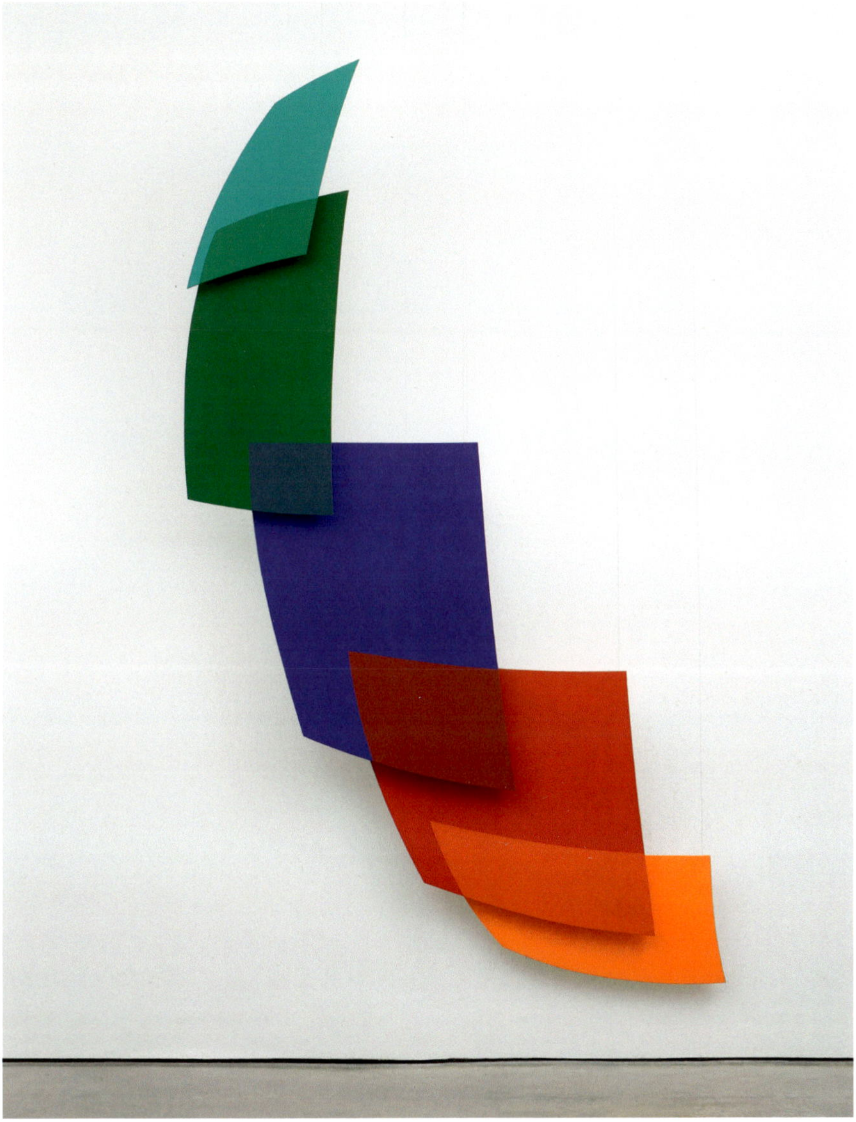

WICHTIGE EREIGNISSE

- 1982: Maurer schafft ein Gemälde direkt auf der Wand eines Turmzimmers im Schloss Buchberg am Kamp, Österreich. Diese Installation kennzeichnet ihren Wechsel zur Malerei.
- 2019: Tate Modern zeigt eine große Ausstellung mit Maurers Werken von den 1970ern bis 2019.

TAKESADA MATSUTANI
* 1937

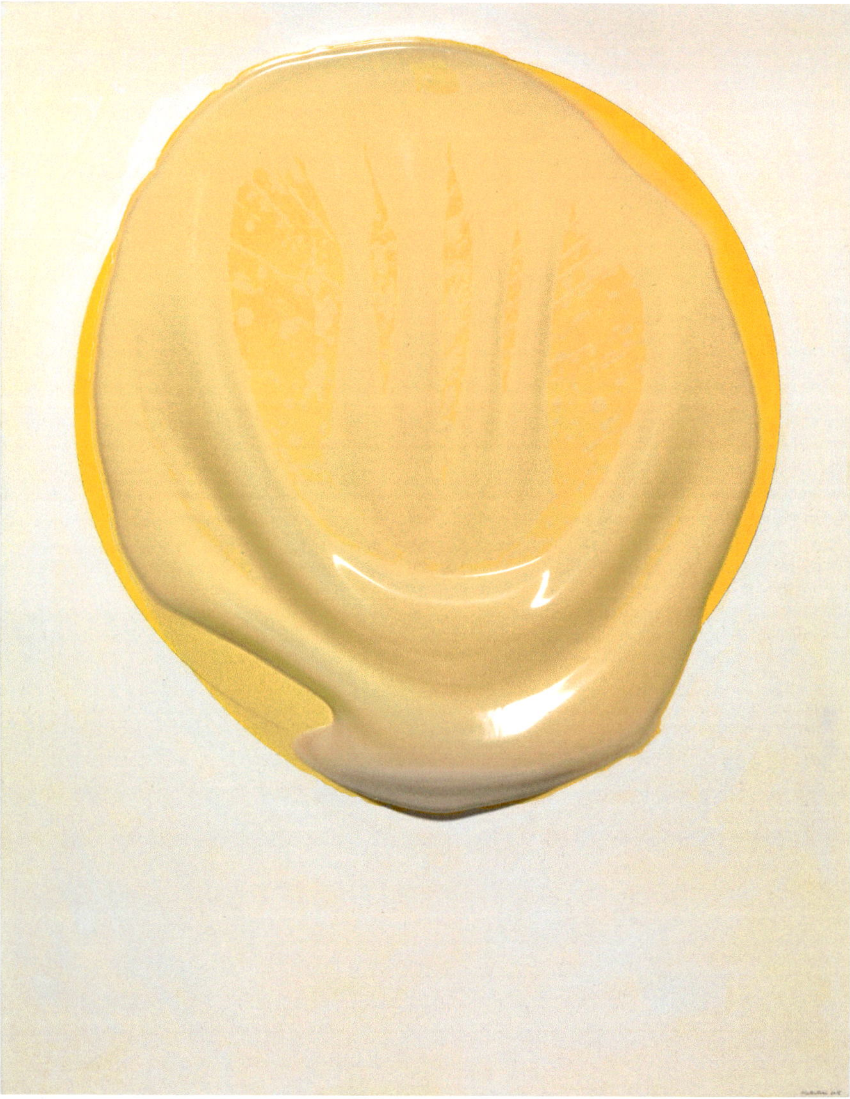

Takesada Matsutani
Propagation 15-2, 2015
Vinylkleber und Acrylfarbe auf Leinwand und Sperrholz,
146 cm x 114 cm
Centre Pompidou, Paris

Angesprochen auf sein Interesse an der Darstellung des Flusses der Zeit, sagte der Künstler 2010: »Ein Fluss, der Fluss der Zeit, von dem Sie nicht wissen, wann er begonnen hat oder wann er enden wird – daraus habe ich versucht, eine visuelle Form zu schaffen. Es war zweifelhaft, ob ich es schaffen würde, die Zeit in einem Kunstwerk anzuhalten ... die Zeit fließt unaufhaltsam.«

Der in Osaka geborene Matsutani wuchs in der Region Kansai in Japan auf, wo sich nach dem Zweiten Weltkrieg die einzige große Bewegung der Nachkriegskunst des Landes entwickelte, die auch international anerkannt wurde: Gutai (wörtlich übersetzt »Verkörperung« oder »Gegenständlichkeit«). Nach seinem Studium an Osakas Schule für Kunst und Handwerk in den 1950ern, einem Selbststudium in westlicher zeitgenössischer Kunst und der Entwicklung eines eigenen abstrakten Malstils in den 60ern trat Matsutani 1963 offiziell den Gutai-Künstlern bei, was mit seiner ersten Solo-Ausstellung an der Gutai Pinacotheca, Osaka, begangen wurde.
Der Gründer der Gruppe, Jirō Yoshihara, hatte ihn bereits zuvor eingeladen. In seinen Werken setzt er verschiedene Materialien ein: Graphit, Vinylkleber (ein in den 1960ern neues Industrieprodukt) und Sumi-Tusche (Stangentusche, wurde vorwiegend für Kalligrafie verwendet). In den zufälligen Prozessen kam nicht selten auch der Atem des Künstlers ins Spiel – indem er zum Beispiel Blasen aus Vinylkleber mit einem Strohhalm direkt auf die Leinwand aufblies.

1966 veränderte ein Ereignis sein gesamtes Leben: Matsutani gewann einen Wettbewerb des Institut Français in Kyoto und durfte ein halbes Jahr in Frankreich arbeiten. Nachdem er Europa bereist hatte, ließ er sich in Paris nieder und blieb dort bis zum Ende des Jahrzehnts. Er arbeitete weiterhin mit Stangentusche und kehrte auch regelmäßig nach Japan zurück. Dort beteiligte er sich an allen Gutai-Ausstellungen, bis sich die Gruppe nach Yoshiharas Tod 1972 auflöste. In Paris schloss er sich von 1967 bis 1971 Atelier 17 an, dem Studio des britischen Druckkünstlers Stanley William Hayter, wo er als Assistent Hayters tätig war und seiner zukünftigen Frau begegnete, der Künstlerin Kate van Houten, die ihn in die Geheimnisse des Siebdrucks einführte.

Inspiriert durch den Zen-Buddhismus, das Konzept des Nichts und sein Interesse an Zellstrukturen, der Fortpflanzung und anderen biologischen Lebenszyklen, neben Bezügen auf Körperorgane und -öffnungen, besteht Matsutanis Wirken in einer organischen Meditation über Vergänglichkeit und gelebte Erfahrungen.

WICHTIGE EREIGNISSE

- 1977: Der Künstler beginnt, seine *Streams* aus Graphit und andere großformatige Werke herzustellen, die als Hybriden aus Performance und Installation gelten.
- 2019: Das Centre Pompidou organisiert »Takesada Matsutani«, die größte Retrospektive in seiner Wahlheimat Frankreich.

EL ANATSUI
* 1944

El Anatsui stellt glänzende, abstrakte Wandbehänge her. Dazu verwendet er große Mengen Alltagsabfall, unter anderem Metallreiben, und seit 2001 auch flachgedrückte Flaschenverschlüsse aus Aluminium, die zu seinem Markenzeichen geworden sind. El Anatsui wurde in Anyako, Ghana, geboren und studierte und promovierte in Kumasi, bevor er 1975 nach Nsukka, Nigeria, zog. Zehn Jahre später schloss er sich der Gruppe Aka Circle of Exhibiting Artists in Ost-Nigeria an. An der Universität von Nigeria unterrichtete er Bildhauerei, bis er 2011 pensioniert wurde. Im Laufe der Jahrzehnte schuf er bahnbrechende geometrische Holzreliefs sowie Skulpturen in Terrakotta, Ton und Metall.

Seine komplexen, mehrteiligen Assemblagen sind in feiner und physisch äußerst anstrengender Handarbeit entstanden: Die Flaschenverschlüsse werden geglättet, gerollt, verdreht und geschnitten, bevor sie mit Kupferdraht verwebt werden. Diese einfachen Einzelelemente werden dann zu einem großen Ganzen vernäht; ein Mosaik wie ein Strukturfeld, das in seiner ganzen Größe Wellen bildet. Als Kommentar zum exzessiven Konsum und dem dabei entstehenden Müll in der Industriegesellschaft verdeckt El Anatsuis Werk nicht die Marken oder das Design der recycelten Objekte. Damit erinnert es den Betrachter an die globale Wirtschaft, aus der das Kunstwerk hervorgegangen ist. El Anatsui stellt ausschließlich

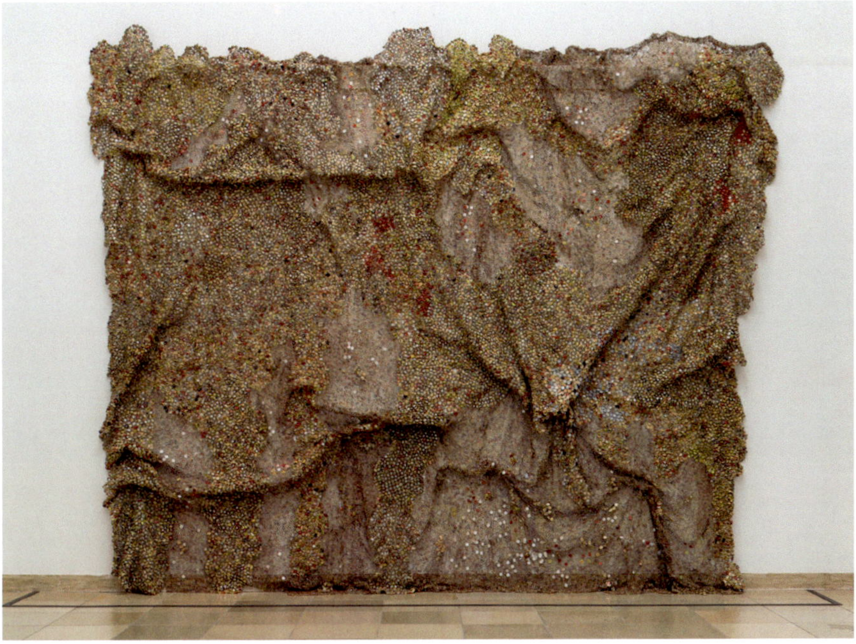

El Anatsui
Dusasa II, 2007
Fundsachen: Aluminium-Deckel und Kupferdraht, 546,1 cm x 655,3 cm
Metropolitan Museum of Art, New York

Der Künstler erklärt, der Titel des Werkes, *Dusasa*, könne aus der westafrikanischen Sprache Ewe übersetzt werden als »kommunales Patchwork von einem Team aus Städtern«. Das bezieht sich auf seine kollaborative Methode, bei der er mit vielen Assistenten arbeitet, um seine riesigen Stücke zu fertigen.

nicht-gegenständliche Kunst her und verflicht die bedeutungsvollen Abfall-Materialien mit visuellen und linguistischen Traditionen von Kunst, Design und Textilien in Westafrika , wie den Kente- und Adrinka-Stoffen aus Ghana, kombiniert mit historischen Themen wie Sklaverei, Kolonialisierung, Post-Kolonialismus und den Bedrohungen der Globalisierung und der aktuellen Umweltkatastrophen, die sich in Werken wie *Rising Sea* von 2019 widerspiegeln.

WICHTIGE EREIGNISSE

- 2015: Der Künstler erhält den Goldenen Löwen der Biennale in Venedig für sein Lebenswerk.
- 2019: El Anatsui stellt sein bisher größtes Werk, *Second Wave*, für die Fassade am Haus der Kunst in München her, für das er Tausende Kronkorken und Offset-Druckplatten verwendet.

TOMMA ABTS
* 1967

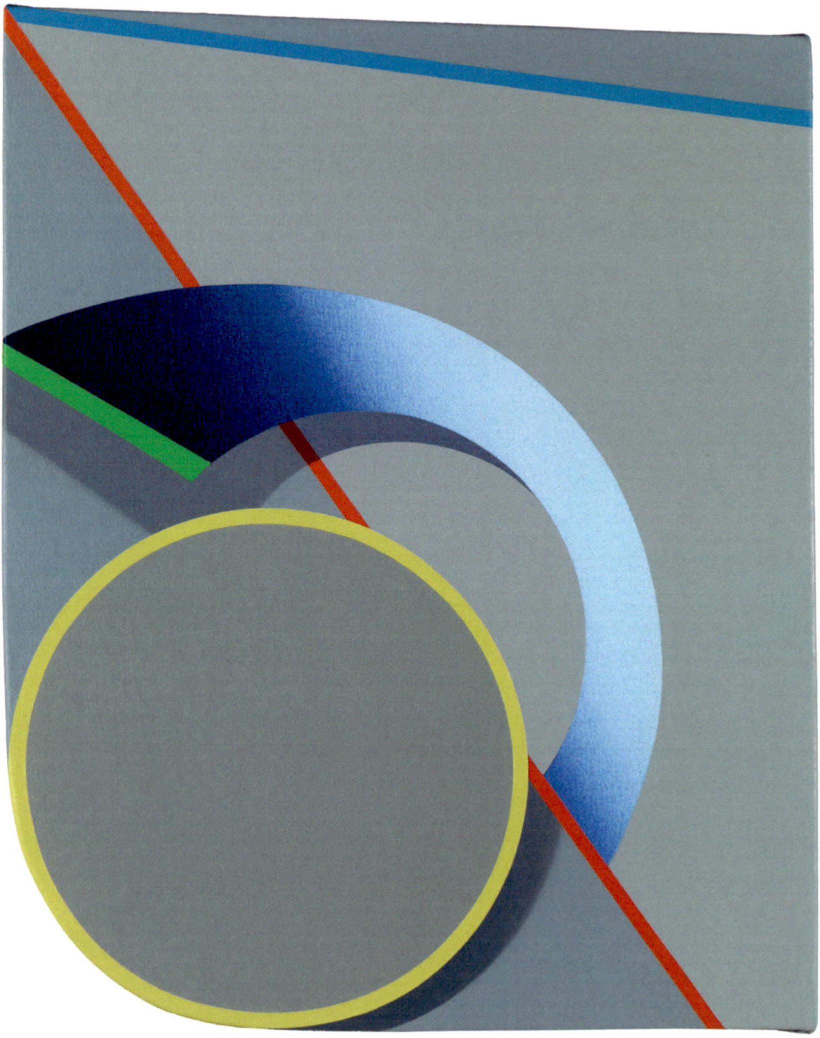

Tomma Abts wurde in Kiel geboren und studierte von 1988 bis 1995 an der Hochschule der Künste in Berlin. Inzwischen lebt sie in London. Sie arbeitet in einem besonderen Bildformat: 48 cm Höhe und 38 cm Breite. Diese selbst auferlegte Beschränkung sorgt für einen völlig intuitiven Herstellungsprozess. Sie benutzt die abstrakte Sprache geometrischer und biomorphischer Formen und Ebenen ohne vorbereitende Skizzen oder Planungszeichnungen, bevor sie mit dem eigentlichen Bild beginnt. Über ihre Arbeitsmethode sagt Abts: »Ein Gemälde zu schaffen ist ein langwieriger Prozess, eine Form für etwas zu finden, von dem man eine Eingebung hat.« Ihre Gemälde haben mehrere Ebenen, denn Abts' Arbeitsschritte, bei denen sie entscheidet, revidiert und übermalt, sind allesamt Bestandteil des finalen Bildes.

Tomma Abts
Oeje, 2016
Acryl und Öl auf Leinwand, 48 cm x 38 cm
Privatsammlung

Während die eigentliche linke unter Ecke des Bildes sorgfältig geschwungen ist, wurden die runden Formen im Vordergrund mit verschiedenfarbigen Schattenwürfen in unterschiedliche Richtungen ausgestattet, um eine gegensätzliche interne Logik zu schaffen, die den eigentlichen Trick des Gemäldes ausmacht. *Oeje* stammt wie alle Titel von Abts' Werken aus einem deutschen Vornamenbuch.

Die Malerin hat neuerdings auch Abgüsse von Leinwand-Flächen in Bronze und anderen Metallen geschaffen, damit entfernte sie den vielfarbigen Effekt aus ihren Bildern und kehrte zu einer monochromatischen Fülle zurück, die bereits in byzantinischen Ikonengemälden zu sehen war. Wie viele abstrakte Künstler aus der ersten Hälfte des 20. Jahrhunderts wie Malewitsch und Rosanowa zieht Abts den Begriff »nicht-gegenständlich« für ihre Arbeiten vor. Sie stellt klar:

> Häufig beschreiben die Leute meine Gemälde als abstrakt. Ich bezeichne sie nicht als abstrakt, weil ich aus einer gewissermaßen unbestimmten und unscharfen Position ein sehr spezifisches und konkretes Bild schaffe. Ich konstruiere ein Bild aus dem Nichts und versuche, es sehr klar zu definieren, damit es lesbar wird. Gleichzeitig soll es so offen wie möglich sein.

Diese Schwankung zwischen Präzision und Offenheit definiert Abts' Schaffen, das häufig optische Täuschungen verwendet, um dreidimensionale Tiefe in ihre ebenen Bilder zu bringen.

WICHTIGE EREIGNISSE

- 2006: Abts gewinnt den Turner Prize in London, der ihr von der japanischen Konzeptkünstlerin Yoko Ono verliehen wird.
- 2018: The Serpentine Galleries, London und The Art Institute of Chicago,organisieren gemeinsam die Solo-Wanderausstellung »Tomma Abts«.

JOHANNA UNZUETA
* 1974

Die in Santiago geborene Unzueta zog im Jahr 2000 nach New York um, wo sie begann, Skulpturen in Filz zu schaffen. Häufig verwendete sie dazu Gegenstände aus Haushalt und Industrie, um die menschliche Dimension der Herstellungsprozesse zu reflektieren.

Seit 2015 schuf Unzueta große, frei stehende abstrakte Zeichnungen auf riesigen Papierflächen, die sie mit Indigo-Blau, Fustik-Gelb und anderen natürlichen Farben gefärbt hatte. Durch transparente Rahmen werden sie in dreidimensionale Objekte verwandelt und auf recycelten Bauholz-Ständern gelagert. Die Künstlerin erinnert sich: »Anfangs dachte ich an die Grundübungen der Mathematik mit Mengen und Untermengen und wie sich das mit der Idee von Zusammenarbeit und Gemeinschaft verbinden lässt.« Die Zeichnungen verwenden winzige Löcher und andere Techniken, um ihre Doppelseitigkeit zu betonen. Für ihre perfekten Formen verwendet Unzueta Stickrahmen aus ihrer schier unendlichen Sammlung. Das Ergebnis sind fein ovale, runde oder mosaikartige geometrische Formen, die durch Licht und Andeutungen von Textilien aktiviert werden. Durch diese subtilen, aber komplexen Gesten beschreibt Unzueta die Spuren der indigenen Handwerke und der lateinamerikanischen Geschichte geometrischer Abstraktionen in ihren Werken, die die Grenze zwischen Kunst und Handwerk sowie zwischen traditionell und zeitgenössisch verwischen.

Die Künstlerin schreibt zu ihren Werken: »Sie sind Sinnübungen, in denen natürliche Designs zu einem neuen Blickwinkel werden. Hier nehmen neue Bezugspunkte in Form biologischer Beob-

Johanna Unzueta
December 2014, January, February, March 2015
NY, 2014–2015
Wasserfarbe und Pastellstift auf Papier, 107 cm x 107 cm
Bestand der Künstlerin

Unzueta betrachtet den abstrakten Zeichenprozess als meditativen Akt, denn er ist gleichermaßen diagrammatisch wie eng mit dem menschliche Körper verbunden. Sie erklärt, sie nutze keine Lineale, sondern ihre Hände und Finger und andere Teile ihres Körpers zum Messen und berechne die Verhältnisse mit dem Auge.

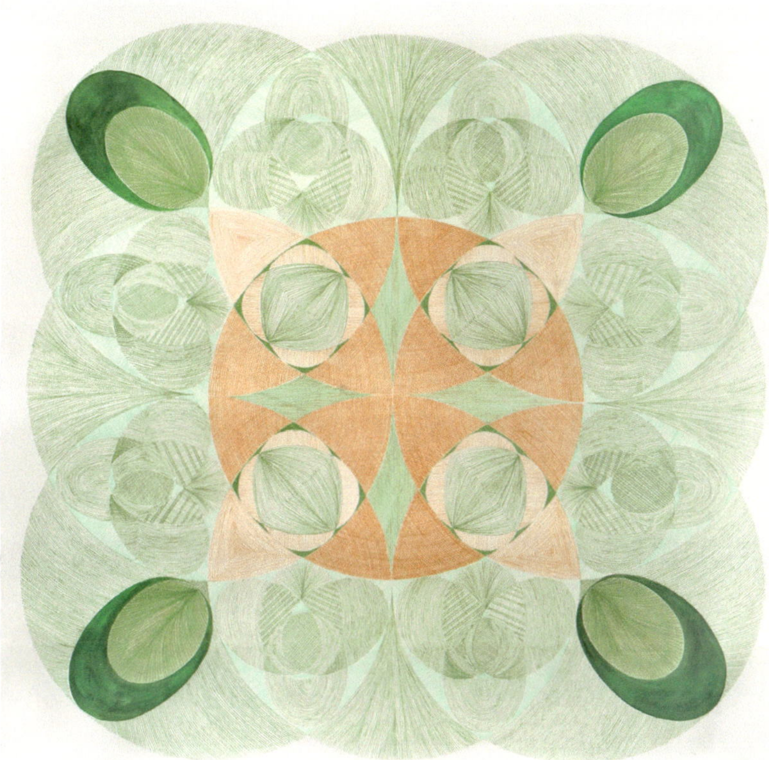

achtungen von Leben, Pflanzen und Wissenschaft Form an.« Ihre abstrakten Muster sind durch den »Goldenen Schnitt« der Natur inspiriert – eine Symmetrie, die man in natürlichen Strukturen wie Insektenflügeln oder Blütenblättern erkennen kann. An einer solchen Zeichnung arbeitet die Künstlerin mehrere Monate. Die Dauer ihrer Arbeit findet sich im Titel wieder, der die Orte und Jahre der Produktion nennt

WICHIGE EREIGNISSE

- 2018: Die Künstlerin nimmt an der 10. Biennale in Berlin mit einer Wandgestaltung und ihren frei stehenden Zeichnungen teil.
- 2020: »Tools for Life«, ihre erste Solo-Ausstellung in Großbritannien, öffnet an der Modern Art Oxford.

RANA BEGUM
* 1977

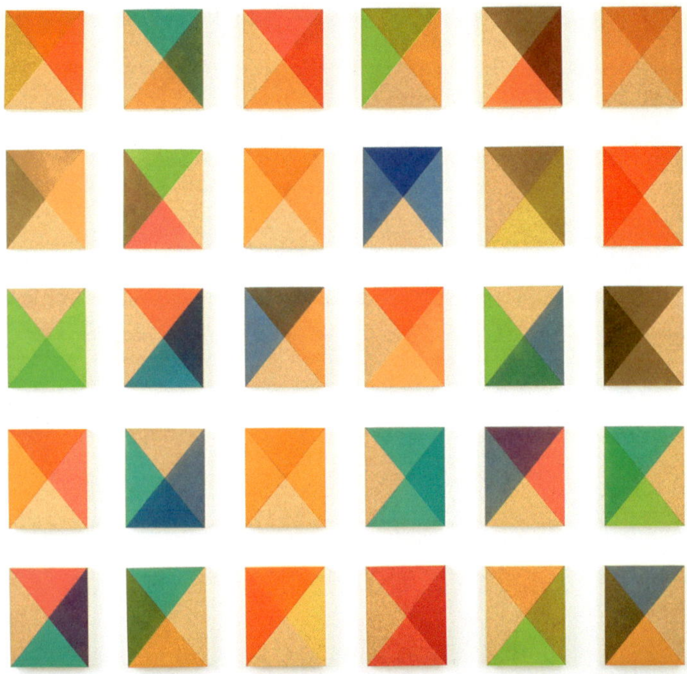

Rana Begum
No. 786 Painting, 2018
Acryl auf MDF,
30 Platten,
165 cm x 170 cm x 4 cm
Privatsammlung

Die Künstlerin interessiert besonders, wie Licht unsere Farbwahrnehmung verändern kann: Jedes dieser 30 MDF-Platten ist in vier Dreiecke einander überlagernder Schichten von Acrylfarbe unterteilt, die ein Raster schaffen, das in seiner Raumaufteilung sowohl diagonal als auch geradlinig funktioniert.

Die in Bangladesch geborene Rana Begum, Absolventin des Chelsea College of Art and Design und der Slade School of Fine Art, lebt und arbeitet in London, wo sie sich von den sich ständig ändernden modularen Strukturen und leeren Räumen der Stadt inspirieren lässt. Unter dem Einfluss von Konstruktivismus, Minimalismus und den geometrischen Designs der islamischen Kunst und Architektur dreht sich Begums Werk um Zwei- bzw. Dreidimensionalität. Sie nutzt häufig die Faltprinzipien des Origami, um eine »zweidimensionale Arbeit zu aktivieren«, wie sie ihre Prozesse beschreibt.

Begum erklärt ihr Interesse an den abstrakten Formen, die ihrem Werk zugrunde liegen, so: »Geometrische Formen ziehen mich an, denn sie nutzen mein Grundinteresse an Farbe und Licht, statt davon abzulenken.« Sie setzt diese Formen in einer Vielzahl von Industrie- und Gebrauchsmaterialien um, darunter Aluminium, Betonplatten, Kupfer, Glas, gestrichenes MDF, Perspex, Reflektoren und pulverbeschichteter Stahl. Sie arbeitet jedoch auch mit handwerklichen Produkten wie Bambuskörben, zum Beispiel für ihre Installation *No. 764 Baskets*, 2017–2018. Begum nutzte dazu die Körbe von traditionellen Korbmachern in Bangladesch. Die Künstlerin nummeriert ihre Werke, um keiner Interpretation aus ihrer reichhaltigen Quelle von Inspirationen und Quellen den Vorrang zu geben.

Wie viele abstrakte Künstler glaubt Begum, dass der Betrachter ihrer Werke eine wichtige Rolle bei deren Aktivierung spielt: »Im Leben sind wir ständig in Bewegung und erleben, wie sich die Dinge um uns ändern und verschieben. Ich hatte das Gefühl, ich muss diese Veränderungen reflektieren, ebenso die Veränderungen in meiner Arbeit. Ich verlasse mich dabei sowohl auf das natürliche Licht als auch auf die Interaktion des Betrachters.«

WICHTIGE EREIGNISSE

- 2016: Ihr Auftragswerk *No.700 Reflectors* für den Lewis Cubitt Square, King's Cross, London, verwendet 30.000 Fahrradreflektoren.
- 2017: Begums Solo-Ausstellung »Light Space Colour« öffnet am Sainsbury Centre for Visual Arts, Norwich und reist weiter an die Djanogly Art Gallery, University of Nottingham.

ZHAO YAO
* 1981

Zhao Yao wurde in Luzhou in der chinesischen Provinz Sichuan geboren und studierte am Institut für Kunstdesign am Sichuan Fine Arts Institute in Chongqing. Er lebt und arbeitet jetzt in Peking. Seit 2011 hat er eine Serie von Gemälden mit dem Titel »A Painting of Thought« entwickelt, deren scharf umrissene geometrische Formen und Muster aus chinesischen Kinderbüchern und Logik-Rätselheften stammen. Zhao trägt diese Symbole in dicken Strichen von Acrylfarbe auf zufällig gefundene Stoffe auf (aus Hand- oder Maschinenherstellung). Die bereits vorhandenen Muster und Oberflächen zerstören die rationale Logik der Rätsel und ihrer Formen. Er kommentiert, »das gesamte Format ähnele sehr der Kunstausbildung, die wir in Sachen abstrakte Kunst« bekämen.

Zhaos Einsatz zufällig gefundener Rätselbilder und alltäglicher Stoffe statt Malerleinwand zeigen sein Interesse daran, die Grenzen der Originalität der abstrakten Malerei im digitalen Zeitalter aufzuzeigen. Durch das scheinbar harmlose optische Format der Kinderspiele lenken seine Bilder den Fokus auf die Art und Weise, wie sozial anerkannte Codes der Wissensstruktur, logischen Denkens und Problemlösung über Generationen weitergegeben werden. Zhaos Arbeit wirkt fast melancholisch, denn er erkennt die banale Realität der Abstraktion im digitalen Zeitalter. Um diesem Gefühl der Ermüdung durch digitale Bilder entgegenzuwirken, gibt der Künstler seinem Werk eine spirituelle Dimension, indem er die symbolischen und utopischen Aspekte der abstrakten Kunst hervorhebt.

2012 trug Zhao sieben Gemälde zur Segnung durch einen lebenden Buddha (Rinpoche) zum Moye-Tempel in die Provinz Qinghai nahe der Grenze zu Tibet. Vier Jahre später vwiederholte er die Reise mit seinem riesigen Werk *Spirit Above All*, um es von mehr als 100 Rinpoches segnen und auf einen Berg tragen zu lassen, auf dem es fünf Monate im Freien lag. Dieser intensive physische Prozess wurde durch das in der Region verbreitete buddhistische Ritual inspiriert, bei dem gestickte *Thang-ga*-Gemälde einen Tag lang den Elementen ausgesetzt werden.

Zhao Yao
A Painting of Thought I-10, 2011
Acrylfarbe auf gefundenem Stoff, 140 cm x 100 cm
Mit frdl. Genehmigung des Künstlers und der Stadt Peking

Zhaos Gemälde betonen die Systematik der Massenproduktion und deren Verhältnis zur Mechanik der Abstraktion. Der Künstler sagt: »Alles hier ist fertig. Fertige Bilder, fertige Farben, fertiger Stoff und auch das Verständnis vom Bild ist bereits fertig.«

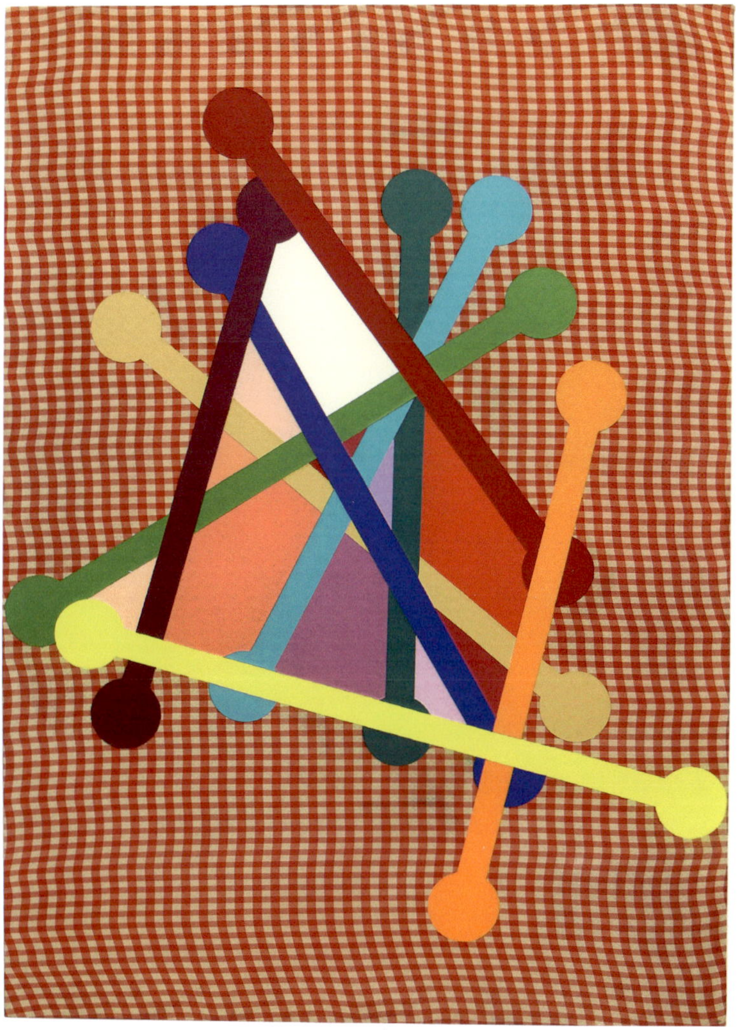

WICHTIGE EREIGNISSE

- 2015: Zhao wird in die Gruppenausstellung »Adventures of the Black Square – Abstract Art and Society 1915–2015« der Whitechapel Gallery, London, aufgenommen.
- 2016: Der Künstler schafft seine erste Skulptur, *A Sculpture of Thought I-192*, an der Cass Sculpture Foundation, West Sussex.
- 18. Mai 2018: Zhao erhält die Erlaubnis, das legendäre Arbeiterstadion in Peking zu mieten, um auf dem Fußballfeld kurzzeitig *Spirit Above All* auszustellen, ein riesiges buntes Textil-Bild von 116 m x 86 m Größe.

TOMM EL-SAIEH
* 1984

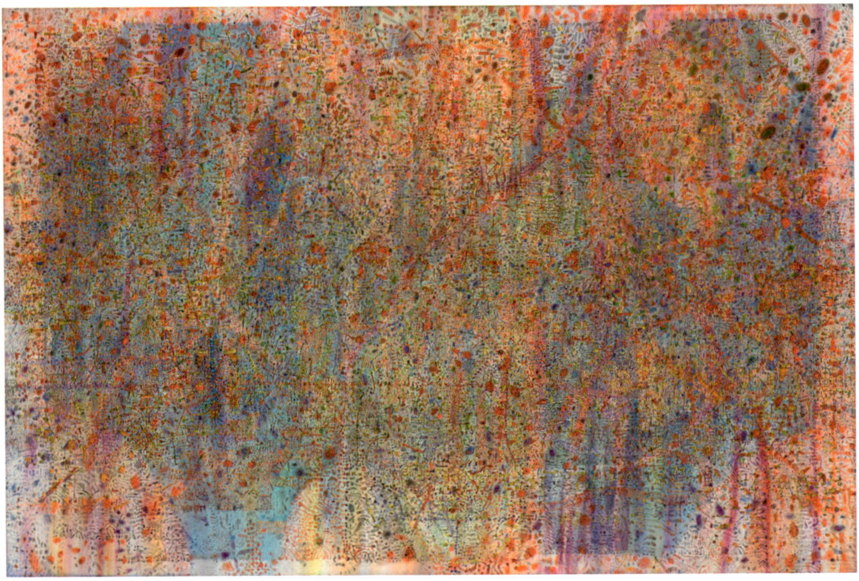

Tomm El-Saieh
Walking Razor,
2017–2018
Acryl auf Leinwand,
243,8 cm x 365,8 cm
Collection of Rubell
Museum, Miami

Der Künstler ist der Meinung, Abstraktion lehne sich eher an die Musik an. Es gehe dabei ums Gefühl. Der Titel dieses Gemäldes wurde durch den Text von »Stepping Razor« inspiriert, einen Song des jamaikanischen Reggae-Musikers Peter Tosh von 1977.

Tomm El-Saieh wurde als Sohn eines palästinensisch-haitianischen Vaters und einer israelischen Mutter in Haiti geboren und wuchs in Miami auf. Später studierte er dort an der New World School of Arts. In seiner Jugend wurde er von vielen Meistern der haitianischen Malerei unterrichtet, deren Arbeiten in den erzählerischen Traditionen und der religiösen Ikonografie des Voodoo verwurzelt sind. Seine Familie betrieb in der Hauptstadt Port-au-Prince seit den 1950er-Jahren eine Kunstgalerie, die El-Saieh inzwischen leitet.

In seinen völlig abstrakten Kompositionen, die sich aus Tausenden winziger Punkte, Markierungen, Strichen und gelöschten Strichen zusammensetzen, sieht der Künstler eine Verbindung zu den musikalischen Rhythmen, Mustern und Vibrationen der haitianischen Symbolmalerei, auch wenn in seinen Arbeiten keine Geschichten erzählt werden. In welcher Beziehung seine Gemälde zu seiner haitianisch-amerikanischen Herkunft stehen, erklärt El-Saieh so: »Ich glaube, die Abstraktion ist ein Ort, bei dem es nicht darum geht, dass die Dinge, die mich ausmachen, auch dort zu finden sind, sondern eher ein Ort der Doppeldeutigkeit.«

Er nimmt die Dualität in seinem Werk an und versteht seine Gemälde als Hybridformen, sowohl was deren geografische Komplexität als auch ihre Assimilation modernistischer Formen angeht, darunter das Raster und die Größe, ebenso der hybride Charakter von digitalem und analogem Raum. Obwohl sie nicht bildhaft sind, könnten wir diese Gemälde als komplexe Informationen verstehen – selbst als Bildschirme voll verschlüsselter und vernetzter Daten, wie sie uns ständig umgeben. El-Saiehs Werk erinnert uns daran, dass die abstrakte Kunst immer ein politisierter Modus ist, die Welt um uns sichtbar zu machen, und kein isolierter Raum von Reinheit und Einfachheit.

WICHTIGE EREIGNISSE

- 2018: El-Saiehs Debüt-Solo-Ausstellung in einem Museum öffnet am Institute of Contemporary Art, Miami. Sein Werk wird auch an der New Museum Triennial, »Songs for Sabotage«, in New York gezeigt.

WICHTIGE GRUPPENAUSSTELLUNGEN DER ABSTRAKTEN KUNST

1910–1929

1910
Erste »Karo-Bube«-Ausstellung in Moskau mit Wassily Kandinsky, Natalija Gontscharowa, Michail Larionow, Ljubow Popowa und Kasimir Malewitsch.

1911
Öffentlicher Durchbruch des Kubismus im Salon des Indépendents in Paris.

1911
Kandinsky stellt auf der ersten Ausstellung der Gruppe Blauer Reiter sein monumentales abstraktes Gemälde *Komposition V* vor.

1912
Auf dem Herbstsalon in Paris sind kubistische Werke neben zwei von Kupkas *Amorpha*-Gemälden (1912) zu sehen; ihre überraschende Abstraktion wird in Wochenschau-Aufnahmen festgehalten.

1915
»Erste futuristische Ausstellung der Malerei Tramwaj W«, Petrograd.

1915–1916
»Die letzte futuristische Ausstellung der Malerei 0,10« in Petrograd startet den Suprematismus und zeigt Malewitschs *Schwarzes Quadrat*.

1922
Der »Kongress der Union Internationaler Fortschrittlicher Künstler« in Düsseldorf tritt für die abstrakte konstruktivistische Kunst als gemeinsame avantgardistische Sprache ein.

1922
»Erste russische Kunstausstellung« in Berlin, unterstützt von der sowjetischen Regierung und teilweise organisiert von Naum Gabo.

1923
»Internationale Ausstellung der Neuen Kunst«, Łódź, Polen

1927
»Machine-Age Exposition«, New York, stellt moderne abstrakte Kunst (darunter Gabo, Pevsner und Stażewski) neben Architektur, Industriedesign und Ingenieurstechnik.

1930–1949

1930
Gruppenausstellung von 130 Künstlern, einschließlich Kandinsky, Mondrian und Taeuber-Arp in Paris, ausgerichtet von der Gruppe Cercle et Carré group, geleitet von Joaquín Torres-García und Michel Seuphor.

1931–1936
Regelmäßige Ausstellungen der Künstlergruppe Abstraction-Création, gegründet von Hans Arp, Albert Gleizes, Jean Hélion, Auguste Herbin, František Kupka, Theo van Doesburg und Georges Vantongerloo.

1934–1935
Wanderausstellung »Unit One«, unter anderem mit den britischen abstrakten Künstlern Barbara Hepworth und Ben Nicholson.

1935
Erste »rein abstrakte« Ausstellung in London, ausgerichtet von The Seven and Five Society.

1936
»Cubism and Abstract Art« – eine große Gruppenausstellung, organisiert von Alfred Barr am Museum of Modern Art, New York.

1937
Große Gruppenausstellung »Die Konstruktivisten« in der Kunsthalle Basel, Schweiz.

1938
Die »Internationale Ausstellung des Surrealismus« in Paris zeigt viele biomorphe abstrakte Werke.

1946
Erste Auflage des Salon des Réalités Nouvelles, Paris, einer jährlichen Kunstausstellung, die sich ausschließlich der abstrakten Kunst widmet, begleitet von einer Zeitschrift desselben Namens.

1949
Die erste Gruppenausstellung Fortschrittlicher Künstler am Bombay Art Salon präsentiert eine vielseitige Mischung abstrakter und darstellender Gemälde und Skulpturen.

1950–1965

1951
Die erste Biennale von São Paulo etabliert die Konkrete Kunst in Brasilien.

1951
Die »Ninth Street Art Exhibition«, New York, bringt viele Abstrakte Expressionisten der ersten und zweiten Generation aus der New Yorker Schule zusammen.

1956
»This is Tomorrow«, eine interaktive, experimentelle Gruppenausstellung (gleichermaßen abstrakt und darstellend), ausgerichtet von der Whitechapel Gallery, London, in Zusammenarbeit mit der Independent Group.

1959
In Rio de Janeiro findet die erste Neo-Konkrete Gruppenausstellung statt.

1959
Neo-Konkreter Schwerpunkt auf der Biennale São Paulo, die außerdem die abstrakte Gruppenausstellung »Nichtbildliche südafrikanische Kunst« umfasst.

1959–1960
»Sixteen Americans«, Gruppenausstellung, Museum of Modern Art, New York.

1960
»Konkrete Kunst«, Zürich, organisiert vom führenden Konkreten Künstler Max Bill.

1963
GRAV (Groupe de Recherche d'Art Visuel) veranstaltet sein *Labyrinth* auf der dritten Biennale in Paris, bestehend aus 20 kinetischen Installationen.

1965
»First Group Showing (Works in Black and White)« in New York, die einzige Ausstellung des Kunstkollektivs Spiral

1965
»The Responsive Eye«, Op-Art-Gruppenausstellung am Museum of Modern Art, New York.

1966–1970

1966
Gruppenausstellung »Primary Structures: Younger American and British Sculptors« am Jewish Museum, New York, gilt schon bald als einer der definierenden Momente des Minimalismus.

1966
»First World Festival of Negro Arts«, interdisziplinäres Kulturfestival in Dakar, Senegal

1967
»Serielle Formationen (Serial Formations)« an der Universität Frankfurt, u. a. mit Judd, LeWitt, Martin, Posenenske und Stella, ist die erste deutsche Ausstellung, die den Minimalismus erkundet.

1969
Epochemachende Ausstellung der minimalistischen, Konzept- und Prozesskunst: »Live in Your Head: When Attitudes Become Form« in der Kunsthalle Bern, kuratiert von Harald Szeemann.

1969
Gruppenausstellung der Prozesskunst: »Anti Illusion: Procedures/Materials« am Whitney Museum of American Art, New York

1969
»Art in Process IV« am Finch College Museum of Art, New York, öffnet im Dezember.

1970
»Information«, Gruppenausstellung der Konzeptkunst am Museum of Modern Art (MoMA), New York

1971–2010

1972
»Documenta 5«, Kassel

1973
Erste posthume Ausstellung der Zeichnungen von Emma Kunz im Aargauer Kunsthaus, Schweiz

1982
»Der Austausch zwischen Künstlern, 1931–1982: Polen–USA« Gruppenausstellung am Musée d'Art Moderne de la Ville de Paris

1986
»The Spiritual in Art: Abstract Painting 1890–1985« am Los Angeles County Museum of Art zeigt zum ersten Mal das Werk von Hilma af Klint in einer öffentlichen Ausstellung.

2004
»Beyond Geometry: Experiments in Form, 1940s–70s« am Los Angeles County Museum of Art (LACMA)

2006
Die globale Wanderausstellung »High Times, Hard Times: New York Painting, 1967–1975« liefert eine Neueinschätzung dieser Zeit der abstrakten Malerei in New York.

2007
»The Geometry of Hope: Latin American Abstract Art from the Patricia Phelps de Cisneros Collection«, organisiert vom Blanton Museum of Art, Texas, untersucht die geometrische Abstraktion in der lateinamerikanischen Kunst der 1930er- bis 1970er-Jahre.

2011–2020

2012–2013
»Inventing Abstraction 1910–1925: How a Radical Idea Changed Modern Art« am Museum of Modern Art, New York

2014
»Other Primary Structures« am Jewish Museum, New York, bietet eine aktualisierte, globale Sicht auf dessen ikonische Ausstellung »Primary Structures« von 1966.

2014
»Variations: Conversations in and Around Abstract Painting«, Los Angeles Museum of Contemporary Art, präsentiert u. a. die Künstler Mark Bradford und Julie Mehretu.

2014
»Abstract Drawing«, eine Gruppenausstellung im Drawing Room, London, kuratiert vom Künstler Richard Deacon.

2015
»Adventures of the Black Square: Abstract Art and Society 1915–2015«, Gruppenausstellung in der Whitechapel Gallery, London

2017
»Magnetic Fields: Expanding American Abstraction, 1960s to Today«, organisiert vom Kemper Museum of Contemporary Art, Kansas City, konzentriert sich auf abstrakte Kunst von farbigen Künstlerinnen.

2018
»Shape of Light: 100 years of photography and abstract art« an der Tate Modern, London

2020
»Taking Shape: Abstraction from the Arab World, 1950s–1980s«, eine Wanderausstellung, organisiert von der Grey Art Gallery der New York University.

GLOSSAR

Abstraction-Création: eine von 41 Künstlern 1931 in Paris gegründete Vereinigung mit dem Ziel, internationale abstrakte Kunst auszustellen und zu veröffentlichen. Sie entstand aus früheren abstrakten Gruppen wie Cercle et Carré und De Stijl. Viele der Mitglieder waren Exilanten aus Nazideutschland und der stalinistischen Sowjetunion und verbanden abstrakte Kunst mit Freiheit und politischem Widerstand gegen den Aufstieg des Faschismus.

Abstrakter Expressionismus: eine Gruppe von Künstlern, vor allem aus New York, die in den 1940ern und 1950ern neue Zugänge zur abstrakten Kunst entwickelt haben, die vorwiegend auf gestischer Pinselführung und spontanen Aktionen beruhten, die direkt aus dem Unterbewussten zu kommen schienen.

Action Painting: Dieser vom Kunstkritiker Harold Rosenberg 1952 geprägte Begriff beschreibt die Abstrakten Expressionisten (vor allem Jackson Pollock), die Farbe mit körperlich ausdrucksstarken Gesten und mithilfe von Pinseln, Stöcken oder direkt aus der Dose auf große Leinwände brachten, die oft auf dem Boden lagen.

Anti-Form: Der amerikanische Künstler Robert Morris prägte diesen Begriff 1968, um die »Prozesskunst« zu beschreiben, einen Zugang zur post-minimalistischen Skulptur, der feste Formen zugunsten von zusammengesackten, der Schwerkraft überlassenen Haufen und Flecken aus losem Material ablehnt.

Art Informel: europäischer Nachkriegsstil der abstrakten Malerei, der auf Improvisation, Gesten, Zufallsprozesse, rohe Texturen und zusammengesetzte Materialien setzte.

Bauhaus: einflussreiche deutsche Schule für Kunst und Gestaltung, gegründet 1919 durch den Architekten Walter Gropius. 1933 erzwangen die Nazis die Schließung der Schule. Viele wichtige abstrakte Künstler unterrichteten an der Schule, darunter Josef Albers, Wassily Kandinsky, Paul Klee und László Moholy-Nagy.

Bildebene: flache Oberfläche eines Gemäldes und seine Ausrichtung im Raum.

Biomorph: beschreibt abstrakte Formen, die an biologische und mikrobielle Formen und andere Motive aus der Natur erinnern.

Black Mountain College: eine experimentelle und progressive Kunstschule in North Carolina, in Betrieb von 1933 bis 1957.

Cercle et Carré: Künstlergruppe in Paris, die 1929 von dem Maler Joaquín Torres-García und dem Künster/Kritiker Michel Seuphor zur Förderung der abstrakten Kunst gegründet wurde.

Danseakhwa: koreanische Kunstbewegung (auch: Tansaekhwa), begründet in den 1950ern, die sich der universellen Natur monochromatischer abstrakter Gemälde und Skulpturen verschrieben hat.

De Stijl: Gruppe und Zeitschrift niederländischer Künstler, 1917 gegründet von Theo van Doesburg und Piet Mondrian, die einen geometrischen Zugang zur abstrakten Kunst und Gestaltung vertrat, der Malerei, Möbel, Innenarchitektur und Architektur umfasste.

Der Blaue Reiter: einflussreiche Gruppe expressionistischer Maler, vor allem in Münschen, die nicht-naturalistische Farbpaletten und nahezu abstrakte, dekonstruierte Formen für ihre Landschaftsgemälde und Stillleben benutzten.

Direct carving: Form der Bildhauerei, bei der das Material, oft Stein oder Holz, direkt von den Werkzeugen des Künstlers bearbeitet wird, ohne künstlerische Vorlage oder vorher geschaffenes Modell.

Expressionismus: ein künstlerischer Ansatz, oft mit modernen deutschen Kunstbewegungen assoziiert, bei dem die Realität verzerrt dargestellt wird, um die inneren Emotionen des Künstlers auszudrücken. Greift oft auf nicht-naturalistische Farbpaletten und energische, ausdrucksstarke Pinselführungen zurück.

Farbfeldmalerei: Der Begriff beschreibt einen Stil des Abstrakten Expressionismus, bei dem die Leinwand mit großen Farbfeldern bemalt/betropft wird, ohne diese stark zu anderen abzugrenzen. Eine verwandte Bezeichnung ist nachmalerische Abstraktion.

Futurismus: 1909 von Filippo Marinetti gegründete italienische Kunstbewegung, die mithilfe abstrakter malerischer Experimente versuchte, die Geschwindigkeit und Energie der modernen Welt festzuhalten.

Geometrische Abstraktion: abstrakte Kunst, die mit den Formen der Geometrie, wie Kreisen, Quadraten und Dreiecken, eine visuelle Sprache oder direkten Referenzpunkt aus der realen Welt erschafft.

Gestisch: eine Möglichkeit, Gemälde zu beschreiben, die Spuren der Pinselstriche, Aktionen oder Gesten des Malers bewahren, die beim Herstellungsprozess aufgetreten sind. Synonym mit »malerisch«.

Gutai: eine 1954 von Jirō Yoshihara gegründete japanische Kunstvereinigung, die abstrakte Strategien nutzte, um das körperliche, elementare Erlebnis des Umgangs mit einfachen Materialien wie Papier, Tinte, Zeitungspapier und Dreck durch Aktionen und Performances auszudrücken.

Hard-Edge-Malerei: 1959 vom Kunstkritiker und Historiker Jules Langser geprägter Begriff zur Beschreibung der abstrakten Maler der Westküste. Später auch auf Künstler wie Ellsworth Kelly und Frank Stella angewandt.

Impasto: Maltechnik, die dicke Schichten aus Farbe auf die Leinwand aufbringt und eine fast schon dreidimensionale Oberfläche erzeugt.

Installationskunst: Kunstwerk, oft aus verschiedenen Medien, das durch die Grenzen eines physischen Bereichs oder Raums definiert wird.

Kinetische Kunst: Kunstbegriff zur Beschreibung von Werken, die Bewegung beinhalten – wie Naum Gabos Skulpturen, die Elektromotoren verwenden, oder Alexander Calders Mobiles, die Luftströmungen nutzen.

Komplementärfarben: einander gegenüberliegende Farben auf dem Farbkreis, die eine harmonische Beziehung aus Gleichgewicht und Kontrast führen, z. B. Rot und Grün, Orange und Blau.

Konkrete Kunst: Diesen internationalen Begriff prägte Theo van Doesburg von der Gruppe De Stijl 1930 in seinem *Manifest der Konkreten Kunst*. Er plädierte für die konkrete Realität eines Objekts statt einer symbolischen Interpretation. Der Begriff kann die geometrische abstrakte Kunst beschreiben, die in Europa in den 1930ern und in Lateinamerika in den 1940ern und 1950ern blühte.

Konstruktivismus: in Russland etwa um 1915 entstandene Kunstbewegung, die sich mit der materiellen und räumlichen Präsenz eines Objekts sowie mit der Schaffung einer Kategorie nützlicher, industrieller Kunst befasste, die auf technischen Konstruktionen aus Primärfarben und geometrischen Formen basierte.

Konzeptkunst: ein Typ von Kunst, der die Idee oder das Konzept als wichtiger erachtet als das fertige Kunstwerk. 1969 erklärte der Künstler Sol LeWitt: »Konzeptkünstler sind Mystiker statt Rationalisten. Sie kommen zu Schlussfolgerungen, die die Logik niemals erreichen kann.«

Kubismus: künstlerische Bewegung, begründet etwa 1907 von Pablo Picasso und Georges Braque, die Objekte und Menschen in einem kompositorischen Raum mithilfe mehrfacher, gebrochener Perspektiven darstellte.

Minimalismus: künstlerische Bewegung aus den 1960ern, die abstrakte Kunst auf einfache geometrische Formen reduzierte; Industriematerialien schufen dabei eine räumliche Beziehung zum Körper des Betrachters.

Modernismus: gemeinhin die Zeit von den 1860ern bis zu den 1950ern, die auch das Aufkommen der abstrakten Kunst einschließt. Postmodernismus war eine Reaktion auf den Idealismus und die Universalität des Modernismus.

Mono-ha (Schule der Dinge): Gruppe japanischer Künstler in Tokio Mitte der 1960er, die die Darstellung ablehnte und besonders die Eigenschaften des rohen Materials schätzte.

Monochrom: ein Kunstwerk, das nur mit einer einzigen Farbe geschaffen wurde.

Neo-Konkret: ein von der brasilianischen Avantgarde Ende der 1950er benutzter Begriff zum Beschreiben der neuen Welle von Künstlern, die die Strenge der Konkreten Kunst mithilfe einfühlsamerer körperlicher Elemente innerhalb der Abstraktion auflockerten.

Neo-Plastizismus: erstmals von Piet Mondrian benutzter Begriff zum Beschreiben des völlig abstrakten (plastischen) Wesens seiner Gemälde.

New Yorker Schule: eine andere Bezeichnung für die Gruppe von Künstlern, die in den 1940ern und 1950ern mit dem Abstrakten Expressionismus assoziiert wurden.

Op Art: kurz für »optical art«; beschreibt abstrakte Kunst, die Wahrnehmungs- und physiologische Effekte nutzt, um auf die Instabilität und Bewegung ihrer farbigen geometrischen Elemente hinzuweisen.

Orphismus: ein 1912–1913 vom französischen Dichter und Kunstkritiker Guillaume Apollinaire vorgeschlagener Begriff zum Beschreiben von Sonia und Robert Delaunays prismisch-abstrakten Farbkompositionen, auch als Simultanismus bezeichnet; die Bezeichnung verweist auf den mythischen griechischen Dichter Orpheus.

Serielle Kunst: nutzt vorher festgelegte Regeln zum Bestimmen ihrer Komposition und visuellen Erscheinung; oft werden alle Variationen innerhalb eines Regelsatzes erschöpft – so basierten z. B. Sol LeWitts Skulpturen auf offenen und geschlossenen Würfelpermutationen. Mit Minimalismus assoziiert.

Suprematismus: Kasimir Malewitschs revolutionäre russische Kunstbewegung, vorgestellt mit der Ausstellung »0,10« in Petrograd (1915).

Ungegenständlich: inspiriert von Platos Überzeugung, dass Geometrie der ideale Ausdruck von Schönheit ist, wird dieser Begriff mit den frühen Pionieren der geometrischen Abstrakten Kunst in Verbindung gebracht.

LITERATUREMPFEHLUNGEN

Althaus, Karin, Mühling, Matthias und Schneider, Sebastian, Hrsg., *Weltempfänger: Georgiana Houghton – Hilma af Klint – Emma Kunz* (Hirmer Verlag und Lenbachhaus, München, 2018)

Alvarez, Mariola V. und Franco, Ana M., Hrsg., *New geographies of abstract art in postwar Latin America* (Routledge, London, 2018)

Babaie, Sussan und Zand, Roxanne, *Geometry and Art in the Modern Middle East* (Skira, New York, NY, 2019)

Baker, Simon und de l'Ecotais, Emmanuelle, Hrsg., *Shape of Light: 100 years of photography and abstract art* (Tate Publishing, London, 2018)

Blazwick, Iwona, Hrsg., *Adventures of the Black Square: Abstract Art and Society 1915–2015* (Whitechapel Gallery, London, 2015)

Dickerman, Leah, Hrsg., *Inventing Abstraction 1910–1925: How a Radical Idea Changed Modern Art* (The Museum of Modern Art and Thames & Hudson, New York, NY/London, 2012)

Fer, Briony, *On Abstract Art* (Yale University Press, New Haven, CT/London, 1997)

Gabriel, Mary, *Ninth Street Women: Lee Krasner, Elaine de Kooning, Grace Hartigan, Joan Mitchell, and Helen Frankenthaler: Five Painters and the Movement That Changed Modern Art* (Little, Brown, New York, NY, 2017)

Godfrey, Mark, *Abstraction and the Holocaust* (Yale University Press, New Haven, CT/London, 2007)

Hoffmann, Jens und McShine, Kynaston, Hrsg., *Other Primary Structures* (Yale University Press, New Haven, CT/London, 2014)

Lind, Maria, Hrsg., *Abstraction*, Documents of Contemporary Art series (MIT Press and Whitechapel Gallery, Cambridge, MA/London, 2013)

Linsley, Robert, *Beyond Resemblance: abstract art in the age of global conceptualism* (Reaktion Books, London, 2017)

Mercer, Kobena, Hrsg., *Discrepant Abstraction* (Institute of International Visual Arts (inIVA) and MIT Press, Cambridge, MA/London, 2006)

Meyer, James, *Minimalism: Art and Polemics in the Sixties* (Yale University Press, New Haven, CT/London, 2001)

Moszynska, Anna, *Abstract Art*, World of Art series (Thames & Hudson, New York, NY/London, 1990)

Nickas, Bob, *Painting Abstraction: New Elements in Abstract Painting* (Phaidon, New York, NY/London, 2. Auflage, 2014)

Siegel, Katy, Hrsg., *Abstract Expressionism* (Phaidon, New York, NY/London, 2011)

Terraciano, Emilia, *Art and Emergency: Modernism in Twentieth-Century India* (I. B. Tauris, London, 2017)

INDEX

Haupteinträge sind **fett**.

BILDNACHWEISE

1. Umschlagseite: Foto Christie's Images/Bridgeman Images; **2, 27** Davis Museum am Wellesley College, MA. Geschenk von Mr. Theodore Racoosin. © Pracusa 2014083; **8, 24** Jekaterinburg Kunstmuseum; **11** Mit frdl. Genehmigung Hilma af Klint Foundation, Stockholm. Foto Moderna Museet, Stockholm; **12** Staatliche Tretjakow-Galerie, Moskau; **14** The Solomon R. Guggenheim Foundation. Peggy Guggenheim Collection, Venedig. Foto akg-images. © DACS 2020; **17** Nationalgalerie, Prag. © ADAGP, Paris und DACS, London 2020; **18** Tate, Liverpool. Foto Tate; **19** Philadelphia Museum of Art. A. E. Gallatin Collection, 1952; **21** Staatliche Tretjakow-Galerie, Moskau; **23** The Metropolitan Museum of Art, New York. The Berggruen Klee Collection, 1987. Foto The Metropolitan Museum of Art/Art Resource/Scala, Florenz; **29** Privatsammlung. Foto akg-images; **31** Staatliches Museum für zeitgenössische Kunst, Thessaloniki. Sammlung George Costakis; **32** Yale University Art Gallery, New Haven. Geschenk der Collection Société Anonyme; **34** Solomon R. Guggenheim Museum, New York. The Work of Naum Gabo © Nina & Graham Williams; **37** Muzeum Sztuki, Łódź. © Ewa Sapka Pawliczak; **38, 55** Arts Council Collection, London. © The Estate of Mary Martin; **40** Tate, London. Foto Tate; **43** Emma Kunz Zentrum, Würenlos. © Emma Kunz Zentrum; **45** Tate, London. Foto Tate. © Paule Vézelay/Bridgeman Images; **46** Tate. Foto Tate. © Angela Verren Taunt. Alle Rechte vorbehalten, DACS 2020; **49** Zachęta – Nationale Kunstgalerie, Warschau; **50** The Moholy-Nagy Foundation, Ann Arbor; **53** Rachofsky Collection, Dallas. © Lucio Fontana/SIAE/DACS, London 2020; **56** Tate. Foto Tate. © Saloua Raouda Choucair Foundation; **58** Museo Nacional Centro de Arte Reina Sofia, Madrid. Fotoarchiv Museo Nacional Centro de Arte Reina Sofia. © Succession Yves Klein, c/o ADAGP, Paris und DACS, London 2020; **61** Centre Pompidou, Paris. Foto Centre Pompidou, MNAM-CCI, Dist. RMN-Grand Palais/Bild Centre Pompidou, MNAM-CCI. © DACS 2020; **62, 77** National Gallery of Art, Washington, DC. Geschenk von Marcella Louis Brenner. © Board of Trustees, National Gallery of Art, Washington, D.C; **65** The Metropolitan Museum of Art, New York. Foto The Metropolitan Museum of Art/Art Resource/Scala, Florenz. © 1998 Kate Rothko Prizel & Christopher Rothko ARS, NY und DACS, London; **66** The Museum of Modern Art, New York. Geschenk von Mr. und Mrs. Joseph Slifka. © The Barnett Newman Foundation, New York/DACS, London 2020; **69** Stills Collection – Ngā Taonga Sound & Vision, Wellington. Mit frdl. Genehmigung der Len Lye Foundation; **71** Sammlung von Audrey Irmas, Los Angeles. © The Pollock-Krasner Foundation ARS, NY und DACS, London 2020; **73** National Gallery of Art, Washington, DC. Geschenk des Collectors Committee. Mit frdl. Genehmigung Michael Rosenfeld Gallery LLC, New York. © Nachlass von Norman Lewis; **74** Stedelijk Museum, Amsterdam. © The Pollock-Krasner Foundation ARS, NY und DACS, London 2020; **79** Solomon R. Guggenheim Museum, New York. Geschenk von Lenore Tawney, 1963. © Agnes Martin/DACS 2020; **80** Privatsammlung. © DACS 2020; **83** The Museum of Modern Art, New York. Geschenk des Künstlers. © Ellsworth Kelly Foundation; **84** Yale University Art Gallery, New Haven. Geschenk von Howard Sloan, BA 1945, und Mrs. Sloan. © Helen Frankenthaler Foundation, Inc./ARS, NY und DACS, London 2020; **87** Mit frdl. Genehmigung Archives Fondazione Nicola Del Roscio. Foto Mimmo Capone, Rom. © Cy Twombly Foundation; **88** National Gallery of Art, Washington, DC. Anonymes Geschenk. © ARS, NY und DACS, London 2020; **90** Sammlung der Familie Lowinger. Foto Hales Gallery. © Frank Bowling. Alle Rechte vorbehalten, DACS/Artimage 2020; **92, 97** Crystal Bridges Museum of American Art, Bentonville, Arkansas. Foto Edward C. Robison III. © Carmen Herrera **95** Istanbul Modern. Eczacıbaşı Group Donation. Foto Reha Arcan. © Raad Zeid Al Hussein/Istanbul Modern; **99** MASP, São Paulo. Doação Ana Dale, Antonio Almeida e Carlos Dale Junior, 2017. © Mendes Wood DM/Almeida & Dale/Instituto Rubem Valentim; **101** Museum of Contemporary Art, Chicago. Geschenk der Künstlerin zu Ehren von Abolbashar Farmanfarmaian, PhD in Political Sciences, University of Chicago, 1952, und Nachlass Albert A. Robin im Tausch. Foto Nathan Keay/MCA Chicago. Mit frdl. Genehmigung der Familie der Künstlerin; **102–3** Cruz-Diez Art Foundation, Houston. Foto Atelier Cruz-Diez, Paris. © Carlos Cruz-Diez, ADAGP, Paris und DACS, London 2020; **105** Centre Pompidou, Paris. Foto Centre Pompidou, MNAM-CCI, Dist. RMN-Grand Palais/Bild Centre Pompidou, MNAM-CCI. © François Morellet; **107** Mit frdl. Genehmigung Hauser & Wirth. © Projeto Lygia Pape; **108** National Galleries of Scotland, Edinburgh. Erworben 1974. © Bridget Riley, 2020. Alle Rechte vorbehalten; **111** Tate, Liverpool. Foto Tate. © Frank Stella. ARS, NY und DACS, London 2020; **112–3** Sammlung César und Claudio Oiticica. © César und Claudio Oiticica; **115** Privatsammlung. Mit frdl. Genehmigung Talwar Gallery, New York/New Delhi. © Nachlass von Nasreen Mohamedi; **116, 134** National Gallery of Australia, Canberra. Mit frdl. Genehmigung Hauser & Wirth. Foto Bridgeman Images. © Nachlass von Eva Hesse; **118** National Gallery of Art, Washington, DC. Geschenk des Collectors Committee. © annetruitt.org/Bridgeman Images; **121** Mit frdl. Genehmigung Nachlass von Ruth Asawa und David Zwirner, New York. Foto Maris Hutchinson. © Nachlass von Ruth Asawa; **123** San Francisco Museum of Modern Art. The Doris and Donald Fisher Collection. © ARS, NY und DACS, London 2020; **124–5** Seattle Art Museum. Geschenk von Anne Gerber. Foto Susan Cole. © Judd Foundation/ARS, NY und DACS, London 2020; **127** Mit frdl. Genehmigung Dia Art Foundation, New York. Foto Bill Jacobson Studio, New York. © Nachlass von Charlotte Posenenske, Frankfurt; **129** Mit freundlicher Genehmigung des Künstlers und Xavier Hufkens, Brüssel. Foto Bill Jacobson; **130** Neues Museum, Staatliches Museum für Kunst und Design, Nürnberg. Leihgabe der Böckmann-Sammlung. © Gerhard Richter 2020; **133** Centre Pompidou, Paris. Foto Centre Pompidou, MNAM-CCI, Dist. RMN-Grand Palais/Georges Meguerditchian. © Rasheed Araeen. Alle Rechte vorbehalten, DACS 2020; **137** Privatsammlung. Foto Christie's Images/Bridgeman Images. © Lee Ufan/ADAGP, Paris und DACS, London 2020; **138** Musée d'Art Moderne de la Ville de Paris. Foto Eric Emo/Musée d'Art Moderne/Roger-Viollet. © DB-ADAGP Paris und DACS, London 2020; **141** Sammlung des Waldman Family Charitable Trust, Mountain Center, CA. Foto © Donald Woodman/ARS, NY. © Judy Chicago. ARS, NY und DACS, London 2020; **143** Rose Art Museum, Brandeis University, Waltham. Mit frdl. Genehmigung der Künstlerin und Garth Greenan Gallery, New York; **144, 164** Collection of Rubell Museum, Miami. Mit frdl. Genehmigung CENTRAL FINE, Miami. Foto Armando Vaquer. © Tomm El-Saieh; **146** Los Angeles County Museum of Art. Erworben mit Mitteln von Carole Bayer Sager anlässlich des Collectors Committee 2014. Foto Museum Associates/LACMA/Art Resource NY/Scala, Florenz. Mit frdl. Genehmigung des Künstlers und Lehmann Maupin, New York, Hongkong und Seoul; **149** Mit. frdl. Gen. Alison Jacques Gallery, London. © Sheila Hicks; **151** Mit frdl. Genehmigung Vintage Galéria. Foto White Cube/Ben Westoby. © der Künstler; **152** Centre Pompidou, Paris. Foto Centre Pompidou, MNAM-CCI, Dist. RMN-Grand Palais/Philippe Migeat. Mit frdl. Genehmigung des Künstlers und Hauser & Wirth; **155** The Metropolitan Museum of Art, New York. Erwerbung, The Raymond and Beverly Sackler 21st Century Art Fund; Stephen and Nan Swid and Roy R. and Marie S. Neuberger Foundation Inc. Gifts; und Arthur Lejwa Fund, zu Ehren von Hans Arp, 2008. Mit frdl. Genehmigung des Künstlers und Jack Shainman Gallery, New York. © El Anatsui; **156** Privatsammlung. Mit frdl. Genehmigung des Künstlers und greengrassi, London. Foto Marcus J. Leith; **159** Sammlung und mit frdl. Genehmigung des Künstlers. Foto Rodrigo Pereda; **160** Privatsammlung. Mit frdl. Genehmigung des Künstlers. Foto Philip White; **163** Mit frdl. Genehmigung des Künstlers und der Stadt Peking

ART ESSENTIALS

www.artessentials.de

www.midascollection.com

IMPRESSUM

ISBN 978-3-03876-176-1

Herausgeber: Gregory C. Zäch
Übersetzung: Claudia Koch,
Kathrin Lichtenberg
Korrektorat: Petra Heubach-Erdmann
Layout: Ulrich Borstelmann

Midas Verlag AG
Dunantstrasse 3
CH 8044 Zürich

www.midas.ch

Englische Originalausgabe:
Abstract Art © 2020
Thames & Hudson Ltd, London
Text © 2020 Stephanie Straine
Design by April

Die deutsche Nationalbibliothek verzeichnet diese Publikation in der Deutschen Nationalbibliografie; detaillierte bibliografische Daten sind im Internet abrufbar unter: http://www.dnb.de

QUELLENANGABEN

1. Umschlagseite: Kasimir Malewitsch, *Suprematistische Komposition*, 1916 (Detail). Privatsammlung

Titelseite: Sonia Delaunay-Terk, *Elektrische Prismen*, 1913 (Detail von S. 27). Davis Museum am Wellesley College, Wellesley, MA

Kapitelanfangsseiten: S. 8 Olga Rosanowa, *Gegenstandslose Komposition*, 1916 (Detail von S. 24). Kunstmuseum Jekaterinburg; **S. 38** Mary Martin, *Compound Rhythms with Blue*, 1966 (Detail von S. 55), Arts Council Collection, Großbritannien; **S. 62** Morris Louis, *Beta Kappa*, 1961 (Detail von S. 103). National Gallery of Art, Washington; **S. 92** Carmen Herrera, *Cerulean, 1965* (Detail von S. 97). Crystal Bridges Museum of American Art, Bentonville; **S. 116** Eva Hesse, *Contingent*, 1969 (Detail von S. 134). National Gallery of Australia, Canberra; **S. 144** Tomm El-Saieh, *Walking Razor*, 2017–2018 (Detail von S. 164). Sammlung des Rubell Museum, Miami

Zitate: S. 9 Kasimir Malewitsch, »Vom Kubismus und Futurismus bis zum Suprematismus: Der neue malerische Realismus«, ungetitelte Broschüre zur Ausstellung »0,10« (Dezember 1915), reproduziert in *Herman Berninger, Jean Pougny, 1892–1956* (Ernst Wasmuth, Tübingen, 1972), S. 53; **S. 39** Ben Nicholson, »Notes on Abstract Art« (1941), *Art in Theory 1900–2000*, herausgegeben von Paul Harris und Charles Wood (Tate Publishing, London, 2003), S. 399 (Artikel erstmalig veröffentlicht in *Horizon*, London, Oktober 1941). Reproduziert mit Erlaubnis der Tate Trustees; **S. 63** Barnett Newman, »The Plasmic Image« (1943–1945), neu aufgelegt in *Abstract Expressionism: Creators and Critics, an Anthology*, herausgegeben von Clifford Ross (Harry N. Abrams, New York, 1990), S. 127. © 2019 The Barnett Newman Foundation/Artists Rights Society (ARS), New York; **S. 93** Carmen Herrera, zitiert in Helena da Bertodano, »Art's Hot New Thing (Aged 95¾)«, *Sunday Telegraph*, London, 19. Dezember 2010. © Carmen Herrera; **S. 117** Eva Hesse, aus dem Ausstellungskatalog, *Art in Process IV* (Finch College Museum of Art, New York, 1969). © Nachlass von Eva Hesse. Mit frdl. Genehmigung Hauser & Wirth; **S. 145** Kobena Mercer, »Introduction«, in *Discrepant Abstraction*, herausgegeben von Kobena Mercer (Institute of International Visual Arts [inIVA] und MIT Press, Cambridge, MA, und London, 2006), S. 7–8. © Kobena Mercer